ESTUDOS EM NEGÓCIOS III

COPPEAD/UFRJ e IAG/PUC-Rio

COLEÇÃO ESTUDOS COPPEAD

COPPEAD UFRJ

IAG PUC RIO

A Escola de Negócios da PUC - Rio

Em parceria

ESTUDOS EM NEGÓCIOS III

COPPEAD/UFRJ e IAG/PUC-Rio

Adriana V. Garibaldi de Hilal
e T. Diana L. v. A. de Macedo-Soares
Organizadoras

MAUAD

Direitos desta edição reservados à
MAUAD Editora Ltda.
Av. Treze de Maio, 13, Grupo 507 a 509 — Centro
CEP: 20031-007 — Rio de Janeiro — RJ
Tel.: (21) 2533.7422 — Fax: (21) 2220.4451
www.mauad.com.br

Projeto Gráfico:
Núcleo de Arte/Mauad Editora

CIP-BRASIL. CATALOGAÇÃO-NA-FONTE
SINDICATO NACIONAL DOS EDITORES DE LIVROS

E85
v.3

Estudos em negócios III / Adriana V. Garibaldi de Hilal e T. Diana L. v.A. de Macedo-Soares, organizadoras. - Rio de Janeiro : Mauad, 2004
(Estudos COPPEAD)

Inclui bibliografia
ISBN 85-7478-158-4

1. Administração. 2. Planejamento empresarial. 3. Planejamento estratégico. 4. Administração financeira. 5. Negócios. I. Hilal, Adriana, 1953-. II. Macedo-Soares, T. Diana L. v. A. de. III. Série.

CDD 658.4012
CDU 658.012.2

SUMÁRIO

APRESENTAÇÃO

Acompanhando a tendência mundial das empresas de estabelecerem alianças para atender melhor às exigências crescentes do mercado, é com grande prazer que o COPPEAD/UFRJ e o IAG/PUC-Rio apresentam, no âmbito de sua parceria, o terceiro volume do livro ESTUDOS EM NEGÓCIOS, com o objetivo de oferecer um conhecimento do estado da arte em administração às partes interessadas.

O presente volume reúne os 12 melhores artigos selecionados de um total de 34 submetidos e analisados pelo processo *blind review,* por, no mínimo, dois professores das duas instituições envolvidas e um avaliador externo. Os trabalhos selecionados, baseados em pesquisas empíricas e teóricas de membros dos corpos docente e discente de ambas as instituições, enfatizam a importância de adotar um enfoque global nas investigações, oferecendo subsídios pertinentes tanto para acadêmicos quanto para administradores preocupados com a gestão bem-sucedida de empresas no mundo globalizado de hoje.

Assim, procuramos contemplar diferentes áreas de gestão, como, por exemplo, estratégia, abordando o tema da folga organizacional e a proposta de um modelo integrado; finanças; operações e organizações, na busca contínua da excelência no ensino e na pesquisa que caracterizam o COPPEAD/UFRJ e o IAG/PUC-Rio.

Gostaríamos de agradecer a todos que contribuíram para o livro: aos autores, pelas suas valiosas contribuições, aos avaliadores internos e externos, pelo seu tempo e esforço, e à Regina Helena, pela coordenação da equipe editorial.

Desejamos a todos uma proveitosa leitura.

Adriana V. Garibaldi de Hilal
Prof[a]. COPPEAD/UFRJ

Diana L. v. A. de Macedo-Soares
Prof[a]. IAG/PUC-Rio

PARTE 1

ESTRATÉGIA

FOLGA ORGANIZACIONAL EM BANCOS BRASILEIROS NOS ANOS 1990

Denise Fleck – COPPEAD/UFRJ
Gisele Sender – COPPEAD/UFRJ

A folga de recursos organizacionais apresenta pelos menos duas faces. Uma delas é associada às noções de desperdício, de ineficiência e de baixa produtividade. Nesse contexto, é reconhecida a importância da busca da eficiência (minimização de folgas) como fator de manutenção da competitividade das empresas. A outra compreende aspectos de natureza defensiva e expansiva. Nesse caso, a folga proporciona não só um anteparo protetor em relação às mudanças ambientais, como também viabiliza o crescimento organizacional, uma vez que, para crescer, a empresa necessita dispor de recursos "ociosos", difíceis de serem obtidos em regime *just-in-time*.

Este estudo investiga o construto "folga organizacional" (*slack*). O exame da literatura sobre esse tópico revelou haver uma pluralidade de definições, classificações e medidas da folga. O estudo buscou verificar um conjunto de proposições derivadas da literatura examinada no contexto da indústria bancária brasileira, durante a década de 1990. Nesse período, a referida indústria passou por considerável mudança em seu ambiente competitivo (Plano Real), o que provocou – como de costume – reflexo na folga organizacional (Rust & Katz, 2002; Cheng & Kesner, 1997; Lawson, 2001; Marino & Lange, 1983; Greenley & Oktemgil, 1998). Este estudo analisou os aspectos associados à folga organizacional de três dos mais importantes bancos brasileiros: Banco Itaú, Bradesco e Banco do Brasil.

1. Referencial Teórico

Segundo Bourgeois (1981),"a folga é o 'colchão' de recursos reais ou potenciais que permitem à organização adaptar-se com sucesso à mudança, através do fornecimento de meios para adequar as estratégias ao ambiente". Parafraseada das idéias de Cyert & March (1963), essa definição parece ser a mais aceita e utilizada entre os autores que escrevem sobre o tema (Marino & Lange, 1983; Miller & Adam Jr, 1996; Greenley & Oktemgil, 1998; Sharfman et al. (1988); Lawson, 2001; Cheng & Kesner, 1997). Além dessa, outras definições também são oferecidas na literatura, a saber:

Quadro 1 – Definições do termo "Folga Organizacional" encontradas na literatura

Definição	Autor
Pagamentos aos membros da coalizão em excesso àqueles requeridos para mantê-los na organização.	Cyert & March (1963)
Recursos adquiridos por uma organização, não estão comprometidos com um gasto necessário. Ou seja, são recursos que podem ser utilizados da maneira que se achar melhor.	Dimick & Murray (1978)
Como as organizações nem sempre otimizam seus recursos, acumulam recursos "reserva" e oportunidades não exploradas que se transformam em um "colchão" contra tempos ruins.	March (1978)
Conjunto de recursos em uma organização, em excesso ao mínimo necessário para um dado nível de produção.	Nohria & Gulati (1995)
Recursos que não foram empregados de forma ótima mas que permitem à empresa adaptar-se às mudanças no ambiente.	Greenley & Oktemgil (1998)
Tempo disponível que não esteja completamente engajado na entrega do produto ou a serviço principal da organização.	Lawson (2001)

1.1. Antecedentes da Folga Organizacional

O termo "Antecedentes" refere-se aos fatores que, segundo a literatura examinada, podem influenciar a existência, a composição e o nível de folga organizacional. O principal trabalho nessa área específica é o artigo de Sharfman *et al.* (1988), cujo objetivo foi relacionar diversos fatores ao nível de folga organizacional existente nas empresas.

Os fatores apresentados como "Antecedentes" podem ser agrupados em três níveis de análise: indústria, organização e grupo de interesse. Cada um desses antecedentes influenciaria então o nível de determinado tipo de folga organizacional de cada empresa. Por exemplo, segundo Sharfman *et al.* (1988), quanto maior a firma, maior a folga.

Quadro 2 – Antecedentes da Folga Organizacional

Categoria	Descrição do Antecedente	Autor
Indústria	Velocidade e magnitude da mudança.	Sharfman *et al.* (1988), Marino & Lange (1983).
	Disponibilidade de recursos no mercado ("generosidade").	Sharfman *et al.*(1988)
	Natureza básica do *output* (Produto ou Serviço).	Sharfman *et al.*(1988)
	Estágio da indústria no ciclo de vida.	Sharfman *et al.* (1988)
	Organizações altamente afetadas pelo seu ambiente externo, mas com pouco controle sobre ele.	Cheng & Kesner (1997)
	Pressões competitivas.	Singh (1986), Marino & Lange (1983).
	Mudanças na regulamentação.	Marino & Lange (1983)
Organização	Tamanho.	Sharfman *et al.* (1988)
	Desempenho.	
	Idade.	
	Tecnologia.	
	Estabilidade interna.	
Grupo de Interesse	Comportamento político.	Sharfman *et al.* (1988)
	Ameaças e oportunidades percebidas.	

1.2. Natureza da Folga Organizacional

Segundo Penrose (1980), a firma é uma "coleção de recursos produtivos", que podem ser classificados em físicos e humanos. Além desses, alguns autores mencionam os recursos financeiros.

A folga de *recursos humanos* consiste em excesso de recursos humanos/ funcionários redundantes (Rust & Katz, 2002; Nohria & Gulati, 1996; Sharfman *et al.*(1988) ou de funcionários cujas atividades não estejam vinculadas diretamente ao resultado de curto prazo (Lawson, 2001; Penrose, 1980). A folga de *recursos físicos* compreende sistemas/equipamentos cuja utilização não esteja vinculada diretamente ao resultado de curto prazo (Lawson, 2001); a capacidade não-utilizada de Máquinas e Equipamentos (Rust & Katz, 2002; Bourgeois, 1981; Nohria & Gulati, 1996;

Lawson, 2001); e estoque de matéria-prima, produtos em processo e produtos acabados (Sharfman *et al.*, 1988; Bourgeois, 1981). A folga de *recursos financeiros* consiste em recursos líquidos o suficiente para a utilização imediata não prevista na realização das atividades da empresa, tais como caixa (Sharfman *et al.* (1988)); recursos para aplicar em projetos (Bourgeois, 1981); salários/benefícios e dividendos mais altos do que o necessário (Bourgeois, 1981; Marino e Lange, 1983; Cyert & March, 1963); e despesas de *overhead* e outros custos administrativos (Rust & Katz, 2002).

1.3. Tipos da Folga

Há diferentes formas de classificar os recursos em excesso das empresas. O critério utilizado está normalmente associado à facilidade de acesso a esses recursos (Bourgeois & Singh, 1983). Os quadros 3, 4 e 5 sumarizam diferentes classificações.

Quadro 3 - Classificação da Folga Organizacional quanto à Disponibilidade

Acesso	Tipo	Descrição
Alto	Disponível	Recursos que ainda não foram assimilados ao desenho técnico da organização, associados a excesso de liquidez (Bourgeois & Singh, 1983; Cheng & Kesner, 1997).
Médio	Recuperável	Recursos já absorvidos pelo desenho do sistema como excesso de custos, que podem ser recuperados em tempos adversos através do redesenho organizacional, como *overhead* em excesso (Bourgeois & Singh, 1983; Cheng & Kesner, 1997).
Baixo	Potencial	Capacidade de a organização obter recursos extras do ambiente, como levantando um empréstimo adicional ou colocação de ações no mercado (Bourgeois & Singh, 1983; Cheng & Kesner, 1997).

Quadro 4 - Classificação da Folga Organizacional quanto à Absorção pela Organização

Acesso	Tipo	Descrição
Médio	Absorvida	Recursos absorvidos através de salários, despesas de *overhead* e excesso de custos administrativos diversos (Rust & Katz, 2002; Singh, 1986; Thomson & Millar; 2001).
Alto	Não-absorvida imediata	Recursos líquidos em excesso, não comprometidos (Rust & Katz, 2002; Singh, 1986; Thomson & Millar; 2001). Rust & Katz (2002) classificam estes recursos ainda de acordo com a perspectiva temporal entre Potenciais e Imediatos.
Baixo	Não-absorvida potencial	

Quadro 5 - Classificação da Folga Organizacional quanto à Autonomia de Utilização

Acesso	Tipo	Descrição
Médio	Baixa autonomia de utilização	Recursos que só podem ser utilizados como proteção em poucas situações específicas, já que os gestores têm pouca flexibilidade na sua aplicação e, portanto, poucas opções. Exemplos: estoques de produtos em processo ou acabados, mão-de-obra especializada e capacidade de máquina (Sharfman *et al.* 1988).
Alto	Alta autonomia de utilização	Recursos que podem ser utilizados em várias situações, fornecendo aos gestores uma gama de opções. Exemplos: caixa e aplicações com liquidez, linhas de crédito, estoque de matéria-prima e funcionários não-especializados (Sharfman *et al.* 1988).

Dado que o critério para definir os tipos de folga é convergente, este estudo popõe uma classificação única, que toma como base a classificação de Bourgeois & Singh (1983):

–	Facilidade de Acesso	+
Potencial	Recuperável	Disponível
Não-absorvida Potencial	Absorvida	Não-absorvida Imediata
	Baixa autonomia de utilização	Alta autonomia de utilização

Figura 1 - Convergência das classificações dos recursos referentes à folga organizacional.

Para este trabalho, será adotada a nomenclatura Folga **Potencial**, **Recuperável** e **Disponível**.

1.4. Medidas de Folga

A literatura ofereceu uma série de indicadores para medir o nível de Folga Organizacional de uma empresa. Os trabalhos pioneiros de Bourgeois (1981) e de Bourgeois & Singh (1983) serviram de base para a maior parte dos trabalhos posteriores na área. Por se apoiarem em registros contábeis, os indicadores sugeridos nesses trabalhos não requereram a cooperação da organização no fornecimento de dados e obtiveram ampla aceitação na literatura.

Tais medidas utilizaram o conceito de medida relativa (Marino & Lange, 1983), que analisa a evolução do nível de folga entre períodos de tempo.

1.5. Relação entre Folga Disponível e Folga Recuperável

Segundo Sharfman *et al.* (1988), quando as empresas têm folga, o nível total desses recursos é composto da soma de folgas disponíveis e recuperáveis. Os autores esperam ainda que essas folgas covariem negativamente, argumentando que as situações que demandam o uso de folgas de baixa autonomia de utilização não são normalmente encontradas simultaneamente a situações em que a flexibilidade e a alta autonomia de utilização sejam necessárias. Em Sharfman *et al* (1988), encontram-se evidências de que a folga de capacidade (baixa autonomia de utilização) e a folga de caixa (alta autonomia de utilização) tenham correlação negativa. Pode-se então propor o que se segue:

Proposição A: As folgas recuperável e disponível são correlacionadas e covariam negativamente.

1.6. Antecedentes da Folga – Indústria – Natureza do *Output*

A natureza básica do *output* indica a escolha básica da indústria: se a firma se dedica a fornecer um produto, um serviço, ou ambos. As organizações de serviço puras, como, por exemplo, firmas de advocacia e de contabilidade, precisam ser muito flexíveis na sua resposta às alterações de demanda, tendo uma baixa necessidade de folga como estoque físico, mas alta necessidade em termos de capacidade humana e de processamento (tais como *software* e *hardware*). Esse tipo de empresa precisa também de reservas de caixa para adicionar os recursos quando necessário.

Sendo assim, Sharfman *et al.* (1988) sugerem que: quanto mais a firma fornece serviço, maior é a folga disponível (de alta autonomia de utilização) de que ela irá precisar. Quanto mais a firma fornece produtos, mais provável que ela necessite de folga recuperável (de baixa autonomia de utilização).

No caso específico deste estudo, a indústria em questão possui uma natureza de prestação de serviços puros. Sendo assim, pode-se adaptar a hipótese dos autores para a proposição.

Proposição B: Por ser a indústria bancária inerentemente de serviços, espera-se encontrar nas empresas que a compõem um nível mais alto de folga disponível do que de folga recuperável.

1.7. Antecedentes da Folga – Indústria – Estágio no Ciclo de Vida

Segundo Porter (1980), firmas em fase de Introdução e Crescimento passam por mudanças rápidas e por pressão para gerar lucros, demandando recursos que forneçam alto grau de flexibilidade e gerem menores custos de oportunidade (como caixa e linhas de crédito). Já firmas em fase de maturidade precisam ser eficientes e devem proteger essa eficiência com recursos específicos (como estoque e capacidade de máquina), contrabalançando custos de estocagem e de oportunidade com folga recuperável. Por fim, firmas em fase de declínio precisam estar preparadas para novamente maximizar a flexibilidade, enquanto minimizam custos de oportunidade, de forma a aumentar as suas chances de sobreviver.

Desses argumentos, deriva a hipótese de Sharfman *et al.* (1988): "À medida que as firmas passam do estágio de introdução/crescimento para o estágio de maturidade, provavelmente terão maior folga recuperável (de baixa autonomia de utilização). As empresas que entram na fase de declínio irão empregar mais folga disponível (de alta autonomia de utilização)". No caso específico da indústria bancária, em relação ao seu estágio do ciclo de vida, pode-se considerar dois subperíodos distintos dentro do período de análise.

Até 1994 (pré-plano Real), o período de maturidade, os bancos conviviam há muito com um ambiente inflacionário, no qual as estratégias já estavam bem definidas, o serviço oferecido estabilizado, e as empresas ganhavam na manutenção dessa estratégia, que era basicamente o retorno do *floating* (Brandão, 1998). Após 1994 (pós-plano Real), com a estabilização da economia e a redução dos ganhos inflacionários, os bancos enfrentaram uma mudança ambiental, tendo introduzido produtos novos (produtos de crédito, cobrança de tarifas). Dessa forma, é possível considerar que a indústria bancária brasileira iniciou um novo ciclo de vida a partir desse evento.

Sendo assim, pode-se formular as seguintes proposições:

Proposição C1: *Até 1994, por sua indústria encontrar-se em um estágio de maturidade, espera-se por parte dos bancos um nível maior de folga recuperável.*

Proposição C2: *Após 1994, por iniciar um estágio de introdução/crescimento, espera-se que os bancos apresentem um nível mais alto de folga disponível.*

1.8. Antecedentes da Folga – Organização – Tamanho

Segundo Sharfman *et al.*(1988), "quanto maior a firma, maior o nível total de folga". Como os bancos em análise têm um porte considerável na indústria brasileira, pode-se propor o que segue:

Proposição D: *Espera-se encontrar um alto nível de folga total nos bancos estudados. Dentre estes bancos, quanto maior em termos de ativos, maior a folga total esperada.*

Apesar de Dimick & Murray (1978) utilizarem como medida de tamanho da organização a magnitude de receitas anuais (vendas) e o número de funcionários, no presente trabalho utilizam-se Patrimônio Líquido e Ativos Totais, por serem os indicadores utilizados por dois dos mais respeitáveis *Rankings* brasileiros de empresas – "Guia Melhores e Maiores" da Revista Exame e "Guia Valor 1000" do Jornal *Valor Econômico*.

1.9. Antecedentes da Folga – Organização – Idade

Segundo Freeman *et al.* (1983), à medida que a organização envelhecesse, a probabilidade de que ela fracassasse ou mudasse cairia, ou seja, as suas habilidades de sobrevivência aumentariam. Incluiu-se nessas habilidades a aquisição sensata de recursos como folga. As organizações mais velhas, que tiveram a oportunidade de experimentar diferentes níveis e tipos de folga, poderiam, dessa forma, selecionar o conjunto de recursos necessários para a sua sobrevivência. Assim, essas empresas escolheriam que recursos deveriam compor a sua folga, precisando menos de folgas não-específicas. Sendo assim, ter-se-ia

Proposição E: Quanto mais velha a firma, maior o nível de folga recuperável.

2 Método da Pesquisa

Foi realizada uma análise longitudinal do comportamento da folga no Banco Itaú, Bradesco e Banco do Brasil relativo ao período 1990-2001. Para verificar as proposições apresentadas anteriormente, o estudo baseou-se em dados secundários disponíveis em Demonstrativos Financeiros (DF), Balanços Patrimoniais (BP) e Demonstrações de Resultado de Exercício (DRE).

2.1. O Cálculo da Folga Organizacional

Para identificar o nível de folga organizacional nas empresas em questão, foram selecionados alguns dos indicadores propostos por Bourgeois & Singh (1983), que, além de serem aplicáveis a instituições bancárias, podem ser obtidos a partir dos demonstrativos financeiros. Devido a seu caráter mais subjetivo, a folga potencial, que reflete a percepção dos *stakeholders* quanto à situação presente e futura da empresa, não foi avaliada no presente estudo. O quadro 6 apresenta os indicadores usados para calcular as Folgas Disponível e Recuperável:

Quadro 6 - Indicadores Selecionados para a Medida da Folga Organizacional

Tipo Folga	Medida
Recuperável	G & A = Despesas Gerais, Administrativas e de Vendas / Vendas (+).
	Capital de Giro / Vendas: WC/S (1) = Contas a Receber / Vendas (+); WC/S (2) = Estoque / Vendas (+).
Disponível	R.E. = (Lucro Líquido – Dividendos) / Vendas (+).
	D.P. = Dividendos / Patrimônio Líquido (-).
	WC/S (3) = (Caixa e Aplicações – Passivo Corrente)/Vendas (+).

O valor final de cada tipo de folga, bem como o da Folga Total, é obtido através da soma dos indicadores acima, de acordo com o sinal apresentado entre parênteses.

Devido às especificidades de legislação/regulamentação de cada país e indústria na elaboração dos demonstrativos financeiros, faz-se necessária uma adaptação dos fatores que compõem o cálculo dos indicadores, de forma a permitir a sua aplicação aos bancos brasileiros. A contabilidade bancária brasileira segue as regras do Plano Contábil do Sistema Financeiro Nacional (COSIF). A fim de associar à variável que consta da literatura a conta correspondente nos demonstrativos financeiros padrão COSIF, foram utilizadas as definições dessas contas, procurando-se manter os conceitos propostos originalmente pelos autores, obtendo-se a seguinte equivalência:

Quadro 7 - Contas adaptadas ao Plano COSIF

Conta	D.F.	Conta Correspondente
Vendas Vendas Líquidas[1]	DRE	- Receitas Operacionais/Intermediação Financeira. - Receitas de Prestação de Serviços.
Despesas Gerais, Administrativas e de Vendas	DRE	- Despesas de Comercialização. - Despesas de Honorários – Diretoria e Conselho de Administração. - Despesas de Pessoal – Proventos, Benefícios, Treinamento e Encargos Sociais. - Outras Despesas Administrativas. - Despesas Tributárias.
Lucro Líquido	DRE	Lucro Líquido. Lucro Líquido por Ação.
Caixa	BP	Disponibilidades.
Aplicações	BP	- Ativo Circulante: ▪ Aplicações Interfinanceiras de Liquidez. ▪ Títulos e Valores Imobiliários – Carteira Própria.
Contas a Receber	BP	- Ativo Circulante: ▪ Operações de Crédito. ▪ Operações de Arrendamento Mercantil. ▪ Outros Créditos.
Estoque	-	Não-aplicável.
Passivo Corrente	BP	Passivo Circulante.
Patrimônio Líquido	BP	Patrimônio Líquido.
Dividendos	NE	Dividendo (nota explicativa referente a Patrimônio Líquido) → (Percentual * Base de cálculo).

Entre as conseqüências da adaptação das contas à realidade da indústria bancária brasileira, tem-se a não-aplicabilidade do conceito de Estoque à natureza das operações de instituições financeiras. Sendo assim, a medida representada por WC/S (2), no Quadro 6, não tem sentido no contexto deste estudo, passando a não ser mais considerada.

3 Resultados da Análise

Como será visto a seguir, os três bancos analisados apresentaram folga disponível negativa. A literatura não aborda explicitamente valores negativos de folga, embora sejam encontrados em alguns estudos empíricos valores negativos (Cheng & Kesner, 1997; Bourgeois & Singh, 1983). Pode-se, no entanto, interpretar esse resultado de formas distintas.

[1] Não há impostos sobre vendas no DRE conforme o Plano COSIF, não havendo, portanto, diferença conceitual entre vendas e vendas líquidas neste caso.

A primeira delas deriva de umas das principais limitações do modelo de cálculo de folga organizacional adotado. Devido à própria proposta de utilizar somente dados públicos/financeiros, o modelo não aborda todas as possibilidades de composição da folga. Sendo assim, os resultados encontrados como valores de folga recuperável, disponível e total, devem ser lidos como representando os aspectos abordados pelo presente modelo, porém apenas indicativos do valor total dessas folgas para as empresas estudadas. Por exemplo, a Folga Disponível calculada não contempla recursos humanos não-especializados, nem capacidade ociosa de máquinas com alta flexibilidade, tendo um enfoque mais voltado para disponibilidade de recursos financeiros/liquidez. Dessa forma, o resultado aqui obtido seria apenas um indicador parcial.

Outra interpretação possível apontaria uma "falta de folga disponível", ou seja, segundo a fórmula de cálculo, faltariam recursos líquidos. Isso faz sentido se se levar em conta a atividade inerente à indústria à qual as empresas pertencem: disponibilidade de caixa significa custo de oportunidade de investimentos e/ou de empréstimo desses valores.

Por fim, deve-se ter em mente, ao olhar para esses valores, o que foi mencionado a respeito de medidas absolutas e relativas. Bourgeois & Singh (1983), que apresentaram o modelo ora empregado, deixam claro que as medidas utilizadas são relativas, ou seja, devem ser tratadas de forma comparativa com o período anterior, em termos de "ganhadores de folga" e "perdedores de folga". Isso significa que não importa muito o valor pontual em determinado ano, mas, sim, o quanto a folga cresceu ou diminuiu. Dessa forma, não é significativo o fato de a folga disponível adquirir valores negativos.

Proposição A

Para verificar a aplicabilidade dessa proposição, foram calculados os valores de Correlação e Covariância entre as medidas, para o período proposto, utilizando respectivamente as funções CORREL() e COVAR() do Excel. (Proposição A)

No Banco Itaú

Gráfico 1 – Evolução da Folga Organizacional – Banco Itaú

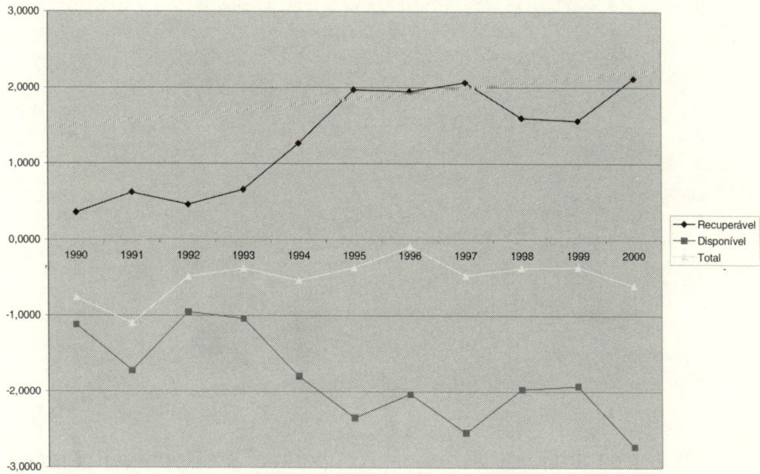

O Gráfico 1 deixa clara a tendência de variação negativamente relacionada entre os dois tipos de folga. Essa percepção é reforçada pela pouca variação relativa ao longo do tempo da Folga Total, o que mostra que as variações em um tipo de folga acabam por compensar as variações no outro tipo.

De forma a verificar a Proposição A apontada no período analisado, foram calculados os valores da correlação e da covariância entre a Folga Disponível e a Folga Recuperável.

A **correlação** entre Folga Disponível e Folga Recuperável foi **–0.93215** e a **covariância –0.34963**. Esses resultados indicam que os dois tipos de folga variam de forma negativamente relacionada, conforme menciona a Proposição A, e que a relação não deve ser linear.

No Bradesco

Gráfico 2 – Evolução da Folga Organizacional – Bradesco

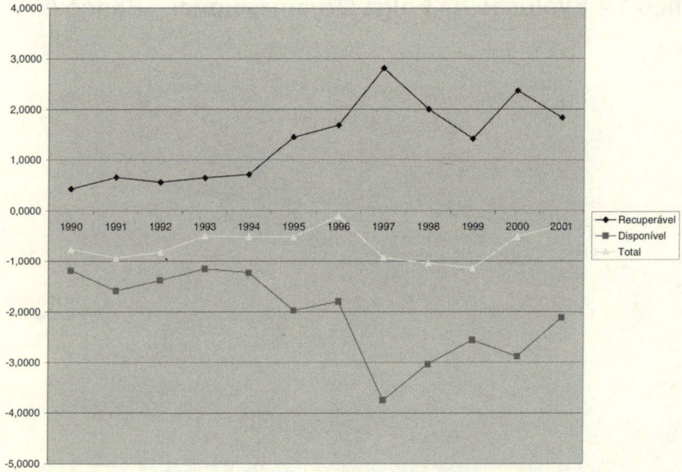

De forma análoga, as folgas recuperável e disponível parecem variar de forma inversa, também apresentando um padrão de simetria ao longo do período analisado. Dessa forma, tem-se também uma pequena variação da Folga Total se comparada com as variações de cada folga, já que elas acabam por se compensar ao menos parcialmente.

A **correlação** obtida foi de **–0.92778**, também negativamente muito forte. Por sua vez, o valor da **covariância** foi mais significativo do que o encontrado para o Banco Itaú, de **–0.56201**, indicando que a relação entre as medidas foi fortemente negativa, e linearmente mais forte do que no Banco Itaú. Sendo assim, pôde-se verificar a Proposição A.

No Banco do Brasil

Gráfico 3 – Evolução da Folga Organizacional – Banco do Brasil

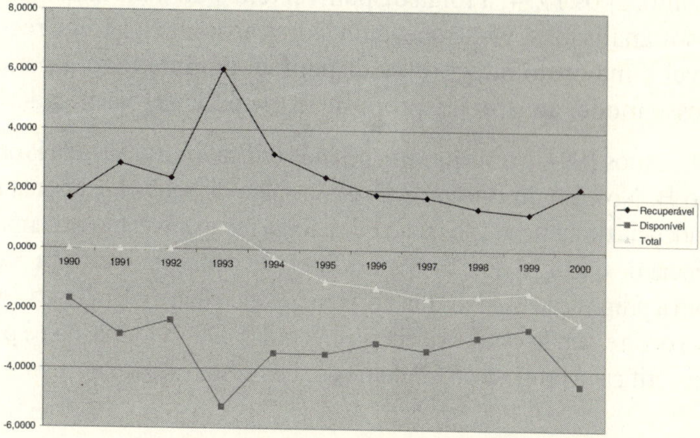

Mais uma vez, os valores obtidos para as folgas recuperável e disponível demonstraram clara tendência de simetria com variação inversa das medidas.

Nesse caso, a **correlação** foi de **–0,62641** e a **covariância** foi de **–0,71785.** Embora de menor valor, verifica-se a correlação negativa conforme prevê a proposição A.

Proposição B

A Proposição B sugere que os bancos devem ter um nível mais alto do que recuperável de folga disponível. No que tange aos casos estudados nesta pesquisa, essa proposição não se verifica. O que se vê é uma situação oposta, uma vez que se constata uma folga recuperável positiva e uma folga disponível negativa durante, praticamente, todo o período analisado. Ademais, nos casos do Itaú e do Bradesco, verifica-se uma tendência de diferença crescente ao longo do período.

Proposições C1 e C2

Segundo as Proposições C1 e C2, espera-se que os bancos, até 1994, tenham tido um nível maior de folga recuperável, enquanto, após 1994, a folga disponível terá sido mais alta. Nos três casos analisados, vê-se que, em valores absolutos, a folga recuperável é maior do que a folga disponível durante todo o período. Desse modo, até 1994, a proposição C1 pode ser verificada.

Após 1994, o resultado é o mesmo verificado na análise da Proposição B. No caso do Banco do Brasil, a folga disponível apresenta uma tendência de aumento, ao passo que a folga recuperável mostra uma tendência de queda, o que, caso a tendência se confirme, estará de acordo com a proposição C2. No entanto, para o Banco Itaú e o Bradesco, isso já não ocorre, sendo essas tendências invertidas. Dessa forma, não é possível verificar a proposição C2 com base nos casos estudados.

Proposição D

A Proposição D faz esperar que os bancos possuam um alto nível de folga total e que a folga total seja maior quanto maior for o banco, de acordo com os critérios selecionados para a definição de tamanho.

Total de Ativos

Gráfico 4 – Ativo Total Ajustado (US$ milhões)

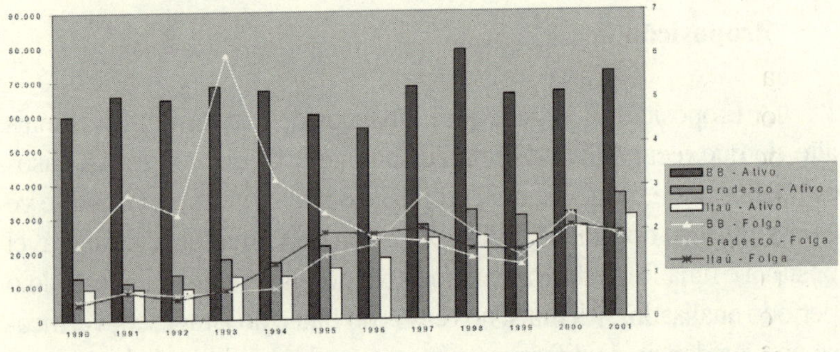

Fonte: Melhores e Maiores – Guia Exame – Online (Valores de Ativos)

Ao longo de todo o período, o Banco do Brasil lidera, seguido pelo Bradesco e o Banco Itaú. Observe-se que a diferença de tamanho entre Bradesco e Itaú é bem menor do que a diferença entre estes e o Banco do Brasil. Até 1995, verifica-se que o maior banco (BB) apresenta a maior folga total. No entanto, a partir desse ano não mais se verifica o mesmo padrão. Com exceção de 1997, quando o Bradesco tem um valor de folga um pouco mais alto que os demais, os valores de folga total são proporcionalmente muito próximos, não permitindo uma conclusão mais precisa.

<u>Patrimônio Líquido</u>

Gráfico 5 – Patrimônio Líquido Ajustado (US$ milhões)

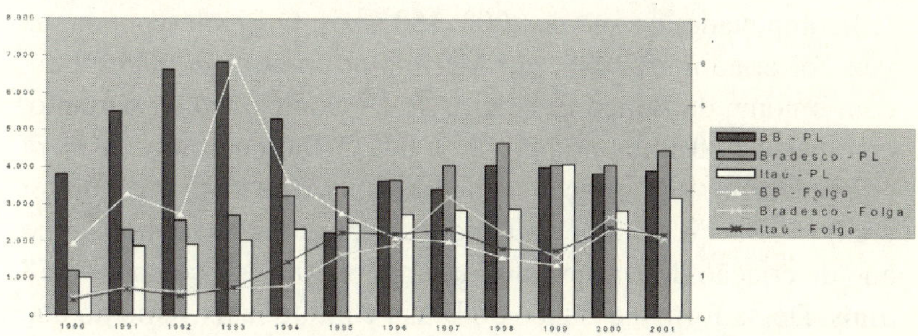

Fonte: Melhores e Maiores – Guia Exame – Online (Valores de PL)

Analogamente, verifica-se que o nível de folga total acompanha o tamanho da empresa até 1994. A diferença entre os valores do Patrimônio Líquido e da folga total do Itaú e do Bradesco não pode ser considerada relevante se comparada ao nível relativo do valor do Patrimônio Líquido do Banco do Brasil. Ao contrário, porém, do que foi visto na avaliação do tamanho segundo o valor de ativos, as diferenças entre os valores tornam-se menores com o passar do tempo, com o Bradesco assumindo a primeira posição em patrimônio líquido.

Pode-se verificar então que, a partir de 1995, a folga total da empresa nem sempre acompanha o tamanho. Na maioria dos anos, no entanto, o primeiro lugar de acordo com as duas variáveis é o mesmo, conforme se percebe a partir da comparação no Gráfico 5.

Proposição E

Oficialmente, o **Banco do Brasil** foi criado em 12 de outubro de 1808, com a vinda da família real portuguesa ao Brasil. Em 1829, esse banco foi liquidado. Em 1851, o Visconde de Mauá fundou um banco particular denominado Banco do Brasil, que, em 1853, fundiu-se com o novo Banco do Brasil, sob o controle do Governo, criado pelo Visconde de Itaboraí e com o Banco Comercial do Rio de Janeiro – data que se considera o início da operação do Banco do Brasil com o seu formato atual –, tendo o BB completado, no ano de 2003, **150 anos**. O **Bradesco**, por sua vez, foi criado em 1943, em Marília, no interior de São Paulo, com o nome de Banco Brasileiro de Descontos, tendo, portanto, completado **60 anos** no ano de 2003. O **Banco Itaú** considera como data de sua fundação o dia 2 de janeiro de 1945, quando foi criado o Banco Central de Crédito, data que adotaremos como ano de criação do Banco Itaú. Assim, em 2003 ele completou **58 anos**. Dessa forma, o Banco do Brasil é muito mais velho do que o Bradesco e o Banco Itaú, que podem ser considerados como tendo a mesma idade, dado que dois anos de funcionamento dentro da história da indústria bancária – ou mesmo de qualquer outra organização empresarial – podem ser considerados pouco significativos.

Gráfico 6 – Folga Recuperável

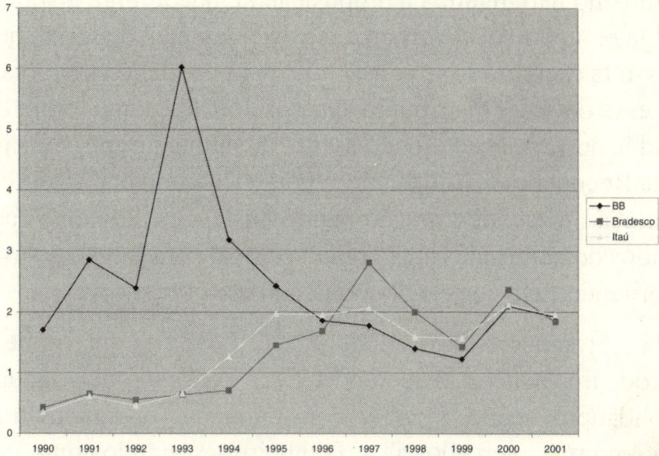

Percebe-se, com base no Gráfico 6, que, como nas análises anteriores, a Proposição E, segundo a qual quanto mais velha a empresa, maior o nível de folga recuperável, é verificada até 1995, ano a partir do qual há mais uma relação clara entre as duas variáveis analisadas.

SÍNTESE DOS RESULTADOS

Quadro 8 – Resultados encontrados para as proposições apresentadas

		Proposição Verificada?		
Proposição	**Análise**	**Itaú**	**Bradesco**	**BB**
A	Relação entre Folga Disponível e Folga Recuperável.	Sim	Sim	Sim
B	Antecedentes da folga - Indústria - Natureza básica do *output*.	Não	Não	Não
C1	Antecedentes da folga - Indústria - Estágio no Ciclo de Vida.	Sim	Sim	Sim
C2		Não	Não	Não
D	Antecedentes da folga - Organização - Tamanho (Total de Ativos).	Até 1995 → Sim Após 1995 → Não		
	Antecedentes da folga - Organização - Tamanho (Patrimônio Líquido).	Até 1994 → Sim Após 1994 → Não		
E	Antecedentes da folga - Organização – Idade.	Até 1995 → Sim Após 1995 → Não		

A Proposição A é verificada para todos os bancos, ou seja, este trabalho não invalida a proposição de que a folga disponível e a folga recuperável covariam e se correlacionam de forma negativa. Isso faz sentido se se pensar que, para um dado valor total de folga, esse deve ser distribuído entre os dois tipos que foram considerados nesta análise. Sendo assim, ao aumentar, por exemplo, a Folga Recuperável, utilizar-se-ia Folga Disponível e vice-versa. A limitação dessa observação reside no fato de somente serem utilizados dois tipos de folga organizacional para fins deste trabalho, tornando essa correlação praticamente obrigatória.

Já a Proposição B não pôde ser verificada na análise de nenhum dos três bancos, o que poderia ser explicado pela natureza da atividade bancária. Pode-se considerar que os bancos trabalham com uma "mercadoria" – o dinheiro – servindo como intermediários. Faz parte do seu negócio, por conseguinte, como em outras áreas, minimizar os "estoques" devido ao seu custo, ou seja, dispor de recursos disponíveis pressupõe um custo de oportunidade alto; os bancos possuem uma cultura de não "deixar dinheiro parado", sendo mais natural para eles, uma vez que têm folga, aplicá-lo para algum fim, mesmo não essencial à operação primária da empresa – uma Folga Recuperável.

Em relação ao resultado encontrado para as demais proposições, um fator comum chama bastante a atenção: todas são verificadas até a época da introdução do Plano Real (1994-1995), mas não podem ser verificadas depois dessa data. A partir de então, pode-se verificar a força desse evento na indústria bancária brasileira, bem como no padrão de comportamento da folga organizacional. No entanto, cabe lembrar que, sob o ponto de vista de pesquisa científica, o tempo decorrido, desde a implantação do Plano Real, ainda é muito curto e, por serem os primeiros anos, a indústria pode estar passando por uma espécie de "acomodação", podendo esse período não ser suficiente para se obterem conclusões definitivas.

4. Conclusão

Este trabalho investigou a folga organizacional, procurando operacionalizar conceitos propostos na literatura e verificar a aplicabilidade (ou não) de proposições formuladas à indústria bancária brasileira no período 1990-2001. Essa análise inspirou-se nas medidas dos tipos de folga de Bourgeois & Singh (1983), para sugerir indicadores de folga para empresas do setor bancário.

O estudo confirmou a exeqüibilidade de se proceder ao estudo da folga organizacional, "assunto-tabu" na maioria das empresas. Fazendo uso de informações públicas e explorando sistematicamente os Demonstrativos Financeiros, foi possível construir um conjunto de indicadores de folga. A existência de um plano contábil padronizado (COSIF) ajudou a viabilizar a análise comparativa.

Algumas considerações, no entanto, se fazem necessárias. Mesmo utilizando um instrumento de domínio público, ainda se encontrou certa dificuldade em obter dados históricos. Os relatórios mais antigos são mais difíceis de conseguir. Além disso, o modelo de contabilização vigente na indústria não é totalmente utilizado, dificultando, por vezes, as comparações. Finalmente, peculiaridades da indústria bancária afetam o trato da folga. Por estar seu negócio diretamente ligado a transações financeiras, a folga é percebida de forma muito mais imediata (normalmente em espécie e não em equipamentos, por exemplo). Isso faz com que a folga disponível seja muito reduzida, tendo assumido valores negativos para os três bancos.

No que tange à indústria bancária brasileira no período estudado, parece evidente a posição do Plano Real como evento demarcatório nessa indústria – tanto assim é que o comportamento da folga dos bancos modifica-se substancialmente a partir de 1994. A verdadeira dimensão do impacto de tal transformação só poderá possivelmente ser avaliada daqui a algum tempo, quando a indústria exibir um adequado nível de estabilização e amadurecimento.

5. Referências Bibliográficas

BOURGEOIS, L. J.; SINGH, J. V. Organizational slack and political behavior among top management teams. **Academy of Management Proceedings**, p. 43-47, 1983.

______. On the measurement of organizational slack. **Academy of Management Review**, v. 6, n. 1, p. 29-39, 1981.

BRANDÃO, L. M. O plano real e o sistema financeiro. **Net Estado**, 1998, Editorial. Disponível em: <http://www.estado.estadao.com.br/edicao/pano/98/07/01/ARTTIT1.HTM>.

CHENG, J.; KESNER, I. Organizational slack and response to environmental shifts: the impact of resource allocation patterns. **Journal of Management**, New York, v. 23, n.1, p. 1-18, 1997.

CYERT, R. M.; MARCH, J. G. A behavioral theory of the firm. Englewood Cliffs, N.J.: Prentice-Hall, 1963.

DEMONSTRATIVOS financeiros do Banco Itaú, Banco do Brasil e Bradesco, 1990-2001.

DIMICK, D. E.; MURRAY, V. V. Correlates of substantive policy decisions in organizations: the case of human resource management. **Academy of Management Journal**, v. 21, n. 4, p. 611-623, 1978.

EXAME. Guia melhores e maiores. São Paulo: Editora Abril, 2002.

FREEMAN, J.; CARROLL, G. R.; HANNAN, M. T. The liability of newness: age dependence in organizational death rates. **American Sociological Review**, v. 48, n. 5, p. 692-710, Oct. 1983.

GREENLEY, G. E.; OKTEMGIL, M. A comparison of slack resources in high and low performing british companies. **Journal of Management Studies**, v. 35, n. 3, p. 377-398, May 1998.

LAWSON, M. B. In praise of slack: time is of the essence. **The Academy of Management Executive**, v. 15, n. 3, p. 125-135, Aug. 2001.

MARINO, K. E.; LANGE, D. R. Measuring organizational slack: a note on the convergence and divergence of alternative operational definitions. **Journal of Management**, v. 9, n. 1, p. 81-92, 1983.

MARCH, J. G. Bounded rationality, ambiguity , and the engineering of choice. **Bell Journal of Economics**, v. 9, n. 2, p. 587-608, 1978.

MILLER, J. L.; ADAM JR. E. E. Slack and performance in health care delivery. The **International Journal of Quality & Reliability Management**, Bradford, v. 13, n. 8, p. 63, 1996.

NOHRIA, N.; GULATI, R. Is slack good or bad for innovation?. **Academy of Management Journal**, v. 39, n. 5, p. 1245-1264, 1996.

______. What is the optimum amount of organizational slack? a study of the relationship between slack and innovation in multinational firms. **Academy of Management Proceedings**, p. 32-37, 1995.

PENROSE, E. **The theory of the growth of the firm**. White Plains, NY: M.E. Sharpe, 1980.

PORTER, M. E. **Competitive strategy:** techniques for analyzing industries and competitors. New York: New York Free Press, 1980.

RUST, K. G.; KATZ, J. P. Organizational slack and performance: the interactive role of workforce changes. In: **Strategic Management Track Of The Midwest Academy Of Management Conference**, Apr. 2002.

SHARFMAN, M. P. et al. Antecedents of organizational slack. **The Academy of Management Review**, v. 13, n. 4, p. 601-614, 1988.

SINGH, J. V. Performance, slack and risk taking in organizational decision making. **Academy of Management Journal**, v. 29, n. 3, p. 562-585, 1986.

THOMSON, N.; MILLAR, C. C. J. M. The role of slack in transforming organizations: a comparative analysis of east German and Slovene Companies. **International Studies of Management & Organization**, v. 31, n. 2, p. 65-83, Summer 2001.

VALOR ECONÔMICO. Revista Valor 1000. São Paulo, 2002.

UMA GRANDE ANGULAR NA ANÁLISE ESTRATÉGICA: O MODELO INTEGRADO E OS IMPACTOS NO DESEMPENHO

Paulo Moreira Goulart – IAG/PUC-Rio

Jorge Ferreira da Silva – IAG/PUC-Rio

A adoção de modelos integrando métodos competitivos e alianças estratégicas amplia o poder explanatório da análise S-C-P (*structure, conduct, performance*) convencional, lançando luz sobre o entendimento das variâncias dos desempenhos das indústrias.

A partir de um *framework* teórico construído com base em teorias robustas, como a da tipologia de estratégias competitivas de Miles & Snow (1978) e a taxonomia de alianças estratégicas de Astley & Fombrun (1983), foi desenvolvido um modelo geral que permite a avaliação dos impactos no ambiente (Porter, 1980) e no desempenho (Chakravarthy, 1986) das decisões conjugadas de estratégias competitivas e alianças estratégicas, exatamente como se uma grande angular fosse utilizada para fotografar uma paisagem conhecida, acrescentando novos detalhes (alianças estratégicas conjugadas a estratégias competitivas) ao quadro original.

O modelo foi testado na indústria financeira brasileira, triênio 1994-1996, a partir de dados primários obtidos em pesquisa de campo especialmente desenhada para esse fim. Tais dados foram analisados através de técnicas estatísticas multivariadas apropriadas, constatando-se, por fim, o poder explanatório superior do modelo proposto para o entendimento da variância do desempenho na indústria em questão.

1. Introdução

Em um mundo cada vez mais interconectado, onde as barreiras para novos entrantes (Porter, 1980, p.7) vêm sendo reduzidas pela quebra de legislações protecionistas e implementação de acordos de livre comércio regionais, assiste-se à elevação da interdependência entre os países, fazendo com que a competição perca seu caráter militar de destruição física dos concorrentes, em prol de uma concepção econômica de criação e transferência de riqueza entre firmas.

Para tanto, o estrategista organizacional busca os meios necessários para atingir com êxito os seus objetivos, quer contando com seus próprios recursos, quer se aliando a terceiros, cooperando para competir. Mesmo entre concorrentes, é possível a existência de ações coordenadas no sentido de fazer frente às adversidades comuns, bem como para somar recursos visando a um resultado que, se tentado individualmente, poderia ser econômica e temporalmente proibitivo.

Competir e colaborar passam a ter um significado maior, em que as forças competitivas, opostas por natureza, podem se associar, unidas por interesses comuns, fazendo com que o ambiente competitivo seja fortemente influenciado pelo fato de que os mais aptos sobreviverão, sejam eles indivíduos ou organizações. Dada a escassez de recursos para a manutenção da vida organizacional, é natural que um certo nível de atividade competitiva se manifeste nas organizações, as quais poderão lidar com a situação que se apresenta de forma individual ou colaborativa, competindo individualmente ou entre grupos.

Assim, à medida que se avança no estudo da natureza competitiva das organizações, são encontradas contradições, como aquelas descritas por Zahra & Pearce II (1990) e Namiki (1989). A construção de novos modelos que lidem com tais contradições é o desafio assumido por esta pesquisa.

2. Objetivos

O objetivo principal deste estudo é propor um modelo, conjugando estratégias competitivas e colaborativas que possibilitem um melhor entendimento do posicionamento ambiental das empresas em uma dada indústria e, em conseqüência, ampliem o poder explanatório da variância de desempenho observada.

Para tanto, é mandatória a elaboração de constructos alicerçados em teoria prévia sólida, bem como o desenvolvimento de uma competente metodologia de análise de dados para capturar as nuanças dos posicionamentos estratégicos conjugados possíveis.

A testagem empírica é um objetivo secundário mandatório para validação, em um caso específico real – a indústria financeira brasileira no triênio 1994-1996 –, das hipóteses formuladas a partir do modelo.

3. Referencial Teórico

A seguir são apresentadas as tipologias competitiva e colaborativa que embasaram a escolha da metodologia de pesquisa.

No aspecto estratégico competitivo, Miles e Snow (1978) propuseram uma tipologia baseada na noção da proatividade do corpo gerencial da organização, no sentido de que, em última análise, é ele o responsável pela escolha estratégica – *strategic choice* (Child, 1972) – do tipo de organização que almeja ser: mais atento ao consolidar seus produtos e mercados, mais propenso a lidar com a mudança de forma mais dinâmica, buscando continuamente novas idéias e mercados para atuar. São quatro os tipos estratégicos competitivos: Defensores, Prospectores, Analisadores e Reativos, a saber:

- Defensores buscam a estabilidade interna e a eficiência, ofertando um conjunto limitado de produtos direcionados para um estreito mas relativamente estável segmento do mercado, o qual defendem agressivamente.

- Prospectores buscam a flexibilidade interna, objetivando desenvolver e explorar novos produtos e mercados. Para operarem de forma efetiva num ambiente dinâmico, necessitam de uma estrutura reduzida, baixa divisão do trabalho e formalização, além de um alto grau de descentralização.
- Analisadores buscam minimizar os riscos e, ao mesmo tempo, maximizar os lucros, movendo-se para novos mercados somente após a sua viabilidade ter sido testada pelos Prospectores.
- Reativos exibem padrões inconsistentes e instáveis causados pela busca errática de uma das outras três estratégias descritas acima. Em geral, os Reativos respondem de forma não apropriada, resultando em desempenho inferior à média da indústria.

No aspecto colaborativo, Astley & Fombrun (1983) argumentam que se pode fazer uma analogia entre o que ocorre com os seres vivos e o que existe no ambiente de negócios das organizações. Embora a competição ocorra entre seus integrantes, algum tipo de cooperação é possível com o objetivo de ou enfrentar as ameaças ou aproveitar as oportunidades externas, ou seja, reagir a estímulos externos ameaçadores ou oportunísticos.

Propõem uma tipologia a partir de duas variáveis dicotômicas: número de participantes, definindo se a associação será direta ou indireta, e tipo de relacionamento, contemplando organizações ou de diferentes ou de uma mesma indústria. São, então, definidos quatro tipos:

- Tipo Confederada: ocorre em indústrias fortemente concentradas, em que a interação direta é possível em face do reduzido número de organizações. Pode ocorrer entre firmas competindo no mesmo mercado, sendo considerado o tipo de interdependência em que as chances de haver desentendimentos entre os participantes são maiores. Tendem a competir entre si por *market-share* e é mais visível em mercados oligopolizados, nos quais todas as organizações estão cientes da mútua interdependência e nenhuma é capaz de controlar inteiramente o comportamento dos outros competidores (Bresser & Harl, 1986, p.408).

- Tipo Aglomerada: ocorre em indústrias pouco concentradas ou setores econômicos nos quais a interação direta é impossível por causa do elevado número de organizações. É o caso da competição perfeita. A formalização dos acordos se materializa na criação de cartéis, associações comerciais, profissionais e de classe, com capacidade para impor punições contra as firmas que desrespeitarem os acordos pactuados.
- Tipo Conjugada: aparece a partir das ligações entre tarefas básicas de uma ou mais organizações, constituindo um *workflow* de trabalho entre as partes, em que a interdependência é vertical. Para Bresser & Harl (1986, p.408), esse tipo ocorre entre firmas que apresentam perfis complementares na entrega ou de serviços ou de produtos para o consumidor.
- Tipo Orgânica: surge entre setores aparentemente distantes, mas inter-relacionados, criando uma teia corporativa gigante, apontada por muitos autores como a unidade básica de análise (Astley & Fombrun, 1983, p.584).

O estudo de Astley & Fombrun (1983, p.579) sugere a possibilidade de ampliação do conceito de estratégia para além das fronteiras da organização individual, em que o foco estratégico passa da ação individual da firma em se adaptar à mudança, para uma ação colaborativa entre firmas.

4. Modelo Estratégico Integrado Competitivo e Colaborativo

A tipologia de Miles & Snow (1978) sugere que a estratégia competitiva e o ambiente da indústria se influenciam mutuamente, sendo que a resposta resultante dada pela firma é a qualidade do alinhamento produto-mercado. Dessa forma, quanto mais bem adaptada organizacionalmente estiver a firma, melhor será o alinhamento da estratégia ao ambiente da indústria, e, conseqüentemente, maior o desempenho superior no longo prazo. Astley & Fombrun (1983) propõem uma tipologia para analisar as atividades colaborativas das organizações (Bresser & Harl, 1986, p.424), em que a maior vantagem da adoção de inter-relacionamentos colaborativos é a de ser um instrumento para gerenciar a variação da turbulência do ambiente competitivo da indústria, gerado pelas inúmeras interdependências entre as organizações (Bresser & Harl, 1986, p.408).

Nesta pesquisa, é considerado um modelo em que a adoção de adequada estratégia integrada, competitiva e colaborativa trará um melhor ajuste ao ambiente, produzindo um efeito positivo sobre o desempenho da firma no longo prazo.

Para a dimensão ambiente, são utilizados os indicadores extraídos do Modelo das Cinco Forças de Porter (1980) para análise da indústria, a saber: Ameaça de Novos Entrantes, Ameaça de Produtos Substitutos, Poder de Negociação dos Compradores, Poder de Negociação dos Fornecedores e Rivalidade (Porter, 1980, p. 4):

- Ameaça de Novos Entrantes, ou Barreiras de Entrada, mede o grau de dificuldade para a entrada de novos competidores na indústria.
- Ameaça de Produtos Substitutos mede .o grau de facilidade ou dificuldade de substituição, por outra indústria, dos bens ou serviços oferecidos.

– Poder de Negociação dos Compradores mede o grau em que o mercado drena renda econômica da firma.

– Poder de Negociação dos Fornecedores mede o grau em que os principais fornecedores de produtos e serviços drenam renda econômica da firma.

– Rivalidade entre firmas concorrentes mede a intensidade da competição entre os competidores.

Para o espaço *desempenho* serão utilizadas medidas multidimensionais de desempenho, baseadas em Chakravarthy (1986) (Silva, 1997), a saber:

– Retorno sobre o Investimento – ROI (indicador financeiro): é de relevância especial para a adequada representação do desempenho, desde que apropriadamente complementada por outras medidas (Chakravarthy, 1986, p.449).

– *Market-share* (indicador de marketing): a participação do mercado é amplamente utilizada no banco de dados PIMS (Silva, 1997, p.166).

– Satisfação dos *Stakeholders*: esta medida subjetiva está presente no estudo de Chakravarthy (1986).

O objetivo básico foi o de testar um modelo em que a adoção da adequada estratégia integrada, competitiva e colaborativa acarretasse um melhor ajuste ao ambiente, influenciando positivamente o desempenho da firma.

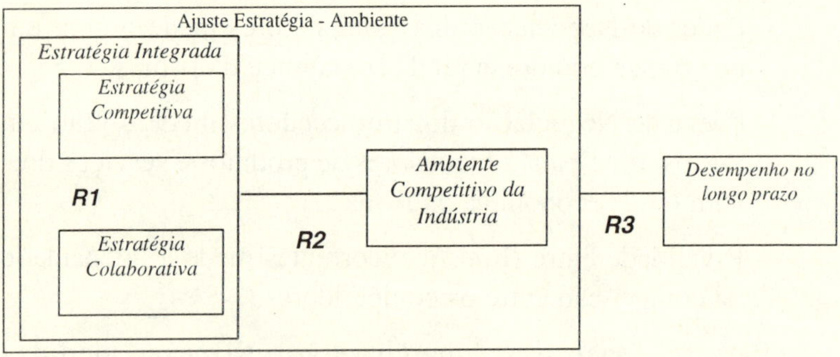

Figura 1: O modelo estratégico integrado.

O modelo propõe que firmas que adotarem estratégias competitivas e colaborativas adequadas, isto é, que adotarem uma estratégia integrada (R1), estarão mais bem alinhadas com o ambiente, maximizando o ajuste estratégia-ambiente (R2) e favorecendo a obtenção de desempenho superior à média da indústria (R3) no longo prazo.

5. Premissas e Hipóteses

Relação R1: A dependência entre as estratégias competitiva e colaborativa.

Golden & Dollinger (1993) estudaram os relacionamentos entre os tipos estratégicos, competitivos e colaborativos de pequenas indústrias manufatureiras, utilizando, para tanto, as tipologias de Miles & Snow (1978) e de Astley & Fombrun (1983). O achado mais significativo da pesquisa é que a maioria das firmas estudadas utilizava estratégias colaborativas e que essas variavam conforme as estratégias competitivas de cada uma, ou seja, haveria uma relação de dependência entre ambas.

Premissa: Diferenças na postura estratégica competitiva estão associadas a diferenças na quantidade e no tipo de relacionamentos interorganizacionais utilizados pelas firmas (Golden & Dollinger, 1993).

Hipótese H1: "*As estratégias colaborativas são dependentes das estratégias competitivas*".

Relação R2: O ajuste entre estratégia e ambiente.

Uma organização é a união entre um propósito articulado e o mecanismo estabelecido para a sua consecução, sendo mais eficiente a organização que souber alinhar-se com o mercado, ou seja, que souber alinhar a sua oferta de produtos e de serviços com o ambiente onde atua (Miles & Snow, 1978, p.547).

*Premissa:*Firmas pertencentes aos grupos estratégicos competitivos Defensores, Prospectores e Analisadores terão melhor posição competitiva no ambiente do que firmas pertencentes ao tipo Reativos (Miles & Snow, 1978).

Hipótese H2: "*A variação das médias ambientais é suficientemente significativa para garantir que os pares estratégicos integrados percebam as forças ambientais de modo diferenciado*".

Hipótese H3: "*Nenhuma média ambiental de qualquer par estratégico integrado formado pelos tipos competitivos Defensores, Analisadores e Prospectores será maior do que a menor média ambiental de qualquer par estratégico integrado formado pelo tipo competitivo Reativos*".

Relação R3: O impacto do ajuste estratégia/ambiente sobre o desempenho.

A tipologia de Miles & Snow (1978) propõe a existência de quatro tipos estratégicos competitivos (três de desempenho superior, sem distinção de indústria – Defensores, Prospectores e Analisadores, e um de baixo desempenho – Reativos), classificados de acordo com o tipo de resposta às mudanças do ambiente. Snow & Hrebiniak (1980) verificaram que os tipos estratégicos Defensores, Prospectores e Analisadores não apresentam desempenho superior em relação ao tipo Reativos numa indústria regulamentada, como a de Transporte Aéreo.

Nesse caso particular, observaram que os tipos Defensores e Prospectores apresentaram desempenho superior em relação ao tipo Analisadores, contrariando a premissa de Miles & Snow (1978) de que os três tipos teriam desempenhos equivalentes em qualquer indústria. Zahra & Pearce II (1990) confirmaram a suposição de que os tipos estratégicos Defensores, Prospectores e Analisadores apresentam desempenho superior ao do tipo Reativo.

Premissa: Firmas pertencentes aos tipos competitivos Defensores, Prospectores ou Analisadores apresentarão desempenho superior às firmas pertencentes ao tipo Reativos (Miles & Snow, 1978) (Zahra & Pearce II, 1990).

Hipótese H4: "*A variação das médias de desempenho é suficientemente significativa para garantir que os pares estratégicos integrados apresentem desempenho diferenciado*".

Hipótese H5: "*Nenhuma média de desempenho de qualquer par estratégico integrado formado pelos tipos competitivos Defensores, Analisadores ou Prospectores será menor do que a maior média de desempenho de qualquer par estratégico integrado formado pelo tipo competitivo Reativos*".

Hipótese H6: "*Pelo menos um par estratégico integrado de melhor ajuste Estratégia-Ambiente, para cada um dos tipos competitivos Defensores, Analisadores e Prospectores, apresentará a maior média de desempenho para o respectivo tipo competitivo*".

6. Metodologia

6.1. Base de Dados

A população era formada pelas 253 instituições bancárias que operavam no sistema financeiro nacional no triênio 1994-1996, conforme dados do Banco Central do Brasil – BACEN, utilizados no estudo originalmente realizado por Almeida (1998, p.80). Os dados amostrais eram oriundos de um banco de dados preexistente (Remenyi *et al.*, 2000, p.141), constituído a partir das 75 respostas válidas a um questionário enviado em 1997 para executivos de 148 instituições financeiras escolhidas aleatoriamente. Buscou-se, dessa forma, através de uma amostra representativa da população, generalizar os resultados da pesquisa.

Para a avaliação da estrutura da indústria (dimensão *ambiente*) e das estratégias competitivas, colaborativas (dimensão *desempenho)*, foi utilizada a escala de Likert, variando de 1 (muito pouco importante / importância muito baixa / muito insatisfeito) a 5 (extremamente importante / importância muito alta / muito satisfeito) (Almeida, 1998, p.83).

6.2. Dimensões Estratégicas Competitivas e Colaborativas

Para testar a tipologia de Miles & Snow (1978), foram utilizadas as seguintes dimensões competitivas, conforme Silva (1997, p.153):

PREÇO	Preço ao primeiro componente do canal de distribuição.
CUSTOS	Custos totais da operação.
ESCALA	Volume de operação suficientemente grande para reduzir custos.
DISTRIB	Controle da distribuição.
TREINAM	Treinamento de pessoal, investimentos no desenvolvimento de funcionários.
QUALOF	Qualidade da oferta, considerada da forma mais abrangente possível.
SERVADIC	Capacidade de prestação de serviços adicionais, serviços adicionais não necessariamente não inseridos na oferta básica.

MARCA — Identificação da marca, reconhecimento da marca pelo mercado.

AMPLOF — Amplitude da oferta, gama de produtos/serviços incluídos.

ABRANGAT — Abrangência de atuação, consideradas todas as dimensões de segmentação.

PROPAG — Veiculação de mensagem em mídia de massa.

Para testar a tipologia de Astley & Fombrun (1983), foram utilizadas as seguintes dimensões colaborativas, conforme Silva (1997, p.98):

JOINT — Criação de nova entidade por duas ou mais empresas, de modo a alcançar um objetivo especial, tal como desenvolvimento de novas tecnologias ou de campanhas de marketing para novos produtos.

LICQUAL — Licença pelo uso de determinado produto ou tecnologia em determinado mercado.

LICTECPR — Acordo relativo aos direitos de uso de tecnologia/produto ou *marketing*.

CONSORC — Contrato entre empresas, sem a criação de nova entidade, para atingir objetivos específicos- tecnológicos ou mercadológicos – com redução dos riscos e ampliação dos potenciais individuais.

FONTCONJ — Aquisição colaborativa do suprimento necessário.

LOBBY — Acordo entre grupos de empresas da indústria, objetivando influenciar a regulamentação vigente no seu ambiente competitivo.

POOLS Partilha de patentes-chave em tecnologias ou produtos.

CROSS Acordo de troca de tecnologia com outras empresas.

INVMIN Aquisição de ações em novos empreendimentos, de modo a obter acesso a novas tecnologias ou a novas técnicas de marketing.

CONTRPRES Obtenção dos direitos de licença de novos inventos advindos de contratos de pesquisa exclusivos ou não-exclusivos, em troca de fundos para pesquisa.

6.3. Análise dos Resultados – Tipologia Competitiva de Miles & Snow (1978)

6.3.1. A análise de *cluster* para os tipos competitivos

A análise de *cluster* dos tipos competitivos revelou a seguinte distribuição entre os bancos:

- Defensores: constituídos pelos bancos de varejo regionais e de investimento de pequeno porte, especializados em linhas específicas de produtos e serviços bancários, sem a presença de banco estatal.
- Analisadores: formados pelos grandes bancos privados, estatais e estrangeiros, com abrangência nacional e variada linha de produtos e de serviços bancários.
- Prospectores: estabelecidos pelos bancos de varejo regionais de médio porte, contando ainda com um grande banco privado nacional, além de bancos estatais federais e estaduais.

- Reativos: compostos pelos bancos estaduais, pequenos bancos de investimento e bancos estrangeiros de varejo de médio porte.

O quadro abaixo mostra as distâncias entre os centróides de cada *cluster* competitivo:

	Defensores	Analisadores	Prospectores	Reativos
Defensores	-			
Analisadores	2,975	-		
Prospectores	3,678	2,866	-	
Reativos	2,294	4,829	4,786	-

A análise indica que o tipo Prospectores está mais afastado dos Defensores do que dos Analisadores, sendo que este último situa-se entre Defensores e Prospectores, haja vista a sua condição de tipo híbrido, em consonância com a teoria. O tipo Analisadores é o que está mais distante do tipo Reativos, seguido de perto pelo Prospectores. A distância do tipo Defensores para Reativos é menor do que a distância de Defensores para Analisadores.

6.3.2. Análise da Variância ANOVA Entre os Indicadores de Ambiente e Tipos Competitivos

A análise ANOVA objetiva encontrar diferenças significativas entre os *clusters* através da comparação das suas médias para as variáveis de interesse, testando o impacto das forças do ambiente sobre as estratégias competitivas. A análise dos resultados da ANOVA pelo teste Bonferroni revela que não foram encontrados pares de médias com diferença significativa menor que 5%, indicando que as médias não são significativamente diferentes nesse nível. Este fato mostra que a dimensão *ambiente* é sentida igualmente pelos bancos, independentemente do tipo competitivo ao qual pertençam.

6.3.3. Análise da Variância ANOVA Entre os Indicadores de Desempenho e Tipos Competitivos

Similarmente ao item anterior, a análise dos resultados da ANOVA pelo teste Bonferroni revela que foram encontrados pares de médias com diferença significativa menor que 5%, a saber:

- em relação às dimensões Satisfação dos *Stakeholders* e do ROI, os bancos Defensores têm desempenho melhor do que os Reativos, os quais, por sua vez, apresentam desempenho superior aos Prospectores, mas nada se pode dizer a respeito dos Analisadores e dos Prospectores;
- em relação à dimensão *market-share*, vê-se que o desempenho dos Analisadores e dos Prospectores é superior aos Reativos, mas nada pode ser dito a respeito do desempenho comparativo entre os dois.

6.4. Análise dos Resultados – Tipologia Colaborativa de Astley & Fombrun (1983)

6.4.1. A análise de *cluster* para os tipos colaborativos

A análise de *cluster* revelou a seguinte conformação colaborativa entre os bancos:

- Confederada: constituída dos bancos de varejo regionais e de investimento de pequeno e de médio portes, especializados em determinada linha de produtos e serviços bancários.
- Aglomerada: formada pelos grandes bancos estatais, estaduais e federais, com abrangência nacional e variada linha de produtos e de serviços bancários, além de bancos privados de médio porte, de abrangência regional.

- Conjugada: composta pelos grandes bancos com abrangência nacional e variada linha de produtos e de serviços bancários.
- Orgânica: estabelecida por pequenos bancos de investimento, além de um banco estadual.

O quadro abaixo mostra as distâncias entre os centróides de cada *cluster* colaborativo:

	Confederada	**Aglomerada**	**Conjugada**	**Orgânica**
Confederada	-			
Aglomerada	2,793	-		
Conjugada	2,314	2,867	-	
Orgânica	2,969	2,628	4,027	-

6.4.2. Análise da Variância ANOVA Entre os Indicadores de Ambiente e Tipos Colaborativos

O objetivo principal é a verificação do impacto das forças do ambiente sobre as estratégias colaborativas. A análise dos resultados da ANOVA pelo método Bonferroni revela que não foram encontradas pares de médias com diferenças significativas. Para todas as variáveis de ambiente, falha-se ao rejeitar a hipótese nula a 5%, ou seja, as médias não são significativamente diferentes. Esse fato mostra que o ambiente é sentido igualmente pelos bancos, independentemente do tipo colaborativo ao qual pertençam.

6.4.3. Análise da Variância ANOVA Entre os Indicadores de Desempenho e Tipos Colaborativos

A análise dos resultados da ANOVA pelo método Bonferroni revela que foram encontrados pares de médias com diferença significativa menor que 5%, a saber:

- em relação às dimensões Satisfação dos *Stakeholders* e do ROI, o tipo colaborativo Confederada apresenta desempenho superior ao tipo Aglomerada e Orgânica, mas nada pode ser dito a respeito do tipo Conjugada;

- em relação à dimensão *market-share*, nenhuma diferença significativa entre médias foi observada, o que quer dizer que o desempenho, sob a óptica do *market-share,* independe dos tipos de inter-relacionamentos colaborativos utilizados pelas instituições bancárias.

6.5. Análise Conjugada do Ambiente

A análise MANOVA objetiva o teste simultâneo de significância de diferença de médias entre grupos, para duas ou mais variáveis dependentes. Neste estudo, a análise MANOVA foi utilizada em face da existência dos *clusters* competitivos e coletivos, totalizando 16 posições estratégicas. Na tabela abaixo, QCL_1 representa os tipos competitivos, enquanto QCL_3 representa os tipos colaborativos.

Multivariate Tests[b]

Effect		Value	F	Hypothesis df	Error df	Sig.	Eta Squared	Noncent. Parameter	Observed Power[a]
QCL_1 * QCL_3	Pillai's Trace	,931	1,204	54,000	354,000	,167	,155	64,993	,993
	Wilks' Lambda	,330	1,261	54,000	279,941	,120	,169	56,895	,977
	Hotelling's Trace	1,363	1,321	54,000	314,000	,077	,185	71,314	,997
	Roy's Largest Roo	,800	5,245[c]	9,000	59,000	,000	,444	47,209	,999

Observa-se que os resultados obtidos com a utilização de estratégias competitivas combinadas com estratégias colaborativas são relevantes no nível de significância de 7,7%, como pode-se ver na linha referente ao teste de *Hotelling*, levando a crer que as estratégias competitivas e coletivas devem ser consideradas nas análises dos impactos causados pelo ambiente nas instituições bancárias. O resultado final é a tabela abaixo, que mostra as médias para a dimensão *ambiente*, para cada par estratégico competitivo-colaborativo:

Médias referentes ao impacto do Ambiente

	Defensores	Analisadores	Prospectores	Reativos
Confederada	3,11111	3,2000	3,0000	3,0972
Aglomerada	3,4666	3,0000	2,6875	3,5000
Conjugada	2,9523	3,0416	2,9583	3,0000
Orgânica	3,2222	2,9166	2,6666	2,8055

Pode-se notar que o par estratégico competitivo-colaborativo que mais sente as forças do ambiente é o par Reativos-Aglomerada, enquanto o que menos sente é o par Prospectores-Orgânica. Um fato importante é que o par Reativos-Orgânica (2,8055) sente menos as forças ambientais do que qualquer par formado pelos Defensores e Analisadores, todos acima dessa média. Esse fato mostra o poder da análise integrada, haja vista que, se adotada somente a análise competitiva, os Reativos deveriam sentir mais o ambiente, do que Defensores, Analisadores ou Prospectores.

6.6. Análise Conjugada do Desempenho

Foi verificado se os resultados obtidos podem ser considerados significativos na análise do desempenho, quando as estratégias competitivas e colaborativas são conjugadas. Na tabela abaixo, QCL_1 representa os tipos competitivos, enquanto QCL_3 representa os tipos colaborativos.

Multivariate Tests[d]

Effect		Value	F	Hypothesis df	Error df	Sig.	Eta Squared	Noncent. Parameter	Observed Power[a]
QCL_1 * QCL_3	Pillai's Trace	,380	1,539	18,000	118,000	,088	,190	27,704	,892
	Wilks' Lambda	,653	1,534[b]	18,000	116,000	,091	,192	27,604	,890
	Hotelling's Trace	,482	1,527	18,000	114,000	,093	,194	27,492	,888
	Roy's Largest Root	,330	2,164[c]	9,000	59,000	,038	,248	19,477	,838

Observa-se, na tabela acima, que os resultados obtidos com a utilização de estratégias competitivas conjugadas com estratégias colaborativas são relevantes no nível de significância de 9,3%, como pode se ver na linha referente ao teste de *Hotelling*, levando a crer que as estratégias competitivas e coletivas devem ser consideradas nas análises dos impactos sobre o desempenho das instituições bancárias. O resultado final é a tabela abaixo, que demonstra as médias para a dimensão desempenho, para cada par estratégico competitivo e colaborativo:

Médias referentes ao impacto no Desempenho

	Defensores	Analisadores	Prospectores	Reativos
Confederada	3,5000	3,3000	2,0000	2,7500
Aglomerada	2,8000	3,0000	2,6875	1,5000
Conjugada	3,4285	3,0625	2,8750	3,0000
Orgânica	1,8333	2,2500	3,0000	2,3333

De forma similar ao ambiente, pode ser observado que o desempenho do par Reativos-Conjugada é maior do que o desempenho de três pares formados pelos tipos Defensores e Analisadores, mostrando, mais uma vez, que o Modelo Integrado poderá dotar a análise estratégica de um maior poder explanatório e preditivo, o que dependerá de mais pesquisas confirmatórias.

6.7. Testes das Hipóteses

Com base na validação do modelo multivariado exposto – que leva em consideração a interação entre as estratégias competitivas e colaborativas tanto para o ambiente quanto para o desempenho, em níveis de significância de 10% –, podem ser utilizadas as médias obtidas para verificar se as hipóteses formuladas posteriormente serão rejeitadas ou não.

Teste da hipótese H1: *"As estratégias colaborativas são independentes das estratégias competitivas"*.

Através da funcionalidade *Crosstabulation* do SPSS, constrói-se o quadro abaixo, representando a distribuição das estratégias competitivas e coletivas pelos 16 *clusters*, combinação dos 4 competitivos (Miles & Snow, 1978) e dos 4 colaborativos (Astley & Fombrun, 1983), da seguinte forma:

	Defensores	Analisadores	Prospectores	Reativos	Total
Confederada	6 / 6,7	5 / 5,4	1 / 4,5	12 / 7,4	24
Aglomerada	5 / 4,5	2 / 3,6	8 / 3,0	1 / 4,9	16
Conjugada	7 / 6,4	8 / 5,2	4 / 4,3	4 / 7,1	23
Orgânica	3 / 3,4	2 / 2,7	1 / 2,2	6 / 3,7	12
Total	21	17	14	23	75

Legenda: Qtd.Observada / Qtd.Esperada.

Caso a formação do par estratégico integrado fosse dependente do tipo de estratégia competitiva realizada em relação à estratégia coletiva priorizada, as diferenças observadas entre as quantidades observadas e esperadas seriam mais acentuadas. Para tanto, utilizou-se o método *Chi-squared* (χ^2), que testou o grau de concordância entre a quantidade observada e a esperada (Remenyi *et al.*, 2000.p.280). Haja vista que o valor de $\chi^2_{corrigido}$ = 0,3165 é menor do que $\chi^2_{crítico}$ = 3,84146, falhou-se em rejeitar $H1_0$. Assim, não havia evidências suficientemente significativas para afirmar a existência da relação de dependência entre as estratégias competitivas e colaborativas, conforme as premissas teóricas da pesquisa.

Teste da Hipótese nula de H2: "*A variação das médias ambientais não é suficientemente significativa para garantir que os pares estratégicos integrados percebam as forças ambientais de modo diferenciado*".

De acordo com o valor encontrado anteriormente para o teste de Hotelling na análise multivariada do ambiente, é possível concluir que se deve rejeitar a hipótese nula no nível de significância de 7,7%.

Teste da Hipótese nula de H3: "*Pelo menos uma média ambiental de qualquer par estratégico integrado formado pelos tipos competitivo Defensores, Analisadores e Prospectores será maior ou igual à menor média ambiental de qualquer par estratégico integrado formado pelo tipo competitivo Reativos*".

Para o tipo competitivo ...	... a maior média do ambiente é	... e ocorre com ...
Defensores	3,46667	Aglomerada
Analisadores	3,20000	Confederada
Prospectores	3,00000	Confederada
Para o tipo competitivo ...	... a menor média do ambiente é	... e ocorre com ...
Reativos	2,80000	Orgânica

Conforme se pode observar, as maiores médias ambientais dos tipos competitivos são ainda maiores do que a menor média ambiental do tipo Reativos. Dessa forma, falha-se em rejeitar a hipótese nula de H3, no nível de significância de 10%, conforme anteriormente mencionado.

Teste da Hipótese nula de H4: "*A variação das médias de desempenho não é suficientemente significativa para garantir que os pares estratégicos integrados apresentem desempenho diferenciado*".

De acordo com o valor encontrado anteriormente para o teste de Hotelling na análise multivariada do desempenho, é possível concluir que se deve rejeitar a hipótese nula no nível de significância de 9,3%.

Teste da Hipótese nula de H5: "*Pelo menos uma média de desempenho de qualquer par estratégico integrado formado pelos tipos competitivos Defensores, Analisadores ou Prospectores, será menor ou igual à maior média de desempenho de qualquer par estratégico integrado formado pelo tipo competitivo Reativos*".

Para o tipo competitivo ...	... a menor média de desempenho é	... e ocorre com ...
Defensores	1,83333	Orgânica
Analisadores	2,25000	Orgânica
Prospectores	2,00000	Confederada
Para o tipo competitivo ...	... a maior média de desempenho é	... e ocorre com ...
Reativos	3,00000	Conjugada

Conforme pode ser observado, todas as menores médias de desempenho dos tipos competitivos são, ainda, menores do que a maior média do tipo Reativos. Dessa forma, falha-se em rejeitar a hipótese nula de H5, no nível de significância de 10%, conforme anteriormente mencionado. Quando analisados unicamente quanto às estratégias competitivas, bancos classificados como Defensores e Analisadores apresentaram um desempenho geral superior aos outros, seguidos por Prospectores e, finalmente, por Reativos, com o pior desempenho geral, confirmando Miles & Snow (1978).

Esse fato revela que existe uma subdivisão dos Reativos, assinalado pelo par estratégico Reativos-Conjugada, que consegue apresentar um desempenho superior aos dos pares formados pelos tipos de alto desempenho, ou seja, Defensores, Analisadores e Prospectores. Então, mesmo falhando em rejeitar a hipótese nula de H5, a análise estratégica ganha poder de explicação dos fenômenos com a inclusão de inter-relacionamentos colaborativos, conjugados com as ações competitivas.

Teste da Hipótese H6$_0$: "*Nenhum par estratégico integrado de melhor ajuste Estratégia-Ambiente, para cada um dos tipos competitivos Defensores, Analisadores e Prospectores, apresentará a maior média de desempenho para o respectivo tipo competitivo*".

Para o tipo competitivo ...	... a menor média de ambiente é	... e ocorre para o tipo colaborativo	... a maior média de desempenho é	... e ocorre para o tipo colaborativo
Defensores	2,95238	Conjugada	3,50000	Confederada
Analisadores	2,91667	Orgânica	3,30000	Confederada
Prospectores	**2,66667**	**Orgânica**	**3,00000**	**Orgânica**
Reativos	2,80556	Orgânica	3,00000	Conjugada

De acordo com a tabela acima, somente ocorre para o par estratégico integrado Prospector-Orgânica. No caso, três pares (Defensores- Conjugada, Analisadores-Orgânica e Reativos-Orgânica) não apresentam a maior média de desempenho para o respectivo tipo competitivo. Dessa forma, rejeita-se a hipótese nula de H6 no nível de significância de 10%.

7. Conclusões e Considerações Finais

O modelo integrado de estratégias competitivas e colaborativas demonstrou utilidade para o entendimento do desempenho da indústria testada. Sumariando:

- das seis hipóteses testadas, falhou-se em rejeitar as hipóteses H2, H4 e H6, enquanto foram rejeitadas as demais - H1, H3 e H5;
- o ambiente é sentido igualmente pelos bancos, independentemente do tipo competitivo ou colaborativo ao qual pertençam;
- estratégias competitivas e colaborativas devem ser consideradas nas análises dos impactos causados pelo ambiente nas instituições bancárias;
- foram observadas diferenças de desempenho significativas (*p-value*=0,05) entre os tipos competitivos Defensores-Analisadores, Defensores-Prospectores, Prospectores-Reativos, Analisadores-Reativos e Prospectores-Reativos;
- foram observadas diferenças de desempenho significativas (*p-value*=0,05) entre os tipos colaborativos: Confederada-Aglomerada e entre Confederada-Orgânica;
- a análise do desempenho vista somente quanto às estratégias competitivas não é suficiente para explicar a complexa relação existente entre o ajuste estratégia/ambiente e o desempenho, tornando necessária a adição das estratégias colaborativas, para melhor compreensão do fenômeno;
- não foi possível observar se as estratégias colaborativas eram dependentes das estratégias competitivas;
- a variação das médias ambientais é suficientemente significativa para garantir que os pares estratégicos integrados percebam as forças ambientais de modo diferenciado;

- existem médias ambientais relativas aos pares estratégicos integrados formados pelos tipos competitivos Defensores, Analisadores ou Prospectores, que são maiores do que a menor média ambiental de par estratégico integrado formado pelo tipo competitivo Reativos, no caso, o par Reativos-Orgânica;
- a variação das médias de desempenho é suficientemente significativa para garantir que os pares estratégicos integrados apresentem desempenho diferenciado;
- não foi possível observar se qualquer média de desempenho de qualquer par estratégico integrado formado pelos tipos competitivos Defensores, Analisadores ou Prospectores era menor do que a maior média de desempenho de qualquer par estratégico integrado formado pelo tipo competitivo Reativos;
- pelo menos um par estratégico integrado de melhor ajuste Estratégia-Ambiente (menor média ambiental) apresentou, para cada um dos tipos competitivos Defensores, Analisadores e Prospectores, a maior média de desempenho para o respectivo tipo competitivo.

A conclusão é de que a conjugação de estratégias competitivas e colaborativas amplia o poder explanatório do modelo clássico S-C-P, propiciando um melhor entendimento das variáveis observadas no desempenho, sugerindo formas de associação que atenuem os efeitos de ações competitivas, através de esquemas cooperativos orientados para resultados comuns.

8. Referências Bibliográficas

ALMEIDA, L.C. **Alianças estratégicas e o sistema financeiro nacional**: implicações das estratégias colaborativas e competitivas no desempenho da indústria financeira. 1998. Dissertação (Mestrado)-PUC/RJ, Rio de Janeiro, 1998.

ASTLEY, W.G.; FOMBRUN, C.J. Collective strategy: the social ecology of organizational environments. **Academy of Management Review**, v. 8, n. 4, p. 576-587, Oct. 1983.

BRESSER, R.K.; HARL, J.E. Collective strategy: vice or virtue? **Academy of Management Review**, v. 11, n. 2, p. 408-427, April 1986.

CHAKRAVARTHY, B.S. Measuring strategic performance. **Strategic Management Journal**. v. 7, n. 5, p. 437-458, Sept./Oct. 1986.

CHILD, J. Organizational structure, environment, and performance: the role of strategic choice. **Sociology**, v. 6, n. 1, p. 2-22, Jan. 1972.

GOLDEN, P.A.; DOLLINGER, M. **Cooperative alliances and competitive strategies in small manufacturing firms**. Entrepreneurship: Theory & Practice, v. 17, n. 4, p. 43-55, 1993.

MILES, R.E.; SNOW, C.C.; MEYER, A.D.; COLEMAN Jr., H.J. Organizational strategy, structure and process. **Academy of Management Review**, v. 3, n. 3, p. 546-562, July, 1978.

NAMIKI, N. Miles and Snow´s typology of strategy, perceived environmental uncertainty, and organizational performance. **Akron Business and Economic Review**. v. 20, n. 2, p. 72-89, 1989.

PORTER, M.E. **Competitive strategy**: techniques for analyzing industries and competitors. New York: The Free Press, 1980.

REMENYI, D.; WILLIAMS, B.; MONEY, A.; SWARTZ, E. **Doing research in business and management**. London: Sage, 2000.

SILVA, J.F. **Desempenho de indústrias**: impacto das estratégias competitivas e colaborativas. 1997. 2 v. Tese (Doutorado)-PUC/RJ, Rio de Janeiro, 1997.

SNOW, C.; HREBINIAK, L. Strategy, distinctive competence, and organizational performance. **Administrative Science Quarterly**, v. 25, n. 2, p. 317-336, June 1980.

ZAHRA, S.A.; PEARCE II, J.A. Research evidence on the Miles & Snow typology. **Journal of Management.** v. 16, n. 4, p. 751-768, Dec. 1990.

ÉTICA EMPRESARIAL GLOBAL? DESAFIOS E PARADOXOS

Renata B. G. Coutinho – IAG/PUC-Rio

Hélène Bertrand – IAG/PUC-Rio

Resumo

Um dos maiores desafios enfrentados pelas organizações atualmente tem sido o de equacionar a busca pela competitividade com a condução ética e responsável de seus negócios. A pressão sofrida no sentido de uma atuação ética e socialmente responsável torna-se ainda mais forte, à medida que as empresas realizem operações em diversas partes do mundo, o que exige delas uma coerência de atuação no nível global, devido à rapidez com que as informações correm no mercado.

Este artigo tem como objetivo analisar as implicações do processo de globalização para a gestão empresarial, no que se refere à conduta ética dos negócios. Trata-se de um ensaio desenvolvido por meio de pesquisa bibliográfica, nas literaturas referentes à ética empresarial, globalização e às mais recentes pesquisas sobre o tema da ética, em uma perspectiva de globalização.

Foi feita uma síntese da problemática em questão e apontadas as principais sugestões para as empresas que atuam globalmente. A discussão apresentada indica que as empresas globais procurem um tipo de ética também global, possibilitando uma coerência entre as suas operações em todo o mundo, dentro de uma perspectiva de sustentabilidade.

1. Introdução

A partir de meados da década de 1990, vem aumentando a discussão em torno da questão da ética e da responsabilidade social nos negócios.

Diante do agravamento de problemas sociais e ambientais (desemprego, exclusão social, desmatamento, ameaça de extinção de espécies, poluição das águas, do ar e do solo) em todas as partes do mundo, consumidores, investidores e a sociedade em geral começam a cobrar das empresas que assumam a sua parcela de responsabilidade social e que conduzam seus negócios de forma ética.

Essa pressão por uma postura socialmente responsável na condução dos negócios torna-se ainda mais forte, à medida que as empresas possuam operações em diversas partes do mundo. Ao adotarem o discurso da responsabilidade social, elas precisam manter uma coerência de atuação no nível global, devido à rapidez com que as informações correm no mercado. É justamente nesse ponto que reside a maior dificuldade das empresas com relação à condução ética e responsável de seus negócios.

O principal impacto da globalização na ética empresarial está nas diferenças culturais, que trazem reflexos para as diversas morais sociais e empresariais. Que padrões de conduta seguir, ao atuar globalmente? As empresas devem adotar os padrões do país/empresa com a qual estão fazendo negócios, ou devem manter-se fiéis a seus próprios padrões? Na proporção em que aumenta o número de países em que operam, cresce também a probabilidade de conflitos éticos.

Diante da situação-problema acima apresentada, o objetivo deste trabalho é analisar as implicações do processo de globalização para a gestão empresarial, no que se refere à conduta ética dos negócios.

2. Metodologia

Este ensaio foi desenvolvido por meio de pesquisa essencialmente bibliográfica. Foram investigadas as literaturas referentes à ética, mais especificamente ética empresarial, globalização e as mais recentes pesquisas sobre o tema da ética empresarial, em uma perspectiva de globalização. Os dados foram analisados qualitativamente. Foi feita, então, uma síntese da problemática em questão e apontadas as principais implicações para as empresas que possuem negócios em diversas partes do mundo.

Na terceira seção, são apresentadas diversas visões sobre o fenômeno da globalização. Na quarta, são discutidos os conceitos de responsabilidade social corporativa e de ética empresarial. Na quinta, são expostos os efeitos da globalização sobre a ética empresarial. Na sexta, é apresentada a discussão e, na sétima e última seção, as considerações finais do artigo.

3. A Globalização

*Globalização é, com toda certeza, a palavra mais usada – e abusada – e a menos definida dos últimos e dos próximos anos; é também a mais nebulosa e mal compreendida, e a de maior eficácia política.*Beck (1999, p.44).

O processo de globalização vem sendo amplamente discutido há várias décadas, embora nem sempre sob essa terminologia. No entanto, ainda hoje, parece difícil chegar a um consenso sobre a sua definição. Alguns autores a definem como a ausência de fronteiras e barreiras ao comércio internacional, enquanto outros a enxergam como um processo de mudanças em padrões de produção, investimento e comércio, de âmbito internacional. Uma terceira visão a define como interconexões de interesses da sociedade e das organizações empresariais (Parker, 1998).

A globalização significa a conscientização de que já se vive em uma sociedade mundial, fazendo com que a noção de espaços isolados torne-se fictícia. Portanto, as lógicas da globalização da Ecologia, da Cultura, da Economia e da sociedade civil devem ser consideradas sob uma perspectiva de interdependência (Beck, 1999).

Beck (1999) cita as seguintes razões para a irreversibilidade da globalização: ampliação geográfica e crescente interação do mercado internacional, conexão dos mercados financeiros em todo o globo e aumento do poder das empresas transnacionais; revolução dos meios de informação e comunicação; exigência universal por direitos humanos; a política mundial pós-internacional e policêntrica (governos, companhias, organizações não-governamentais, uniões nacionais); a questão da pobreza mundial; a destruição ambiental mundial; e conflitos transculturais localizados.

O declínio do sistema de estados já era discutido por Bull (1977), com base em três dos elementos acima mencionados: o fortalecimento das organizações transnacionais, o fluxo de capitais e o desenvolvimento da tecnologia de informação. A crise do princípio da soberania nacional colocou em xeque a noção de estado-nação, na medida em que a transnacionalização da Economia não só reorienta como reduz a capacidade de decisão dos governos nacionais (Ianni, 1992; 1999).

A globalização pode ser vista como conseqüência do desenvolvimento histórico da humanidade segundo processos sucessivos de integração, impulsionados pela tecnologia (Ianni, 1992; Azevedo e Bertrand, 2000). Alguns autores, no entanto, apontam o fim da guerra fria e a queda do muro de Berlim como marcos fundamentais de expansão da globalização (Czinkota e Ronkainen, 1995). Outros mais citam a maturidade dos países da "tríade" (EUA, Japão e Europa), na década de 1980, também como forte impulsionadora do processo de globalização (Abreu, 1999; Ohmae, 1985).

A globalização implica uma interconexão de tudo o que acontece no mundo. Nenhum fenômeno pode ser considerado espacialmente delimitado. Todas as descobertas, desastres, fatos bons ou ruins afetam todo o planeta, trazendo a necessidade de redirecionamento em torno do eixo global-local (Beck, 1999).

No entanto, este mundo interconectado, sistêmico, não é monolítico (Ianni, 1999). Nele coexistem diversidades e desigualdades, nacionalismos e fundamentalismos, blocos regionais e imperialismos. Paralelamente à integração, desenvolve-se a fragmentação. O processo de globalização não é uniforme, atingindo cada país de forma diferente. Ademais, dentro de um mesmo país, pessoas diferentes também são atingidas de maneiras diversas por esse processo (Sposati, 1999).

A globalização é um processo essencialmente paradoxal. Se, por um lado, possibilita o desenvolvimento econômico de diversas nações ao redor do mundo, por outro, também contribui para a distribuição cada vez mais desigual de riqueza. São muitas as visões acerca das oportunidades e das ameaças trazidas ou impostas pela globalização. Alguns a enxergam como uma nova roupagem de um processo antigo (Sposati, 1999), outros as vêem como o colonialismo revisitado, em que interesses de nações e corporações poderosas são reforçados (Furtado, 1998) e outros, ainda, avistam na globalização a esperança de que se consiga estabelecer uma comunidade global, caracterizada pela união de diversas culturas em busca de maior justiça social, respeito aos direitos humanos e à natureza, enfim, em direção ao bem comum (Boff, 2000).

Entretanto, são inegáveis as implicações desse processo em diferentes arenas: na Economia, na Política, na Cultura, na Tecnologia e no ambiente natural. Na esfera econômica, vê-se o aumento do poder de negociadores independentes no mercado financeiro e uma incrível volatilidade do capital, fazendo com que as economias nacionais tornem-se mais vulneráveis à especulação (Parker, 1998).

No âmbito das políticas, a destruição de fronteiras, ao mesmo tempo em que cria oportunidades de negócios, também contribui para a diminuição de autonomia das nações. O movimento em direção às privatizações, por sua vez, transfere para as mãos das empresas privadas responsabilidades que, antes, eram vistas como pertencentes aos governos. Como conseqüência, percebem-se o enfraquecimento de líderes políticos nacionais e o aumento da influência dos líderes empresariais, à frente de verdadeiros impérios mundiais (Parker, 1998).

Na arena da cultura, as empresas aparecem como condutoras de uma "cultura global", traduzida em hábitos de consumo. Os símbolos e mitos nacionais enfrentam a concorrência de símbolos e mitos mundiais (Ianni, 1992; Ortiz, 1999; Parker, 1998).

Na esfera tecnológica, percebe-se a redução das distâncias físicas, devido ao desenvolvimento das tecnologias de comunicação e a possibilidade de democratização do acesso à informação e de disseminação do conhecimento. Parker (1998) chama a atenção para o fato de que, mesmo com todo o aparato tecnológico, essa disseminação do conhecimento só será possível se houver um investimento igualitário em educação.

No que diz respeito aos recursos naturais, o aumento da industrialização, ao mesmo tempo que traz o potencial para a criação de novos empregos, também contribui para a concentração populacional em áreas urbanas que já possuem problemas ambientais de lixo, esgoto, poluição atmosférica e sonora. Faz-se importante ressaltar que o desenvolvimento sustentável requer maior igualdade econômica entre as regiões. Enquanto permanecer a divisão de mercados entre países ricos e pobres, dificilmente será alcançada a sustentabilidade do planeta e a vida na Terra continuará ameaçada (Parker, 1998).

A quebra de fronteiras em todas essas dimensões transforma a vida cotidiana de forma violenta. Tudo ultrapassa fronteiras – pessoas, dinheiro, tecnologia, informações, drogas, mercadorias. Vista sob essa óptica, a globalização significa o fim das distâncias, um processo que lança as pessoas a formas de vida transnacionais, às vezes indesejadas e incompreensíveis (Beck, 1999).

De forma geral, a globalização, impulsionada pelo desenvolvimento das tecnologias, especialmente de telecomunicações, pelo desenvolvimento de instituições políticas de nível mundial, pela disseminação de hábitos e de consumo comuns a várias nações, vem trazendo mudanças cada vez mais aceleradas para o âmbito dos negócios e, conseqüentemente, um maior grau de incerteza para a gestão de empresas.

Ao mesmo tempo em que são afetadas pela globalização, as organizações são a sua própria mola propulsora, na medida em que estendem seus objetivos econômicos para a esfera global.

Azevedo e Bertrand (2000, p.28) propõem a seguinte definição para globalização, no que se refere às empresas:

A globalização é o conjunto de transformações vividas pelas empresas em conseqüência do fenômeno contemporâneo, típico do pós guerra-fria, caracterizado por (1) fortalecimento das organizações transnacionais, (2) massificação da tecnologia da informação, (3) liberdade de fluxo de capitais, produtos e informações através das fronteiras nacionais e (4) tendência mundial de homogeneização dos mercados.

O processo de globalização tem contribuído para a transformação dos mercados, das empresas e da competição entre elas, atingindo tanto seu funcionamento interno quanto a sua atuação externa (Abreu, 1999; Azevedo e Bertrand, 2000).

A transição de empresas multinacionais para globais implica uma mudança de baixo para alto nível de integração global das operações de uma empresa; de um planejamento estratégico descentralizado para centralizado; de alguns mercados-chave sendo atendidos pela empresa para todos os mercados-chave; de uma perspectiva de *marketing* predominantemente multidoméstica para uma perspectiva global e de uma visão organizacional policêntrica para uma visão geocêntrica (Azevedo e Bertrand, 2000).

Calcula-se que, das 100 maiores economias do mundo, 51 são corporações globais, e apenas 49 são nações. Também se estima que as 200 maiores empresas do mundo geram mais de um quarto da atividade econômica mundial. As conseqüências das decisões tomadas por empresas transnacionais para o bem-estar, tanto de seus empregados ao redor do mundo quanto das populações dos países em que atuam, são, portanto, substanciais (Cragg, 2000). Essa transferência de poder para as mãos das corporações aumenta a sua influência sobre as políticas nacionais e internacionais, ao mesmo tempo que modifica as suas relações com a sociedade.

4. Responsabilidade Social e Ética Empresarial

Nos últimos anos, vem crescendo o debate sobre a responsabilidade social das empresas. No meio acadêmico, o tema vem sendo estudado há mais de meio século, e o conceito de responsabilidade social corporativa vem passando por várias revisões, assumindo, inclusive, diversas nomenclaturas ao longo dessa trajetória: responsividade social corporativa (CSR2), com um enfoque mais gerencial e ênfase na gestão das relações entre empresa e sociedade; retitude social corporativa (CSR3), passando a incorporar uma ética normativa; e performance social corporativa (CSP), mais orientada para resultados, com foco no impacto dos negócios para a sociedade (Frederick, 1994; Clarkson, 1995).

Na década de 1990, surge mais fortemente a idéia de que as empresas devem gerenciar as suas relações com diversos grupos de *stakeholders* – pessoas ou grupos que possuem propriedade, direitos ou interesses passados, presentes ou futuros em uma organização e nas suas atividades. Dentre os principais grupos de *stakeholders* de uma empresa, destacam-se empregados, consumidores, fornecedores, acionistas, parceiros de negócios, comunidade e o meio ambiente (Clarkson, 1995).

Carroll (1999) propõe que a responsabilidade social corporativa envolva a condução dos negócios de forma que eles sejam economicamente lucrativos, respeitem as leis, sejam éticos e apoiem a sociedade em que atuam com contribuições de diversas naturezas (tempo, dinheiro, talentos).

Carroll prevê, portanto, quatro dimensões para a responsabilidade social corporativa: econômica, legal, ética e filantrópica. Dessas quatro dimensões, a ética é o ponto nevrálgico da responsabilidade social de uma empresa. A dimensão econômica dos negócios é amplamente reconhecida como seu principal objetivo. A dimensão legal, por sua vez, está prescrita. Quanto à dimensão filantrópica, sabe-se que as empresas que investem em projetos sociais conseguem imprimir, nas suas marcas, a imagem de socialmente responsáveis. A dimensão ética, no entanto, além de ser a mais polêmica, é aquela que vem permear todas as outras.

A ética diz respeito ao estudo e à filosofia da conduta humana, com ênfase na determinação do que é certo e do que é errado (Srour, 2000).

Há duas diferentes concepções da ética. A primeira considera-a como ciência do fim, que direcionará a conduta dos homens e dos meios necessários para atingir tal fim. Nesse caso, tanto o fim quanto os meios são deduzidos da natureza, essência ou substância do homem. A segunda concepção é centrada nas causas da conduta humana, atendo-se ao conhecimento dos fatos, considerando-a, portanto, como a ciência do móvel da conduta humana. Entre as duas concepções, está a noção do bem a ser alcançado. Na primeira, o bem diz respeito à realidade perfeita. Já o bem, de que fala a segunda, reside no objeto de desejo ou de aspiração (Abbagnano, 2000).

De toda forma, a ética pode ser entendida como uma manifestação da liberdade, na medida em que envolve as ponderações de cada um sobre o que é certo ou errado (Chanlat, 2000). É o ser humano exercendo a sua consciência e deliberação para decidir sobre a sua própria conduta.

Trazida para o âmbito da empresa, a ética dita empresarial engloba princípios e padrões morais que orientam o comportamento no mundo dos negócios. É a partir do crivo dos diferentes grupos de *stakeholders* que determinado comportamento será classificado como certo ou errado, ético ou antiético. Esses grupos irão influenciar a aceitação ou a rejeição das condutas de uma empresa pela sociedade em que atua (Ferrell et. all., 2001).

A ética empresarial serve, então, como balizadora das tomadas de decisão na empresa. As decisões empresariais ocorrem em meio a conflitos de interesses e de papéis. Muitas vezes, as pessoas se vêem obrigadas, pela função que desempenham na organização, a tomar decisões que põem em risco interesses pessoais ou de pessoas próximas (familiares, amigos) ou seus valores culturais. Além disso, na sua maioria, as decisões nos negócios afetam, de alguma forma, um ou mais grupos de *stakeholders*, podendo repercutir de forma positiva ou negativa no futuro da empresa.

Com o intuito de justificar as suas decisões acerca de questões éticas, os indivíduos recorrem às filosofias morais – princípios ou regras que cada um utiliza para decidir o que é certo ou errado. Podem-se destacar alguns tipos de filosofia moral: filosofias teleológicas ou conseqüencialismo que estudam o valor moral do comportamento examinando as suas conseqüências; egoísmo – tipo de conseqüencialismo que define um comportamento como certo ou aceitável, do ponto de vista das conseqüências para o indivíduo; egoísmo esclarecido – adota uma perspectiva de longo prazo, considerando o bem-estar dos outros, embora os interesses individuais continuem em primeiro plano; utilitarismo – analisa as conseqüências, visando ao maior bem para o maior número possível de pessoas (maior utilidade social); deontologia – concentra-se nos direitos fundamentais dos indivíduos e nas intenções associadas aos comportamentos (Ferrell *et. al.*, 2001).

Max Weber (1959, *apud* Srour, 2000; 1919, *apud* Enriquez, 1997) propôs uma divisão das teorias éticas em *ética da convicção* (deontologia) e *ética da responsabilidade* (teleologia). A ética da convicção é pautada por valores e normas estabelecidos *a priori*. A ética da responsabilidade diz que as pessoas são responsáveis por seus atos e devem, por conseguinte, avaliar os efeitos das suas decisões e procurar obter resultados positivos para a coletividade. Enquanto as pessoas que obedecem à ética da convicção guiam-se por imperativos de consciência, remetendo-se a um idealismo purista, os que recorrem à ética da responsabilidade guiam-se por uma análise de riscos, orientando-se por um realismo pragmático (Srour, 2000). O homem de responsabilidade considera o contexto ao tomar decisões aceitáveis para a maioria, tendo de considerar responsabilidades diversas: organizacional, técnica, política, social, cívica, ecológica, psíquica. Para tal, precisa estabelecer uma hierarquia de responsabilidades.

A ética da convicção é, portanto, mais utilizada por aqueles que se comprometem com crenças ou normas e não estão muito dispostos a enfrentar ambigüidades. No âmbito das empresas, no entanto, é muito mais comum decisões serem tomadas segundo a ética da responsabilidade, em que custos e benefícios são sempre pesados.

Se, na ética da convicção, corre-se o risco do fanatismo e da ausência de questionamento, na ética da responsabilidade corre-se o risco de se justificar o uso de meios cruéis para o alcance de objetivos almejados (Srour, 2000).

As questões éticas podem ser analisadas sob diversas perspectivas. Assim sendo, não há uma única forma de tomar decisões éticas. As diferentes perspectivas adotadas pelos indivíduos são fonte potencial de conflitos éticos em uma organização. Os adeptos da perspectiva relativista reconhecem que as pessoas em cada sociedade usam critérios diferentes para determinar o que é certo ou errado. Cada grupo social mantém seu próprio sistema de normas morais. Por outro lado, os partidários da ética da virtude acreditam que o que pode ser considerado moral em uma dada situação geralmente está além dos padrões socialmente aceitos. A virtude terá, assim, o caráter universal, ultrapassando as especificidades culturais (Ferrell *et. al.*, 2001).

5. Os Impactos da Globalização sobre a Ética Empresarial

Com o acirramento da competição internacional, a partir da maturidade dos países da "tríade" e a crescente interdependência econômica, as empresas foram obrigadas a buscar custos menores, maior eficiência produtiva e novos mercados (Abreu, 1999). Dessa forma, procuram obter vantagem competitiva, buscando recursos e insumos nas mais diversas partes do globo, onde for mais vantajoso.

Existe, assim, para cada processo produtivo globalizado, uma distribuição de papéis entre países. Alguns países tratam da pesquisa e da produção intelectual, outros produzem componentes e insumos e outros ficam responsáveis por executar os projetos e montar os produtos, fornecendo trabalho a baixo custo (Azevedo e Bertrand, 2000; Kon, 2000).

Nesse ponto reside um importante problema ético: o próprio processo de globalização das operações empresariais contribui para acentuar as diferenças entre países desenvolvidos e em desenvolvimento, ficando os primeiros encarregados da parte intelectual do processo, enquanto os últimos entram com seus recursos naturais e com trabalho a baixo custo.

Esse ponto é reforçado por Kon (2000), ao argumentar que a globalização implica exclusão e aumento do atraso relativo para nações que não possuem condições de inserção satisfatória no processo de mundialização. As empresas transnacionais teriam, portanto, um papel fundamental na determinação das sociedades que poderão usufruir as benesses do mundo globalizado, elevando seu nível de renda e bem-estar, e aquelas que tenderão a permanecer excluídas do processo. A necessidade de integração nos processos de globalização força, então, os países em desenvolvimento a perseguirem políticas governamentais que busquem a estabilidade econômica, muitas vezes às custas de impactos sociais negativos. A decisão sobre a internacionalização do capital seria, portanto, uma questão de ética diante da necessidade de se buscar maior convergência internacional nos níveis de desenvolvimento social.

Por outro lado, o processo de globalização contribuiu para o encontro entre indivíduos de diferentes nacionalidades, que trazem, para as situações de negócios, as suas culturas de origem, os seus valores, as suas leis e os diferentes padrões éticos e morais (Ferrell *et al*, 2001).

Os profissionais que atuam em negócios internacionais precisam estar atentos e sensíveis a essas diferenças, a fim de conduzirem negociações satisfatórias. As diferenças culturais podem-se fazer presentes na comunicação, nos gestos, na noção e na importância dada ao fator tempo e no que é moralmente aceito ou não por determinada sociedade (Ferrell *et. al.*, 2001). É importante que se busque a empatia e a sensibilidade das outras culturas como forma de lidar com pessoas provenientes de outros países ou regiões (Arruda, 2000).

Um dos principais impactos da globalização na ética empresarial reside, então, nas diferenças culturais, que, por sua vez, trazem reflexos para as diversas morais sociais e empresariais. Que padrões de conduta seguir, ao atuar globalmente? As empresas devem adotar os padrões do país/empresa com o/a qual estão fazendo negócios ou devem manter-se fiéis a seus próprios padrões? À medida que aumenta o número de países em que operam, cresce também a probabilidade de conflitos éticos.

Klein (2000) fornece alguns exemplos de diferenças em padrões moralmente aceitos. O primeiro exemplo são as propinas. Ao mesmo tempo que são vistas como práticas moralmente problemáticas nos Estados Unidos, podem ser vistas como práticas de negócios legítimas no Egito ou na Itália. Um outro exemplo refere-se ao mero cumprimento de leis locais: o que pode ser considerado uma linha de produtos legítima em um país, por outro lado, pode ocasionar problemas à saúde da população, como foi o caso da cola produzida pela H. B. Fuller, em Honduras, usada como entorpecente por crianças de rua.

Quanto mais as empresas se tornam globais, mais precisam estar atentas a valores e hábitos locais (Sójka, 2000). Com base nos argumentos de MacIntyre, o autor não acredita na possibilidade de uniformidade de padrões éticos nos negócios. Ampliando o trabalho de Georges Enderle (1996, *apud*. Sójka, 2000) que mostra as diferenças nas éticas empresariais da América do Norte e da Europa Continental, Sójka inclui também a comparação com padrões referentes à Europa Central e ao leste Europeu.

Em uma pesquisa, com base na dimensão cultural individualismo/coletivismo proposta por Hofstede, Beekun *et al*. (2001), testaram-se orientações em direção ao egoísmo e ao utilitarismo, em profissionais brasileiros e americanos. Os resultados mostraram uma diferença de avaliação com relação à ética: ao aplicar uma perspectiva utilitarista, os respondentes brasileiros foram menos inclinados a enxergar uma ação ou decisão como não-ética.

Os problemas éticos na esfera internacional podem ser de diversas naturezas. Um dos mais comuns é a discriminação no ambiente de trabalho ou na contratação de funcionários por sexo, raça, religião ou deficiência física. Em algumas culturas, por exemplo, as mulheres não têm espaço no ambiente de negócios. Outros pontos geradores de conflitos éticos são a questão do desrespeito aos direitos humanos nas condições de trabalho, a prática de salários baixos em países em desenvolvimento, a diferenciação de preços por país, suborno ou propinas, venda de produtos nocivos à saúde ou ao meio ambiente para países com leis menos rígidas, poluição, violação de direitos autorais ou patentes (Ferrell *et al*., 2001).

As empresas globais estão constantemente enfrentando situações de difícil escolha. Enquanto "fazer em Roma o que os romanos fazem" pode trazer graves implicações morais, forçar a prática de seus valores sobre outra cultura pode ser visto como imperialismo. Por outro lado, simplesmente deixar de fazer negócios com outros países por questões morais pode constituir uma alternativa arriscada. (Werhane e Boyd, 2000).

6. Discussão: por uma Ética Empresarial Global

Por tudo o que foi apresentado até aqui, pode-se dizer que são muitos os desafios impostos pela globalização à ética empresarial.

No que diz respeito às diferenças culturais, são diversas as opiniões. Alguns autores são mais inclinados a relativizar a ética, argumentando que as empresas devem procurar, na medida do possível, atuar dentro dos padrões de cada sociedade.

No entanto, ao mesmo tempo que as empresas se internacionalizam, também aumenta a vigilância ética por parte do público consumidor e dos investidores, auxiliados pela rapidez e pelo acesso às informações sobre a atuação das empresas em qualquer lugar do mundo. Essa vigilância ética está sendo estendida a toda a cadeia produtiva, portanto não basta a empresa atuar de forma aceitável, é preciso que seus fornecedores, distribuidores e parceiros de negócio também atuem da mesma forma. Passa a ser sua responsabilidade a escolha de parceiros que compartilhem os mesmos padrões de conduta.

Devido a esse tipo de vigilância, torna-se cada vez mais perigoso para as empresas aderirem ao relativismo cultural, ou seja, "dançarem conforme a música" em cada local de atuação.

O processo de globalização, por outro lado, tem exercido uma pressão enorme sobre as empresas, no sentido de terem de conquistar clientes a qualquer custo e resultados a curto prazo. Como conseqüência dessa luta pela sobrevivência no mercado, vêem-se algumas organizações fechar os olhos para a questão da ética, mantendo-se em um horizonte de curto prazo, muitas vezes contrariando seus próprios valores. Esse é o grande conflito da era global para as empresas: o difícil equilíbrio entre ética e competitividade.

Defende-se aqui a posição de que não há outra saída para as empresas globais, senão caminhar no sentido de desenvolverem padrões de conduta a serem seguidos em todos os lugares em que atuam. Em função das enormes diferenças culturais existentes, essa é uma tarefa árdua. Nesse sentido, as diretrizes da SA8000 e AA1000 podem servir de balizadoras para tais padrões.

A SA8000 é baseada em convenções da Organização Internacional do Trabalho, na Declaração de Direitos Humanos e na Convenção das Nações Unidas sobre os Direitos da Crianças. A AA1000, por sua vez, é focalizada no comprometimento da organização para com os *stakeholders*, vinculando questões sociais e éticas à gestão estratégica e às operações da organização. Tem como objetivo, portanto, apoiar a aprendizagem organizacional e o desempenho geral - social, ético, ambiental e econômico - e, por conseqüência, a contribuição da organização para o desenvolvimento sustentável.

É importante salientar que as normas acima mencionadas podem servir de base para a conduta das empresas, mas não são suficientes. É preciso que a empresa desenvolva as suas próprias normas, aplicáveis a seu caso particular.

Ultimamente, muitas empresas têm optado por desenvolver códigos de ética, para serem aplicados em todas as suas operações. Para que um código de ética seja realmente aplicado na prática, é preciso ser mais do que uma simples declaração de intenções, pensada pela cúpula. É importante que, na fase de desenvolvimento do código, haja a participação de profissionais de todos os países onde a empresa mantém operações, pois são eles que estão quotidianamente envolvidos em dilemas éticos.

Como foi visto, a ética diz respeito à capacidade de deliberação do ser humano sobre o que é certo ou errado na sua conduta. Ao falar-se de ética empresarial, é preciso ter em mente que as decisões não são tomadas pela empresa mas por pessoas, individualmente ou em grupo, desempenhando seus papéis profissionais no âmbito empresarial.

É necessário, portanto, que haja espaço para deliberação, não sendo as condutas totalmente impostas de cima para baixo. Para que as pessoas tomem decisões coerentes com os valores da empresa, faz-se necessário conscientizá-las da importância desses valores. É fundamental que os funcionários da base sintam que terão respaldo da cúpula nas situações de dilemas éticos, mesmo que isso signifique a perda de algumas "vantagens" imediatas para a empresa.

Se seguir o código de ética significar, em algumas ocasiões, deixar de fazer negócios, a longo prazo isso poderá ser mais vantajoso, pois a imagem da empresa e a sua marca, na maioria das vezes, valem mais do que alguns negócios isolados. Em alguns casos, a marca é o maior ativo que a organização possui. Uma vez manchada a reputação da empresa, o processo de reconstrução pode ser bem mais difícil e custoso.

Muitas vezes, uma empresa global agindo de forma ética pode contribuir para uma mudança no sentido de um maior respeito às pessoas e a seus direitos, em países conhecidos pela corrupção ou desrespeito aos direitos humanos. Devido ao seu poder e influência, consegue exigir de fornecedores e parceiros de negócio locais que atuem da mesma forma. Sendo assim, a empresa pode também ser considerada um agente moral.

Além de possuir fortes valores no que tange ao respeito às pessoas, à diversidade, a agir de acordo com a lei, a não aceitar propinas e a respeitar o meio ambiente, se quiser que seus empregados atuem de forma ética, antes de mais nada, a empresa deve demonstrar respeito por eles. A conduta ética começa "dentro de casa", portanto condições humanas de trabalho, salários justos, abertura à participação e à expressão de opiniões e respeito às diferenças são fundamentais.

A distribuição de papéis entre países imposta pela globalização também constitui um problema ético para as organizações globais, na medida em que acentua a diferença entre os indicadores sociais dos países desenvolvidos e dos em desenvolvimento. Esse problema é extremamente grave e complexo, pois as suas raízes estão na própria lógica do mundo dos negócios, calcada em um tipo de razão eminentemente instrumental, que busca a eficiência a qualquer custo.

A alocação dos investimentos precisa ser repensada sob uma perspectiva de desenvolvimento sustentável. Pobreza não rima com sustentabilidade. Ao falar-se de globalização, a questão da sustentabilidade deve ser tratada sob uma ótica também global. Com as diferenças sociais atuais, essa sustentabilidade não poderá ser alcançada. Isso pode parecer um argumento utópico ou ingênuo, no entanto, trata-se de uma questão de inteligência estratégica e visão de longo prazo.

O movimento em direção a uma atuação empresarial ética e ecologicamente sustentável encontra-se ainda em uma fase embrionária se considerada a urgência dos problemas sociais e ambientais atuais. A teoria contempla o médio e o longo prazos, mas as ações continuam, em sua maioria, no curto prazo, no "sobreviver" e no "apagar incêndios".

7. Considerações Finais

A globalização, por si só, é um fenômeno polêmico. Muitas são as visões a seu respeito, resultando, inclusive, em uma grande dificuldade de defini-lo. É um processo que vem afetando todas as esferas da sociedade mundial: economia, política, tecnologia, cultura e também o ambiente natural.

No âmbito dos negócios, a globalização afeta o processo produtivo, as relações das empresas com o mercado e com a sociedade, as relações de trabalho e o funcionamento interno das organizações. O processo de globalização também aumentou a discussão em torno da responsabilidade social das empresas. Parte-se do pressuposto de que, no centro do conceito de responsabilidade social, deve estar a ética.

O papel de propulsoras da globalização e o aumento de poder das empresas globais, conforme discutido anteriormente, trazem sérias questões éticas. A diversidade cultural, por sua vez, impõe às organizações o desafio de lidar com diferentes padrões éticos e morais ao redor do mundo. Por outro lado, a busca da competitividade a todo custo se contrapõe à pressão exercida por parte dos diversos *stakeholders*, no sentido de uma atuação empresarial ética e responsável, aumentando a complexidade da discussão acerca da ética empresarial. Como seguir uma ética que possa, ao mesmo tempo, sustentar os valores da organização, respeitar os valores de cada sociedade em que a empresa estabelece relações de negócio e propiciar uma coerência de atuação global?

A discussão apresentada indica que, para atingirem tal coerência, as empresas globais procurem um tipo de ética também global. O caminho da relatividade ética, defendido por alguns autores, é muito perigoso, podendo manchar a reputação de uma empresa em questão de segundos. O caminho da ética e da responsabilidade social deve ser trilhado por uma questão de inteligência estratégica. Não há sustentabilidade sem ética, portanto, no longo prazo, não haverá sobrevivência humana, animal, vegetal ou empresarial sem que se busque a ética.

A reflexão sobre a ética no contexto da globalização aqui apresentada não deve ficar restrita às fronteiras empresariais, pois as suas conseqüências podem ser sentidas em termos nacionais e internacionais, afetando a qualidade de vida da população mundial no seu todo. Tal discussão permeia a atuação dos indivíduos pessoal e profissionalmente, dos dirigentes empresariais e dos líderes nacionais e internacionais.

Vale ressaltar que a principal intenção das autoras não é a de responder categoricamente às questões levantadas ao longo do artigo, mas estimular o processo de reflexão sobre esse tema tão atual, paradoxal, polêmico e, acima de tudo, urgente.

8. Referências Bibliográficas

ABBAGNANO, Nicola. **Dicionário de filosofia.** São Paulo: Martins Fontes, 2000.

ABREU, Rosamélia G. **Processo de globalização e o gerenciamento de marcas globais:** um estudo de caso. 1999. Dissertação (Mestrado em Administração)- Departamento de Administração, PUC-Rio, Rio de Janeiro, 1999.

ARRUDA, Maria Cecília C. Ethics and culture in globalized markets. In: ISBEE World Congress on Business Economics and Ethics, 2., São Paulo, jul. 2000. Disponível em: <http:// www.synethos.org.be/isbee>.

AZEVEDO, Guilherme M. **Transição de multinacional para global**: as dimensões da mudança e os seus desafios. 2000. BERTRAND, Hélène (Orientadora). Dissertação (Mestrado em Administração)- Depto. de Administração, PUC-Rio, Rio de Janeiro, 2000.

BEEKUN, R. I.; STEDHAM, Y.; YAMAMURA, J. H. **Business ethics in Brazil and the U.S.**: egoism and utilitarianism. Social Sciences Research Network, 2001. (Working paper). Disponível em: <http:// www.ssrn.com>.

BECK, Ulrich. **O que é a globalização**: equívocos do globalismo, repostas à globalização. São Paulo: Paz e Terra, 1999.

BOFF, Leonardo. **Ethos mundial**: um consenso mínimo entre os humanos. Brasília: Letraviva, 2000.

BULL, Hedley. **The anarchical society**: a study of order in world politics. New York: Columbia University Press, 1977.

CARROLL, Archie B. Corporate social responsibility: evolution of a definitional construct. **Business and Society**, v. 8, n. 3, p. 268-295, Sept. 1999.

CHANLAT, Jean-François. **Ciências sociais e management**: reconciliando o econômico e o social. São Paulo: Atlas, 2000.

CLARKSON, Max B. E. A stakeholder framework for analyzing and evaluating corporate social performance. **Academy of Management Review**, v. 20, n. 1, p. 92-117, Jan. 1995.

CRAGG, A W. Bribery, globalization and the problem of dirty hands. In: **ISBEE World Congress on Business Economics and Ethics,** 2., São Paulo, Brazil, jul. 2000. Disponível em: <http://www.synethos.org.be/isbee>.

CZINKOTA, Michael R.; RONKAINEN, Ilkka A. **International marketing.** 4th ed. Orlando: Dryden Press, 1995.

FREDERICK, William C. From CSR1 to CSR2. **Business and Society**, v. 33, n. 2, p. 150-164, Aug. 1994.

FURTADO, Celso. **O capitalismo global.** São Paulo: Paz e Terra, 1998.

FERRELL, O. C.; FRAEDERICH, John; FERRELL, Linda. **Ética empresarial:** dilemas, tomadas de decisão e casos. Rio de Janeiro: Reichman & Affonso, 2001.

ENRIQUEZ, Eugène. Os desafios éticos nas organizações modernas. **Revista de administração de Empresas**, v. 37, n. 2, p. 6-17, abr./jun. 1997.

IANNI, Octavio. **A sociedade global.** Rio de Janeiro: Civilização Brasileira, 1992.

A POLÍTICA mudou de lugar. In: DOWBOR, Ladislau; IANNI, Octavio; RESENDE, Paulo E. **Desafios da globalização**. 2. ed. Petrópolis: Vozes, 1999.

KLEIN. E. R. Ferengi 'Rules of acquisition': a case study toward a global ethic. In: **ISBEE World Congress on Business Economics and Ethics,** 2., São Paulo, Brazil, jul. 2000. Disponível em: <http://www.synethos.org.be/isbee>.

KON, Anita. Os países em desenvolvimento no cenário da globalização: repensando a questão ética. In: **ISBEE World Congress on Business Economics and Ethics,** 2., São Paulo, Brazil, jul. 2000. Disponível em: <http://www.synethos.org.be/isbee>.

ORTIZ, Renato. Mundialização, cultura e política. In: DOWBOR, Ladislau; IANNI, Octavio; RESENDE, Paulo E. **Desafios da globalização**. 2. ed. Rio de Janeiro: Petrópolis: Vozes, 1999.

PARKER, Barbara B. **Globalization and business practice:** managing across boundaries. London: Sage, 1998.

SPOSATI, Aldaíza. Globalização: um novo e velho processo. In: DOWBOR, Ladislau; IANNI, Octavio; Resende Paulo E. **Desafios da globalização**. 2. ed. Petrópolis: Vozes, 1999.

SÓJKA, Jacek. Globalisation of business ethics and the role of local traditions. In: **ISBEE World Congress on Business Economics and Ethics,** 2., São Paulo, Brazil, july 2000. Disponível em: <http://www.synethos.org.be/isbee>.

SROUR, Robert H. **Poder, cultura e ética nas organizações.** Rio de Janeiro: Campus, 1998.

______. **Ética empresarial:** posturas responsáveis nos negócios, na política e nas relações pessoais. Rio de Janeiro: Campus, 2000.

WERHANE, Patricia; BOYD, Douglas. Corruption, globalization, and moral risk. In: **ISBEE World Congress on Business Economics and Ethics,** 2., São Paulo, Brazil, jul. 2000. Disponível em: <http://www.synethos.org.be/isbee>.

PARTE 2

FINANÇAS

AVALIAÇÃO DE TÉCNICAS DE REDUÇÃO DE VARIÂNCIA NA SIMULAÇÃO DE *MONTE CARLO* PARA O PRÊMIO DE UMA OPÇÃO EXÓTICA

Jaqueline Moura Terra Marins – COPPEAD/UFRJ
Joséte Florencio dos Santos – COPPEAD/UFRJ
Eduardo Saliby – COPPEAD/UFRJ

Resumo

Este trabalho apresenta uma avaliação empírica das principais técnicas de redução de variância aplicadas à simulação *Monte Carlo* de prêmios de opções de compra asiáticas, relativos à precisão das estimativas e ao tempo de processamento. Foram utilizadas as técnicas Variáveis Antitéticas, Variável de Controle, Hipercubo Latino, Amostragem Descritiva e Quasi-Monte Carlo. Foi também avaliada a combinação das técnicas Variável de Controle com a Amostragem Descritiva. Para todas essas técnicas, foram alcançadas estimativas mais precisas do que as obtidas com o método de *Monte Carlo* simples, sobressaindo-se a combinação Variável de Controle com Amostragem Descritiva. A técnica da Amostragem Descritiva apresentou o menor tempo de processamento das simulações, enquanto que o Quasi-Monte Carlo comportou-se como o mais dispendioso em termos computacionais, em função de sua maior complexidade operacional.

1. Introdução

A precificação de opções por meio de simulação foi inicialmente utilizada por Boyle (1977), que desenvolveu um modelo de *Monte Carlo* para simular o processo de geração de preços do ativo-objeto, baseado na premissa de neutralidade ao risco. Essa técnica tradicionalmente utiliza a Amostragem Aleatória Simples como método amostral. No entanto, o emprego de técnicas redutoras de variância na simulação de *Monte Carlo* tem apresentado resultados mais robustos, do ponto de vista da precisão e da velocidade de obtenção das estimativas, do que os obtidos pelo método tradicional (Moreira, 2001; Araújo, 2001; Saliby e Pacheco, 2002).

Nesse sentido, o objetivo deste trabalho é comparar os desempenhos de algumas das principais técnicas de redução de variância quando aplicadas à simulação *Monte Carlo* de prêmios de opções de compra asiáticas, no que se refere ao ganho de precisão e ao tempo de processamento das estimativas. As opções asiáticas fazem parte da família das opções exóticas, cujos *payoffs* dependem da média da trajetória dos preços do ativo ao longo da vigência da opção. Neste estudo, foram utilizadas as técnicas Variáveis Antitéticas, Variável de Controle, Hipercubo Latino, Amostragem Descritiva e Quasi-Monte Carlo. Também foi testada a combinação de técnicas Variável de Controle com Amostragem Descritiva.

2. Metodologia

A aplicação de técnicas de redução de variância torna a utilização do método de *Monte Carlo* mais atrativa, pois diminui uma grande desvantagem da simulação, que é a necessidade de uma enorme quantidade de replicações para obter resultados precisos. No presente trabalho, foram utilizadas as técnicas Variáveis

Antitéticas, Variável de Controle, Hipercubo Latino, Amostragem Descritiva e Quasi-Monte Carlo na simulação do prêmio de opções de compra asiáticas, além da combinação da técnica Variável de Controle com a Amostragem Descritiva. As simulações utilizaram como ferramenta o *software* MatLab 6.1.

2.1. Opções Asiáticas

Existem diversas variações de opções de compra do tipo asiática. Tais variações incluem: a possibilidade, ou não, de exercício antecipado; a média da trajetória dos preços do ativo como sendo, na função *payoff,* o preço do ativo-objeto ou o preço de exercício da opção; e o cálculo dessa média em bases aritméticas ou geométricas. (Milevsky e Posner, 1998; Hansen e Jorgensen, 1997).

A forma mais comum de negociação desse tipo de opção considera que o *payoff* da opção será o máximo entre zero e a diferença entre a média aritmética dos preços do ativo da data atual à data de vencimento da opção e o seu preço de exercício. O preço da opção asiática (prêmio) é a média dos valores presentes dos *payoffs* gerados. Neste trabalho, foi considerada essa forma de *payoff*, que pode ser representada pela seguinte expressão:

$$Payoff = máx(0; \overline{S} - K) \qquad \text{equação (1)},$$

Onde: $\overline{S}$ = média aritmética dos preços do ativo-objeto da opção entre a data atual e a data de vencimento da opção; K = preço de exercício da opção.

2.2. Escolha do Parâmetro para os Prêmios Estimados

As opções asiáticas definidas em bases aritméticas, como as deste trabalho, não apresentam uma solução analítica fechada para os seus prêmios. Isso se deve, principalmente, ao fato de seu *payoff* depender da soma de variáveis lognormais correlacionadas, representadas pelos preços do ativo-objeto em datas diferentes, a qual não é lognormal e não possui nenhuma função de distribuição de probabilidade reconhecível (Milevsky e Posner, 1998 e Neave e Ye, 2000). Assim, para o caso das opções asiáticas definidas em bases aritméticas, somente existem soluções aproximadas para o valor do prêmio. Um procedimento padrão utilizado em casos como esse é o de realizar um experimento de simulação de *Monte Carlo* com um número elevado de corridas, para ser empregado como parâmetro das estimativas. Neste trabalho, a simulação a ser usada como parâmetro envolveu um total de 10.000 corridas e será denominada, de agora em diante, simulação-parâmetro.

Cabe ressaltar que, para o caso das opções asiáticas em bases geométricas, existe uma solução analítica dentro da estrutura do modelo de Black e Scholes. Segundo Hull (1999), essa solução é uma boa aproximação para o prêmio de opções asiáticas definidas em bases aritméticas. Porém, aqui, ela não será utilizada como parâmetro, para se evitar um viés nas estimativas. Seu uso se restringirá à técnica redutora de variância chamada Variável de Controle, a ser apresentada adiante.

2.3. O Modelo de Simulação de Monte Carlo

Para se obter uma estimativa do prêmio de uma opção asiática, utilizou-se um modelo de simulação de *Monte Carlo* de geração da trajetória do preço do ativo-objeto ao longo de um período de tempo. Assim como Black e Scholes (1973), admite-se que a trajetória de preços do ativo-objeto segue um movimento geométrico browniano, representado pela seguinte equação diferencial estocástica:

$$\frac{dS_t}{S_t} = \mu\, dt + \sigma\, dW \qquad \text{equação (2),}$$

onde: S_t = preço do ativo no instante t; μ = retorno do ativo; σ = volatilidade do ativo; dW = processo de *Wiener*.

Com a discretização da equação (2), a adoção da hipótese de neutralidade ao risco (retorno do ativo sendo igual à taxa de juros livre de risco) e o uso do Lema de Itô, é possível chegar à seguinte equação para o preço do ativo na data t, considerando o intervalo de tempo de 1 dia[1]:

$$S_t = S_{t-1}\, e^{\left[(R_f - \sigma^2/2)*1/252 + \sigma*\sqrt{1/252}*Z_t\right]} \qquad \text{equação (3),}$$

Onde: S_t = preço do ativo na data t; S_{t-1} = preço do ativo na data t - 1;

Z_t = variável aleatória normal padrão referente à data t.

Os preços do ativo-objeto foram simulados para 42 dias[2], com base na equação (3). Em cada corrida de simulação, foram geradas 1023 trajetórias para o preço do ativo-objeto. O experimento de simulação realizado neste trabalho totalizou 40 corridas. Em termos matriciais, tal experimento pode ser apresentado da seguinte forma:

Para j = 1 a 40 corridas:

$$j-\text{ésima matriz de Aleatórios}(Z^j) = \begin{pmatrix} Z_{1,1} & Z_{1,2} & Z_{1,3} & \cdots & Z_{1,42} \\ Z_{2,1} & . & . & \cdots & Z_{2,42} \\ Z_{3,1} & . & . & \cdots & Z_{3,42} \\ \ddots & . & . & \cdots & \ddots \\ Z_{1023,1} & . & . & \cdots & Z_{1023,42} \end{pmatrix}$$

[1] A derivação da equação encontra-se em Hull (1999).

[2] Admitiu-se que o vencimento das opções se dá no 42º dia.

$$j-\acute{e}sima\ matriz\ de\ Preços\ dos\ Ativos(S^j) = \begin{pmatrix} S_{1,1} & S_{1,2} & S_{1,3} & \cdots & S_{1,42} \\ S_{2,1} & . & . & \cdots & S_{2,42} \\ S_{3,1} & . & . & \cdots & S_{3,42} \\ \cdots \\ S_{1023,1} & . & . & \cdots & S_{1023,42} \end{pmatrix} \begin{matrix} \rightarrow \bar{S}_1 \\ \rightarrow \bar{S}_2 \\ \rightarrow \bar{S}_3 \\ \cdots \\ \rightarrow \bar{S}_{1023} \\ \downarrow \end{matrix}$$

Médias Aritméticas

$$j-\acute{e}simo\ vetor\ dos\ Payoffs = \begin{pmatrix} \text{Máx}\ [0;(\bar{S}_1 - K)] \\ \text{Máx}\ [0;(\bar{S}_2 - K)] \\ \text{Máx}\ [0;(\bar{S}_3 - K)] \\ \cdots \\ \text{Máx}\ [0;(\bar{S}_{1023} - K)] \end{pmatrix}$$

$$j-\acute{e}simo\ vetor\ dos\ valores\ Presentes\ dos\ Payoffs = \begin{pmatrix} Payoff_1 * \exp(-R_f * T/252) \\ Payoff_2 * \exp(-R_f * T/252) \\ Payoff_3 * \exp(-R_f * T/252) \\ \cdots \\ Payoff_{1023} * \exp(-R_f * T/252) \end{pmatrix}$$

Estimativa *j* do Prêmio = Média dos 1023 componentes do j-ésimo Vetor dos Valores Presentes dos *Payoffs*.

Prêmio Final Estimado = Média das 40 estimativas obtidas.

Os demais parâmetros da equação (3) são assumidos constantes, conforme o Quadro 1:

Quadro 1 – Síntese dos dados considerados nas simulações		
S_0	Preço inicial ativo-objeto da opção (em t=0)	\$55
R_f	Taxa anual de juros livre de risco	3%
K	Preços de exercício	\$30, \$35, \$40, \$45, \$50, \$55 e \$60
σ	Volatilidade anual do ativo	20%, 30% e 40%;
t	Pontos da Trajetória (dias úteis)	1, 2,..., 42
T	Prazo de vencimento das opções (dias úteis)	42
	Nº de observações por corrida (trajetórias)	1023
	Nº de corridas	40

Os vários valores de K e σ definiram 21 combinações possíveis dos dois parâmetros, cada qual consistindo em uma opção asiática a ser precificada.

2.4. Amostragem Aleatória Simples (AAS)

A simulação de *Monte Carlo* tradicionalmente utiliza a AAS como método amostral. A aplicação deste método consistiu primeiramente em sortear aleatoriamente valores para a função distribuição acumulada normal padrão. Em seguida, aplicou-se a técnica da Transformada Inversa sobre os valores sorteados da função distribuição acumulada normal padrão e, assim, obteve-se uma amostra de valores para a variável aleatória Z_t da equação (3).

Apesar de a AAS ser o método de amostragem mais utilizado em simulação, sabe-se que é possível obter estimativas mais precisas, sem um correspondente aumento do esforço de amostragem, por meio do emprego de técnicas de redução de variância (Saliby, 1989). As técnicas que foram utilizadas neste trabalho são apresentadas a seguir.

2.5. Técnicas de Redução de Variância

2.5.1. Variáveis Antitéticas (VA)

Esta técnica propõe uma redução de variância por meio da introdução de uma correlação negativa entre as estimativas (*Bratley, Fox e Schrage*, 1987). Seja X_1 uma variável aleatória definida como uma função *f* da variável *u*: $X_1 = f(u)$

Define-se uma outra variável aleatória X_2 baseada na mesma função *f*, porém da variável simétrica *-u*, conforme a expressão a seguir: $X_2 = f(-u)$. Observa-se que X_1 e X_2 assim definidas têm a mesma distribuição, sendo porém negativamente correlacionadas. Gerando-se *n* valores aleatórios para a variável *u*, é possível obter amostras de tamanho *n* para as duas variáveis aleatórias X_1 e X_2. Com base nessas amostras, pode-se dizer o que se segue:

$$Var[\overline{X}] = \frac{Var[X_1] + Var[X_2] + 2 * Cov[X_1, X_2]}{4} = \cdots = \frac{Var(X)}{2} * (1 + \rho)$$

equação (4),

Onde: $\overline{X}$ - média aritmética entre os pares de observações de X_1 e X_2; $Var(X) = Var[X_1] = Var[X_2]$; ρ - coeficiente de correlação entre X_1 e X_2.

Pela equação (4), nota-se que a média aritmética entre as duas variáveis aleatórias definidas acima terá variância menor do que a da variável aleatória original devido à correlação negativa introduzida.

A aplicação dessa técnica ao caso da precificação de opções asiáticas neste estudo consiste na geração de valores aleatórios para a variável Z_t da equação (3) e na obtenção de valores correspondentes à variável $-Z_t$. Se Z_t possui distribuição normal padrão, então $-Z_t$ também possui. A estimativa do prêmio da opção é calculada pela média entre as duas estimativas intermediárias de prêmio criadas, uma dependente de Z_t e a outra de $-Z_t$. A variância dessa nova estimativa, calculada pela média das estimativas intermediárias, é reduzida, já que a covariância entre as estimativas intermediárias é negativa (Charnes, 2000).

Para a aplicação dessa técnica, a matriz de aleatórios *Z* de cada corrida de simulação foi redefinida, de modo que a sua primeira metade fosse igual à primeira metade da matriz *Z* original, e a sua segunda metade fosse igual ao simétrico da segunda metade da matriz original Z. A partir disso, novas matrizes de preços do ativo-objeto, de *payoffs* e de valores presentes foram geradas de forma correspondente em cada corrida. A matriz abaixo ilustra esse procedimento[3] :

[3] Nesta técnica, foram geradas 1024 observações, em vez de 1023, para que uma divisão exata pudesse ser feita.

$$j-\acute{e}sima\ matriz\ de\ Vari\acute{a}veis\ Antit\acute{e}ticas\,(Z_{AV}^{j}) = \begin{pmatrix} Z_{1,1} & \cdots & Z_{1,42} \\ Z_{2,2} & \cdots & Z_{2,42} \\ \cdots & \cdots & \cdots \\ Z_{512,1} & \cdots & Z_{512,42} \\ -Z_{513,1} & \cdots & -Z_{513,42} \\ -Z_{514,1} & \cdots & -Z_{514,42} \\ \cdots & \cdots & \cdots \\ -Z_{1024,1} & \cdots & -Z_{1024,42} \end{pmatrix}$$

2.5.2. Variável de Controle com Amostragem Aleatória Simples (VC com AAS)

Apesar de existirem diferentes metodologias para o emprego dessa técnica, a sua forma usual é a substituição do problema em análise, que não dispõe de solução analítica, por um similar mais simplificado, que possua esse tipo de solução. A solução analítica do problema simplificado é então usada para aumentar a precisão da solução de simulação do problema complexo.

Mais especificamente, é promovido um ajuste no valor estimado por simulação do problema sem solução analítica, ao se aplicar nele um coeficiente da diferença entre o valor analítico e o valor estimado por simulação do problema com solução analítica. Essa diferença é chamada de erro de simulação. Dessa forma, o erro de simulação serve como um controle na estimação por simulação do problema sem solução analítica. Pode ser demonstrado que o coeficiente do erro de simulação que minimiza a variância da variável ajustada é o coeficiente angular da regressão entre o valor estimado por simulação do problema sem solução analítica e o valor estimado por simulação do problema com solução analítica. Os valores simulados usam como método amostral a Amostragem Aleatória Simples (Bratley, Fox e Schrage, 1987).

Essa idéia está resumida abaixo:

$Var[X - k * Y] = Var[X] + k^2 * Var[Y] - 2 * k * Cov[X, Y]$ equação (5),

Onde: X - valor estimado por simulação do problema sem solução analítica;

Y - variável de controle, dada pela diferença entre o valor analítico e o valor estimado por simulação do problema com solução analítica;

k - coeficiente angular da regressão entre o valor estimado por simulação do problema sem solução analítica e o valor estimado por simulação do problema com solução analítica.

Neste estudo, o emprego da técnica da Variável de Controle com Amostragem Aleatória Simples aplica a diferença entre o prêmio obtido por Black e Scholes para o caso da opção de compra asiática geométrica e o prêmio geométrico estimado por simulação ao prêmio aritmético estimado por simulação. Os prêmios simulados são obtidos usando-se como método amostral a Amostragem Aleatória Simples. Essa técnica será, daqui por diante, chamada simplesmente de Variável de Controle. Dessa forma, para a aplicação da técnica da Variável de Controle ao caso das opções de compra asiáticas em estudo, tem-se o que se segue:

$PA_{VC} = PA + \beta(C - PG)$ equação (6),

Onde:

PA_{VC} = prêmio aritmético estimado por Variável de Controle;

PA = prêmio aritmético estimado por simulação usando AAS;

PG = prêmio geométrico estimado por simulação usando AAS;

β = coeficiente angular da regressão entre PA e PG;

C = prêmio obtido pelo modelo de Black e Scholes para o caso geométrico.

A solução analítica do prêmio para o caso geométrico, correspondente à variável *C* da equação (6), é obtida dentro da estrutura do modelo de Black e Scholes. A equação (7) abaixo apresenta a solução de Black e Scholes modificada para o caso das opções de compra asiáticas[4].

$$C = S_0 * e^{((-a)*(T/252))} N(d_1) - K * e^{(-R_f * T/252)} * N(d_2) \text{ equação (7),}$$

$$d_1 = \frac{\ln(S_0 / K) + (a + 0.5\sigma_a{}^2)T / 252}{\sigma_a \sqrt{T}} \qquad d_2 = d_1 - \sigma_a \sqrt{T / 252}$$

$$a = 0.5 * (R_f + \sigma^2 / 6) \qquad \sigma_a = \sigma / \sqrt{3}$$

Onde: C = prêmio justo da opção asiática de compra; S_0 = preço do ativo-objeto da opção no instante zero; Rf = taxa anual de juros livre de risco; σ = volatilidade anual do ativo-objeto; T = prazo de vencimento da opção em anos (252 dias úteis); K = preço de exercício da opção; $N(d_1)$ = valor da função de distribuição acumulada Normal Padrão no ponto d_1; $N(d_2)$ = valor da função de distribuição acumulada Normal Padrão no ponto d_2.

O prêmio geométrico estimado por simulação, equivalente à variável *PG* na equação (6), é obtido a partir da geração de um novo vetor de *payoffs* para cada corrida, calculado com base na média geométrica dos preços do ativo-objeto ao longo do tempo. Em seguida, em cada corrida, deve ser calculado um vetor de valores presentes dos novos *payoffs*, cuja média dos seus componentes corresponderá a uma estimativa do prêmio geométrico. Finalmente, a média das estimativas resultantes de cada corrida corresponderá ao prêmio geométrico estimado. As matrizes abaixo ilustram esse procedimento:

4 Para melhor entendimento ver A.Kemna e A.Vorst, "A Pricing Method for Options Based on Average Asset Values", *Journal of Banking and Finance*, 14 (March 1990), 113-29.

Para j = 1 a 40 corridas:

$$j-\acute{e}sima\ matriz\ de\ Pre\c{c}os\ do\ Ativo(S^j) = \begin{pmatrix} S_{1.1} & S_{1.2} & S_{1.3} & \cdots & S_{1.42} \\ S_{2.1} & . & . & \cdots & S_{2.42} \\ S_{3.1} & . & . & \cdots & S_{3.42} \\ \cdots & & & & \\ S_{1023.1} & . & . & \cdots & S_{1023.42} \end{pmatrix} \begin{matrix} \rightarrow \overline{S}_1 \\ \rightarrow \overline{S}_2 \\ \rightarrow \overline{S}_3 \\ \cdots \\ \rightarrow \overline{S}_{1023} \end{matrix}$$

$$\downarrow$$

Médias Geométricas

$$j-\acute{e}simo\ vetor\ dos\ Payoffs\ Geom\acute{e}tri\cos = \begin{pmatrix} \text{Máx}\left[0;\left(\overline{S}_1 - K\right)\right] \\ \text{Máx}\left[0;\left(\overline{S}_2 - K\right)\right] \\ \text{Máx}\left[0;\left(\overline{S}_3 - K\right)\right] \\ \cdots \\ \text{Máx}\left[0;\left(\overline{S}_{1023} - K\right)\right] \end{pmatrix}$$

$$j-\acute{e}simo\ vetor\ de\ Valor\ Presente\ dos\ Payoffs\ Geom\acute{e}tri\cos = \begin{pmatrix} Payoff\text{Geo}_1 * \exp(-R_f * T/252) \\ Payoff\text{Geo}_2 * \exp(-R_f * T/252) \\ Payoff\text{Geo}_3 * \exp(-R_f * T/252) \\ \cdots \\ Payoff\text{Geo}_{1023} * \exp(-R_f * T/252) \end{pmatrix}$$

Estimativa *j* do Prêmio Geométrico = Média dos 1023 componentes do *j*-ésimo Vetor dos Valores Presentes dos *Payoffs* Geométricos.

Prêmio Geométrico Estimado = Média das 40 estimativas obtidas.

2.5.3. Hipercubo Latino (HCL)

A amostragem por Hipercubo Latino propõe a estratificação da distribuição acumulada de probabilidade das variáveis de entrada do modelo de simulação em *n* partes de igual probabilidade e, em seguida, a escolha aleatória de um elemento dentro de cada estrato. Os n elementos assim escolhidos formarão o primeiro conjunto de valores hipercúbicos, os quais serão depois permutados aleatoriamente para compor a amostra hipercúbica. O método assim garante que todos os extratos estarão representados na amostra (McKay, Beckman e Conover, 1979). No caso de a variável de entrada ter mais de uma dimensão (K-dimensional), a composição da amostra hipercúbica exigirá que o processo de estratificação, seguido de permutação aleatória, seja repetido K vezes.

A fórmula usada para a geração de cada conjunto de valores hipercúbicos, a serem depois permutados aleatoriamente, é a que se segue:

$$xh_i = F^{-1}\left(\frac{i-1+Rand_i}{n}\right) = F^{-1}\left[\frac{(i-Rand_i)}{n}\right] \quad \text{equação (8),}$$

Onde: n = tamanho da amostra hipercúbica; i = 1,2,3, ..., n; xh_i = i-ésimo elemento do conjunto de valores da amostra hipercúbica; F^{-1} = inversa da função de distribuição acumulada da variável de entrada X; $Rand_i$ = i-ésimo número aleatório entre 0 e 1.

O emprego do método de amostragem por Hipercubo Latino consistiu em estratificar a função distribuição acumulada da variável aleatória Z_t normal padronizada em 1023 partes de igual probabilidade e, em seguida, sortear aleatoriamente um valor dentro de cada estrato. A transformada inversa da função acumulada da normal padrão foi aplicada sobre esses valores. Finalmente, uma permutação aleatória dos valores foi implementada e a amostra por Hipercubo Latino para a data t foi, então, obtida. Esse procedimento foi executado para cada um dos 42 dias da trajetória de preços do ativo e repetido em cada uma das 40 corridas de simulação. Dessa forma, a matriz de aleatórios Z da equação (3) foi redefinida de modo a conter valores amostrados por Hipercubo Latino e não mais por AAS.

2.5.4. Amostragem Descritiva (AD)

A Amostragem Descritiva se baseia numa seleção totalmente determinística e intencional dos valores das variáveis de entrada do modelo de simulação. Esses valores, uma vez selecionados, serão permutados aleatoriamente. Neste processo, os momentos das amostras de entrada são fixados de modo a serem praticamente iguais aos respectivos valores teóricos, não mais variando entre diferentes corridas. No caso da variável de entrada ter mais de uma dimensão (*K*-dimensional), a composição da amostra descritiva exigirá que a permutação aleatória do mesmo conjunto de valores descritivos seja repetida *K* vezes. Dado que a variação de conjunto e a variação de seqüência são as fontes de variabilidade das estimativas de simulação, esse procedimento de amostragem consegue eliminar o primeiro efeito de variabilidade e, assim, levar a estimativas mais precisas (Saliby, 1989).

A diferença entre os métodos Hipercubo e Descritiva está na forma de seleção dos valores dentro de cada estrato. Enquanto o Hipercubo Latino faz um sorteio aleatório para a seleção dos valores, a Amostragem Descritiva seleciona o ponto médio de cada estrato (Saliby, 1989, 1990 e 1997). A fórmula usada para a geração do conjunto (único) de valores descritivos, a serem depois permutados aleatoriamente, é a seguinte:

$$xd_i = F^{-1}\left(\frac{i-1+0.5}{n}\right) = F^{-1}\left[\frac{(i-0.5)}{n}\right] \qquad \text{equação (9),}$$

Onde: n = tamanho da amostra descritiva; i = 1,2,3, ..., n; xd_i = i-ésimo elemento do conjunto de valores da amostra descritiva; F^{-1} = inversa da função de distribuição acumulada da variável de entrada X.

O uso do método da Amostragem Descritiva na precificação das opções neste trabalho consistiu, assim como no método do Hipercubo Latino, em estratificar a função distribuição acumulada da variável aleatória Z_t normal padronizada em 1023 partes de igual probabilidade. A partir daí, a aplicação do método Amostragem Descritiva é semelhante à do Hipercubo. Contudo, na Amostragem Descritiva, observa-se que é possível trabalhar com um mesmo conjunto de valores para todas as corridas, bastando gerá-lo uma vez. Dessa forma, espera-se um menor tempo de processamento da simulação baseada na Amostragem Descritiva do que no Hipercubo Latino. Vale mencionar ainda que, a cada corrida, a mesma regra de permutação aleatória dos valores componentes da amostra foi implementada nos dois métodos, para se ter um controle a mais na comparação entre eles.

A matriz de aleatórios *Z* da equação (3) foi assim redefinida de forma a conter valores "amostrados" por Amostragem Descritiva e não mais por Amostragem Aleatória Simples.

2.5.5. Variável de Controle com Amostragem Descritiva (VC com AD)

Essa técnica incorpora a Amostragem Descritiva na estimação do prêmio por Variável de Controle, de forma que os prêmios aritmético e geométrico estimados por simulação simples na equação (6) são substituídos, respectivamente, pelos prêmios aritmético e geométrico estimados por Amostragem Descritiva. A partir daí, o procedimento para a simulação é semelhante ao da Variável de Controle.

2.5.6. Quasi-Monte Carlo usando Seqüência de Sobol (QMC Sobol)

O método de Quasi-Monte Carlo se baseia essencialmente no uso de seqüências de baixa discrepância, para a geração determinística de números distribuídos uniformemente num determinado intervalo. Esses números são chamados de quasi-aleatórios, em contraposição aos conhecidos pseudo-aleatórios gerados pelo método de *Monte Carlo* tradicional.

A seqüência de baixa discrepância empregada neste trabalho foi a de Sobol na versão de Antonov e Saleev. Essa versão é considerada mais veloz do que o algoritmo original de Sobol (1967). Galanti e Jung (1997) apresentam o algoritmo de Sobol na versão de Antonov-Saleev em detalhe.

O procedimento para a construção de uma seqüência de Sobol de tamanho *N* para uma determinada dimensão pode ser decomposto em quatro etapas:

1. Obtenção de um vetor de números, conhecidos como números direcionais (m_1, m_2, ..., m_w), que servirá de base para o cálculo dos números quasi-aleatórios de Sobol. Os elementos do vetor de números direcionais são obtidos a partir da escolha de um polinômio primitivo de módulo 2 e grau *d*.[5] Os primeiros *d* elementos do vetor poderão ser quaisquer inteiros ímpares menores do que 2^i, onde i é a ordem em que o elemento aparece no vetor ($0 < i \leq d$). Os demais elementos do vetor (para $d < i \leq w$) são obtidos pela fórmula abaixo:

$$m_i = 2^1 a_1 m_{i-1} \oplus 2^2 a_2 m_{i-2} \oplus ... \oplus 2^j ajm_{i-j} \oplus ... \oplus 2^d a_d m_{i-d} \oplus m_{i-d}$$

equação (10),

Onde: $\oplus$ representa a operação de soma bit a bit (XOR) feita na representação em base binária dos números m_i e, a_1, a_2, ..., a_d são os coeficientes do polinômio primitivo de grau *d* escolhido.

2. Transformação dos números direcionais m_i em números binários fracionários v_i, da seguinte forma:

$$v_i = m_i / 2^i \quad \text{equação (11)}$$

---

[5] Os polinômios primitivos utilizados neste trabalho foram retirados de Winiarski (1998) - tabela B.1.

3. Conversão de uma seqüência de números inteiros não negativos e consecutivos (0, 1, 2, ..., N-1) em sua representação em base binária.

4. Obtenção do *n-ésimo* número de Sobol $S(n)$, para n = 0, 1, 2, ..., N-1, da seguinte forma:

$S(n+1) = S(n) \oplus v(c)$ equação (12),

Onde $S(0) = 0$, $v(c)$ é o *c-ésimo* número direcional fracionário e c é o bit-zero mais à direita da expressão de n, em base binária.

Neste trabalho seria necessário gerar 42 seqüências de Sobol de tamanho 1023 para cada corrida de simulação[6], já que cada dia da trajetória de preços do ativo-objeto representaria uma dimensão. Assim sendo, uma matriz de números quasi-aleatórios de Sobol de tamanho 42 x 1023 seria obtida para cada corrida de simulação, a qual substituiria a matriz de aleatórios tradicionais Z^j da equação (3). Contudo, dada a característica determinística da seqüência de Sobol e dado que seria preciso gerar 40 matrizes de quasi-aleatórios de tamanho 42 x 1023 ao final, cada uma dessas 40 matrizes foi obtida a partir da permutação aleatória das linhas de uma matriz de quasi-aleatórios de Sobol maior, de tamanho 160 x 1023, seguida da seleção das 42 primeiras linhas da matriz permutada.

3. Análise dos Resultados

Para avaliar o desempenho dos diferentes métodos de simulação do prêmio das opções de compra asiáticas, no que se refere à precisão e ao tempo de processamento das estimativas, foi utilizada a metodologia descrita na seção anterior. Além disso, foi

[6] Na verdade, este aparentemente estranho tamanho de amostra (1023) foi escolhido para que fossem considerados apenas ciclos completos da seqüência de Sobol. Ciclos completos garantem a baixa discrepância da seqüência.

analisada a combinação da técnica de Variável de Controle com a Amostragem Descritiva, já que essas duas técnicas, isoladamente, apresentaram, em trabalhos anteriores dos autores, os melhores ganhos de precisão das estimativas.

3.1. Avaliação da Precisão das Técnicas em Relação ao Método Padrão

A tabela 3.1 apresenta os resultados da simulação-parâmetro (*Monte Carlo* com 10.000 corridas) e os resultados analíticos do modelo de Black e Scholes para os prêmios das opções de compra consideradas. Observa-se que as diferenças algébricas entre os dois métodos de precificação são pequenas em quaisquer dos 21 casos analisados, o que indica que a solução analítica de Black e Scholes para o caso geométrico é uma boa aproximação da solução para o caso aritmético.

Apesar da proximidade dos prêmios obtidos pelos dois métodos, nota-se sempre uma diferença a maior das soluções obtidas pela simulação-parâmetro em relação às obtidas por Black e Scholes. Isso ocorre porque médias aritméticas (soluções da simulação-parâmetro) são superiores a médias geométricas (soluções de Black e Scholes).

Nota-se também uma repetição dos valores das diferenças algébricas entre os dois métodos no caso de preços de exercício abaixo de $55 (preço inicial do ativo). Isso provém do uso da mesma semente de aleatórios em todas as 21 combinações de K e σ consideradas.

Tabela 3.1 - Prêmios das opções de compra do tipo asiáticas obtidos pela simulação-parâmetro (*Monte Carlo* tradicional de 10.000 corridas) e obtidos segundo o modelo de Black & Scholes, com as respectivas diferenças algébricas entre os métodos.

	Simulação-Parâmetro			Black & Scholes			Diferenças Algébricas		
	σ 1 = 20%	σ 2 = 30%	σ 3 = 40%	σ 1 = 20%	σ 2 = 30%	σ 3 = 40%	σ 1 = 20%	σ 2 = 30%	σ 3 = 40%
K 1 = 30	25.0120	25.0119	25.0118	24.9818	24.9438	24.8905	0.0302	0.0681	0.1212
K 2 = 35	20.0370	20.0368	20.0367	20.0068	19.9687	19.9155	0.0302	0.0681	0.1212
K 3 = 40	15.0619	15.0618	15.0618	15.0317	14.9936	14.9408	0.0302	0.0681	0.1210
K 4 = 45	10.0868	10.0882	10.1077	10.0566	10.0208	9.9928	0.0302	0.0675	0.1150
K 5 = 50	5.1271	5.2434	5.4753	5.0992	5.1891	5.3879	0.0279	0.0543	0.0873
K 6= 55	1.0946	1.6062	2.1176	1.0839	1.5779	2.0632	0.0107	0.0283	0.0544
K 7= 60	0.0401	0.2322	0.5503	0.0380	0.2204	0.5198	0.0021	0.0118	0.0305

Já os prêmios estimados pelas técnicas em análise, as suas respectivas variâncias e os erros quadráticos médios das estimativas (calculados em relação à simulação-parâmetro) estão apresentados na tabela 3.2[7]. Em cada método considerado, observa-se uma repetição dos valores da variância e do erro quadrático médio para valores baixos de K. Novamente, isso se deve ao emprego da mesma semente de números aleatórios em todas as combinações de K e σ consideradas.

Entre os diversos métodos analisados, pode-se notar que os prêmios estimados por simulação apresentam um padrão de comportamento semelhante. Para um mesmo nível de volatilidade e para valores baixos de K, os valores dos prêmios diferem de uma constante[8]. Isso acontece porque, para esses valores baixos de K, as opções serão sempre exercidas e, para os demais casos, nem sempre haverá exercício[9]. Esse efeito da constante sobre as estimativas dos prêmios determina uma repetição dos valores da variância para preços de exercício mais baixos em todos os métodos analisados.

Em todos os métodos, à exceção de Quasi-Monte Carlo, pode-se também observar a não-tendenciosidade das estimativas qualquer que seja a combinação de K e σ, uma vez que a variância corresponde a praticamente todo o erro quadrático médio dos prêmios estimados. De fato, ao se compararem as estimativas dos prêmios apresentadas na tabela 3.2 com os prêmios obtidos pela simulação-parâmetro na tabela 3.1, nota-se que as diferenças entre os respectivos são bastante pequenas. No caso do método de

[7] Nesta tabela, os dados referentes à variância dos métodos Variável de Controle e Variável de Controle com Amostragem Descritiva correspondem à variância dos resíduos da regressão, feita conforme descrito na seção 2.

[8] Esta constante corresponde ao valor presente da variação dos preços de exercício.

[9] Vale ressaltar que, para cada método de simulação e para um dado valor de volatilidade, as trajetórias geradas para os preços do ativo-objeto são as mesmas, independentemente do valor do preço de exercício.

Quasi-Monte Carlo, o componente do viés das estimativas no erro quadrático médio é bastante alto.

Pode-se verificar que o uso do método Variável de Controle resultou em estimativas com menor variabilidade. Entretanto, quando foi testada a combinação da técnica de Variável de Controle com Amostragem Descritiva, a variância dos prêmios estimados foi, na grande maioria dos 21 casos, igual, ou um pouco menor, do que a dos estimados pela Variável de Controle.

Para melhor avaliar o ganho de precisão obtido com a utilização dos diversos métodos de simulação em relação ao método da Amostragem Aleatória Simples, comparou-se a variação relativa do erro-padrão de cada um dos métodos, conforme apresentado na tabela 3.3. Quanto mais negativos os valores apresentados nessa tabela, maior o ganho de precisão do método em relação ao *Monte Carlo* tradicional. Constatou-se, assim, que todas as técnicas de redução de variância mostraram-se bem superiores ao método tradicional de *Monte Carlo*, com pequenas diferenças em seus ganhos. Em ordem crescente de precisão, os métodos se classificaram da seguinte forma: Quasi-Monte Carlo, Variáveis Antitéticas, Hipercubo Latino e Amostragem Descritiva (empate técnico), e Variável de Controle. Observou-se, entretanto, uma pequena melhoria na precisão quando foi utilizada a combinação das técnicas Variável de Controle com Amostragem Descritiva.

Nota-se também um bom desempenho dos métodos de simulação no caso de valores baixos de K e uma degradação dos mesmos no caso de valores altos. Esse fato se justifica pela não-linearidade da função que define a variável de resposta da simulação (função de máximo para o *payoff,* expressa pela equação (1)), uma vez que as técnicas redutoras atuam melhor sobre funções lineares, correspondendo, nesse caso, à região em que há exercício das opções. Todavia, os métodos Variável de Controle e Variável de Controle com Amostragem Descritiva praticamente não apresentaram degradação no caso de valores altos de K.

Cabe destacar que o Hipercubo Latino também apresentou grandes ganhos de precisão, bem próximos dos mostrados pela Amostragem Descritiva. De fato, a diferença entre os prêmios estimados por esses dois métodos é muito próxima de zero (na ordem de 10^{-4}), sendo essas estimativas, em média, altamente correlacionadas (na ordem de 97%).

Tabela 3.2 – Prêmios das opções de compra tipo asiáticas estimados por simulação, segundo os métodos indicados. Em cada corrida de simulação, foram geradas 1023 trajetórias para o preço ativo-objetivo. O experimento totalizou 40 corridas. Também são apresentados a variância e o erro quadrático médio dos prêmios estimados.

	Prêmios estimados por simulação			Variância			Erro Quadrático Médio		
AAS	σ 1 = 20%	σ 2 = 30%	σ 3 = 40%	σ 1 = 20%	σ 2 = 30%	σ 3 = 40%	σ 1 = 20%	σ 2 = 30%	σ 3 = 40%
K 1 = 30	25.0130	25.0134	25.0137	0.006018	0.013442	0.023750	0.006018	0.013444	0.023753
K 2 = 35	20.0379	20.0383	20.0387	0.006018	0.013442	0.023750	0.006018	0.013444	0.023753
K 3 = 40	15.0629	15.0632	15.0639	0.006018	0.013442	0.023694	0.006018	0.013444	0.023698
K 4 = 45	10.0878	10.0900	10.1107	0.006018	0.013317	0.022368	0.006018	0.013320	0.022375
K 5 = 50	5.1287	5.2464	5.4774	0.005541	0.010811	0.016825	0.005543	0.010819	0.016828
K 6= 55	1.0958	1.6078	2.1195	0.001966	0.004449	0.008048	0.001967	0.004451	0.008051
K 7= 60	0.0399	0.2316	0.5507	0.000060	0.000525	0.001833	0.000060	0.000526	0.001833
VA	σ 1 = 20%	σ 2 = 30%	σ 3 = 40%	σ 1 = 20%	σ 2 = 30%	σ 3 = 40%	σ 1 = 20%	σ 2 = 30%	σ 3 = 40%
K 1 = 30	25.0122	25.0120	25.0117	0.000014	0.000071	0.000225	0.000014	0.000071	0.000225
K 2 = 35	20.0371	20.0369	20.0366	0.000014	0.000071	0.000225	0.000014	0.000071	0.000225
K 3 = 40	15.0621	15.0618	15.0617	0.000014	0.000071	0.000228	0.000014	0.000071	0.000228
K 4 = 45	10.0870	10.0882	10.1075	0.000014	0.000081	0.000394	0.000014	0.000081	0.000394
K 5 = 50	5.1272	5.2416	5.4710	0.000053	0.000533	0.001697	0.000053	0.000537	0.001718
K 6= 55	1.0933	1.6041	2.1149	0.000800	0.001916	0.003617	0.000802	0.001921	0.003625
K 7= 60	0.0397	0.2300	0.5452	0.000060	0.000574	0.001627	0.000060	0.000579	0.001654
VC com AAS	σ 1 = 20%	σ 2 = 30%	σ 3 = 40%	σ 1 = 20%	σ 2 = 30%	σ 3 = 40%	σ 1 = 20%	σ 2 = 30%	σ 3 = 40%
K 1 = 30	25.0131	25.0139	25.0151	0.000001	0.000003	0.000008	0.000001	0.000006	0.000017
K 2 = 35	20.0380	20.0388	20.0400	0.000001	0.000003	0.000008	0.000001	0.000006	0.000017
K 3 = 40	15.0629	15.0638	15.0651	0.000001	0.000003	0.000008	0.000001	0.000006	0.000016
K 4 = 45	10.0879	10.0903	10.1119	0.000001	0.000002	0.000005	0.000001	0.000006	0.000020
K 5 = 50	5.1287	5.2480	5.4837	0.000000	0.000001	0.000004	0.000003	0.000021	0.000070
K 6= 55	1.1008	1.6151	2.1288	0.000000	0.000001	0.000003	0.000037	0.000080	0.000126
K 7= 60	0.0412	0.2362	0.5573	0.000000	0.000001	0.000004	0.000002	0.000017	0.000051
HCL	σ 1 = 20%	σ 2 = 30%	σ 3 = 40%	σ 1 = 20%	σ 2 = 30%	σ 3 = 40%	σ 1 = 20%	σ 2 = 30%	σ 3 = 40%
K 1 = 30	25.0120	25.0115	25.0109	0.000007	0.000035	0.000110	0.000007	0.000036	0.000111
K 2 = 35	20.0369	20.0365	20.0358	0.000007	0.000035	0.000110	0.000007	0.000036	0.000111
K 3 = 40	15.0619	15.0614	15.0608	0.000007	0.000035	0.000110	0.000007	0.000036	0.000112
K 4 = 45	10.0868	10.0878	10.1071	0.000007	0.000040	0.000192	0.000007	0.000040	0.000193
K 5 = 50	5.1273	5.2453	5.4786	0.000032	0.000231	0.000678	0.000032	0.000234	0.000687
K 6= 55	1.0924	1.6021	2.1114	0.000425	0.001031	0.001977	0.000430	0.001049	0.002017
K 7= 60	0.0388	0.2240	0.5361	0.000055	0.000426	0.001187	0.000057	0.000493	0.001391
AD	σ 1 = 20%	σ 2 = 30%	σ 3 = 40%	σ 1 = 20%	σ 2 = 30%	σ 3 = 40%	σ 1 = 20%	σ 2 = 30%	σ 3 = 40%
K 1 = 30	25.0119	25.0114	25.0105	0.000007	0.000033	0.000107	0.000007	0.000034	0.000109
K 2 = 35	20.0369	20.0363	20.0355	0.000007	0.000033	0.000107	0.000007	0.000034	0.000109
K 3 = 40	15.0618	15.0612	15.0605	0.000007	0.000033	0.000107	0.000007	0.000034	0.000109
K 4 = 45	10.0867	10.0876	10.1066	0.000007	0.000037	0.000185	0.000007	0.000038	0.000187
K 5 = 50	5.1271	5.2448	5.4775	0.000030	0.000226	0.000663	0.000030	0.000227	0.000667
K 6= 55	1.0916	1.6010	2.1099	0.000417	0.001013	0.001945	0.000427	0.001042	0.002006
K 7= 60	0.0387	0.2234	0.5352	0.000055	0.000429	0.001193	0.000057	0.000506	0.001424
VC com AD	σ 1 = 20%	σ 2 = 30%	σ 3 = 40%	σ 1 = 20%	σ 2 = 30%	σ 3 = 40%	σ 1 = 20%	σ 2 = 30%	σ 3 = 40%
K 1 = 30	25.0132	25.0142	25.0157	0.000000	0.000002	0.000008	0.000001	0.000007	0.000021
K 2 = 35	20.0381	20.0391	20.0406	0.000000	0.000002	0.000008	0.000001	0.000007	0.000021
K 3 = 40	15.0631	15.0641	15.0660	0.000000	0.000002	0.000008	0.000001	0.000007	0.000023
K 4 = 45	10.0880	10.0908	10.1122	0.000000	0.000003	0.000011	0.000001	0.000009	0.000029
K 5 = 50	5.1288	5.2480	5.4836	0.000001	0.000002	0.000008	0.000003	0.000022	0.000074
K 6= 55	1.1008	1.6152	2.1291	0.000000	0.000001	0.000005	0.000038	0.000081	0.000135
K 7= 60	0.0414	0.2365	0.5578	0.000000	0.000001	0.000003	0.000002	0.000019	0.000058
QMC (SOBOL)	σ 1 = 20%	σ 2 = 30%	σ 3 = 40%	σ 1 = 20%	σ 2 = 30%	σ 3 = 40%	σ 1 = 20%	σ 2 = 30%	σ 3 = 40%
K 1 = 30	25.0345	25.0624	25.1019	0.000069	0.000351	0.001115	0.000568	0.002882	0.009187
K 2 = 35	20.0594	20.0873	20.1268	0.000069	0.000351	0.001114	0.000568	0.002882	0.009190
K 3 = 40	15.0844	15.1124	15.1587	0.000069	0.000352	0.001249	0.000568	0.002895	0.010591
K 4 = 45	10.1097	10.1558	10.2497	0.000072	0.000619	0.002651	0.000587	0.005158	0.022723
K 5 = 50	5.1833	5.3705	5.6781	0.000454	0.002795	0.008559	0.003597	0.018913	0.049616
K 6= 55	1.1942	1.7653	2.3437	0.003421	0.008264	0.015727	0.013331	0.033539	0.066780
K 7= 60	0.0991	0.3591	0.7484	0.000463	0.002967	0.008907	0.003945	0.019068	0.048126

Tabela 3.3 - Variação percentual do erro-padrão dos prêmios de opções de compra asiáticas estimados por simulação segundo os métodos indicados, em relação ao erro-padrão do prêmio estimado pelo método Amostragem Aleatória Simples.

VA	σ 1 = 20%	σ 2 = 30%	σ 3 = 40%
K 1 = 30	-95.2%	-92.7%	-90.3%
K 2 = 35	-95.2%	-92.7%	-90.3%
K 3 = 40	-95.2%	-92.7%	-90.2%
K 4 = 45	-95.2%	-92.2%	-86.7%
K 5 = 50	-90.3%	-77.8%	-68.2%
K 6= 55	-36.2%	-34.4%	-33.0%
K 7= 60	0.0%	4.5%	-5.8%
VC com AAS	**σ 1 = 20%**	**σ 2 = 30%**	**σ 3 = 40%**
K 1 = 30	-99.1%	-98.6%	-98.2%
K 2 = 35	-99.1%	-98.6%	-98.2%
K 3 = 40	-99.1%	-98.6%	-98.2%
K 4 = 45	-99.1%	-98.7%	-98.4%
K 5 = 50	-99.3%	-99.0%	-98.5%
K 6= 55	-99.0%	-98.5%	-98.0%
K 7= 60	-94.7%	-95.4%	-95.5%
HCL	**σ 1 = 20%**	**σ 2 = 30%**	**σ 3 = 40%**
K 1 = 30	-96.5%	-94.9%	-93.2%
K 2 = 35	-96.5%	-94.9%	-93.2%
K 3 = 40	-96.5%	-94.9%	-93.2%
K 4 = 45	-96.5%	-94.5%	-90.7%
K 5 = 50	-92.4%	-85.4%	-79.9%
K 6= 55	-53.5%	-51.9%	-50.4%
K 7= 60	-4.2%	-9.9%	-19.5%
AD	**σ 1 = 20%**	**σ 2 = 30%**	**σ 3 = 40%**
K 1 = 30	-96.7%	-95.0%	-93.3%
K 2 = 35	-96.7%	-95.0%	-93.3%
K 3 = 40	-96.7%	-95.0%	-93.3%
K 4 = 45	-96.7%	-94.7%	-90.9%
K 5 = 50	-92.7%	-85.5%	-80.2%
K 6= 55	-53.9%	-52.3%	-50.8%
K 7= 60	-4.1%	-9.7%	-19.3%
VC com AD	**σ 1 = 20%**	**σ.2 = 30%**	**σ 3 = 40%**
K 1 = 30	-99.1%	-98.7%	-98.2%
K 2 = 35	-99.1%	-98.7%	-98.2%
K 3 = 40	-99.1%	-98.7%	-98.2%
K 4 = 45	-99.1%	-98.5%	-97.7%
K 5 = 50	-98.9%	-98.6%	-97.8%
K 6= 55	-98.8%	-98.2%	-97.5%
K 7= 60	-95.4%	-96.4%	-96.0%
QMC (SOBOL)	**σ 1 = 20%**	**σ 2 = 30%**	**σ 3 = 40%**
K 1 = 30	-89.3%	-83.8%	-78.3%
K 2 = 35	-89.3%	-83.8%	-78.3%
K 3 = 40	-89.3%	-83.8%	-77.0%
K 4 = 45	-89.1%	-78.4%	-65.6%
K 5 = 50	-71.4%	-49.2%	-28.7%
K 6= 55	31.9%	36.3%	39.8%
K 7= 60	177.7%	137.6%	120.5%

3.2. Avaliação do Tempo de Processamento

De acordo com a tabela 3.4, as técnicas da Amostragem Descritiva e da Variável Antitética apresentaram tempos de processamento das estimativas muito próximos aos do método de *Monte Carlo* simples, tendo as demais técnicas mostrado tempos superiores.

Tabela 3.4 - Tempo de processamento dos *scripts* de 40 corridas de simulação dos prêmios, desenvolvidos para os métodos indicados. Também foram apresentados tempos de processamento de *scripts* de 1.000 corridas de simulação para alguns métodos. O tempo de processamento está apresentado em segundos.

	Tempo de Processamento
	Duração (em segundos)
AAS	8.57
VA	8.78
VC com AAS	20.15
HCL	43.23
AD	7.36
VC com AD	26.25
QMC (SOBOL)	29.93
AAS (1000 corridas)	223.77
HCL (1000 corridas)	954.66
AD (1000 corridas)	208.00

Nota-se que os tempos de processamento dos métodos Variável de Controle e Variável de Controle com Amostragem Descritiva são mais do que o dobro do tempo do método Amostragem Aleatória Simples. Isso se deve ao fato de esses dois métodos necessitarem de dois tipos de estimativa de prêmio, uma aritmética e outra geométrica, nas suas respectivas simulações, ao passo que na Amostragem Aleatória Simples somente é realizada a estimativa do tipo aritmética.

Um resultado interessante obtido refere-se ao tempo de processamento do Hipercubo Latino comparado ao da Amostragem Descritiva. Conforme mencionado anteriormente, esses dois métodos apresentaram, em média, prêmios praticamente iguais e ganhos de precisão bastante semelhantes. No entanto, quando se comparam seus tempos de processamento, verifica-se que o tempo do Hipercubo é aproximadamente seis vezes o tempo de processamento da Amostragem Descritiva. Esse resultado também se verificou no caso de um experimento de simulação muito maior, contendo 1.000 corridas em vez de 40, conforme pode ser visto na tabela 3.4. Isso pode ser atribuído à necessidade de o método Hipercubo Latino aplicar a transformada inversa da Normal padronizada a cada observação da amostra, a cada dia da trajetória dos preços do ativo e a cada corrida. No caso da Amostragem Descritiva, basta realizar uma vez a aplicação e, dessa forma, trabalha-se com um mesmo conjunto de valores em todas as corridas. Além disso, o Hipercubo possui, por definição, um termo aleatório adicional para a geração dos valores, que é aplicado a cada dia da trajetória e a cada corrida.

O tempo de processamento das simulações segundo Quasi-Monte Carlo foi o maior de todos. Apesar de as 160 seqüências quasi-aleatórias originais terem sido geradas em script à parte, o procedimento de permutação das 160 seqüências e posterior seleção das 42 primeiras para a composição da matriz de quasi-aleatórios, repetidos 40 vezes, explicam o elevado tempo de processamento da rotina.

4. Conclusões

Ao avaliar o desempenho de diversas técnicas de redução de variância na estimação do prêmio de opções de compra asiáticas, confirma-se a utilidade dessas técnicas em relação à abordagem tradicional de *Monte Carlo*, a qual emprega a Amostragem Aleatória Simples.

Os resultados obtidos confirmaram a não-tendenciosidade das estimativas geradas por meio dos diferentes procedimentos, com a variância das estimativas sendo o termo dominante do erro quadrático médio dos prêmios estimados. A exceção ocorre para o caso das estimativas obtidas segundo o método de Quasi-Monte Carlo.

Quanto à precisão das estimativas, o uso das técnicas de redução de variância mostrou-se extremamente vantajoso: todas as técnicas levaram a resultados bem superiores aos obtidos pelo método tradicional de *Monte Carlo*. Foram observadas pequenas diferenças de ganho entre as técnicas, com a seguinte classificação em ordem crescente de precisão: Quasi-Monte Carlo, Variáveis Antitéticas, Hipercubo Latino e Amostragem Descritiva (empate técnico), e Variável de Controle. No entanto, observou-se que ganhos adicionais foram obtidos quando se combinou o uso das técnicas Variável de Controle com a Amostragem Descritiva.

Em termos computacionais, a Amostragem Descritiva mostrou-se o mais eficiente dos métodos, com o menor tempo de processamento das simulações. O método tradicional de *Monte Carlo* e a técnica das Variáveis Antitéticas apresentaram tempo muito próximos ao da Descritiva. Seguiram-se, na ordem, Variável de Controle, Hipercubo Latino e Quasi-Monte Carlo.

O método Hipercubo Latino teve desempenho computacional pior do que a Amostragem Descritiva. Esse resultado, na verdade, era esperado, sendo explicado pela maior complexidade operacional do método, que envolve duas etapas: a geração dos valores amostrais com um componente aleatório e a sua permutação também aleatória. No caso da Amostragem Descritiva, a amostragem também é feita em duas etapas: a geração de valores descritivos e a sua permutação aleatória, porém os valores amostrais são gerados uma única vez para todas as corridas.

O pior desempenho computacional do método de Quasi-Monte Carlo pode ser explicado pela necessidade que o método tem de realizar 40 vezes o procedimento de permutação das 160 seqüências originais e de selecionar as 42 primeiras para a composição das matrizes de quasi-aleatórios. Os autores entendem que novas combinações de técnicas de redução de variância podem também levar a expressivos ganhos de precisão e computacionais como os aqui relatados, merecendo, portanto, serem testadas. Em particular, as combinações envolvendo a Amostragem Descritiva, que, confirmando as expectativas, proporcionou muito bons resultados.

5. Referências Bibliográficas

ARAÚJO, M. **Simulação de *Monte Carlo* para cálculo do var:** o uso da amostragem descritiva. 2001. 120f. Dissertação (Mestrado em Administração)- Instituto COPPEAD de Administração, Universidade Federal do Rio de Janeiro, Rio de Janeiro, 2001.

BLACK, F.; SCHOLES, M. The pricing of options and corporate liabilities. **Journal of Political Economy**, v. 81, n. 3, p. 637 - 659, May, 1973.

BRATLEY, P.; FOX, B. L.; SCHRAGE, L. E. **A guide to simulation**. 2nd ed. New York: Springer–Verlag, 1987.

BOYLE, P.P. Options: a *Monte Carlo* approach. **Journal of Financial Economics**, Vancouver, v. 4, n. 3, p. 323-338, 1977.

CHARNES J. M. Using simulation for option pricing. In: JOINES, J. A. et al. (Ed.). **Proceedings of the 2000 Winter Simulation Conference**, 2000.

GALANTI, S.; JUNG, A. Low-discrepancy sequences: Monte Carlo simulation of option prices. **Journal of Derivatives**, v. 5, n. 1, p. 63-83, Fall 1997.

HANSEN , A. T.; JORGENSEN, P. L. **Analytical valuation of American-style Asian options**. (Working Paper Series; id=87888), Nov. 1997. Disponível em: <http://www.ssrn.com>. Acesso em: 18 abril 2003.

HULL, J. C. **Options, futures and other derivatives**. 4th ed. Upper Saddle River: Prentice Hall, 1999.

MCKAY, M. D.; BECKMAN, R. J.; CONOVER, W. J. A comparison of three methods for selecting values of input in the analysis of output from a computer code. **Technometrics**, v. 21, n. 2, p. 239-245, May 1979.

MILEVSKY, M.; POSNER, S. Asian options: the sum of lognormals and the reciprocal gamma distribution. **Journal of**

Financial and Quantitative Analysis, v. 33, n. 3, p.409-422, Sept. 1998.

MOREIRA, F. **Estudo comparativo dos métodos de Quasi-*Monte Carlo*, amostragem descritiva, hipercubo latino e *Monte Carlo* clássico na análise de risco**. 2001. 155 f. Dissertação (Mestrado em Administração)- Instituto COPPEAD de Administração, Universidade Federal do Rio de Janeiro, Rio de Janeiro, 2001.

NEAVE, H; YE, G. Pricing asian options using path bundling. **Social Science Research Network Electronic Paper Collection.** Disponível em: http://papers.ssrn.com/ abstract=284888>. Acesso em: dez. 2000.

SALIBY, E. Descriptive sampling: an improvement over latin hypercube sampling. In:. ANDRADÓTTIR, S. et al (Ed.). **Proceedings of the 1997 Winter Simulation Conference**, 1997.

______. **Repensando a simulação**: a amostragem descritiva. São Paulo: Atlas; 1989. 182 p. (Coleção COPPEAD de Administração; 2).

______. Descriptive sampling: a better approach to *Monte Carlo* simulation. **The Journal of The Operational Research Society**, v. 41, n. 12, p. 1133-1142, 1990.

SALIBY, E.; PACHECO, F. An empirical evaluation of sampling methods in risk analysis simulation: Quasi-*Monte Carlo*, descriptive sampling and latin hypercube sampling. In: YUCESAN, E. et al(Ed.). **Proceedings of the 2002 Winter Simulation Conference**. Florida, 2002.

SOBOL, I. M. The distribution of points in a cube and the approximate evaluation of integrals. **USSR Computational Mathematics and Mathematics Physics**, v. 7, n. 4, p. 86-112, 1967.

WINIARSKI, M. **Quasi-Monte Carlo derivative valuation and reduction of simulation bias.** Stockholm University, 1998. Disponível em: <http://www.f.kth.se/~f98-mwi/msctheses.pdf>.

CONTORNANDO OS PRESSUPOSTOS DE BLACK & SCHOLES: APLICAÇÃO DO MODELO DE APREÇAMENTO DE OPÇÕES DE DUAN NO MERCADO BRASILEIRO

Gustavo Silva Araújo – BACEN

Henrique da Silveira Barbedo – BACEN

Antonio Carlos Figueiredo – IAG/PUC-Rio

Eduardo Facó Lemgruber – COPPEAD/UFRJ

Resumo

O modelo de apreçamento de opções de Duan é uma alternativa ao modelo de Black & Scholes (B&S) que considera a heteroscedasticidade e a não-normalidade dos retornos dos ativos. Este trabalho analisa o desempenho e as características desse modelo quando aplicado ao mercado brasileiro, especificamente em opções de compra da Telebrás no período de julho de 1995 a junho de 2000. Para tanto, comparam-se os preços dados pelo modelo com os de mercado e com os do modelo de B&S. Para a construção do modelo de Duan é selecionado, a cada semestre, um processo entre o GARCH (1,1), EGARCH (1,1) e TARCH (1,1). São empregadas três estimativas diferentes de volatilidade no modelo: a implícita da equação de B&S, a histórica, e a GARCH. Os resultados sugerem que as diferenças entre os preços gerados pelo modelo e os de mercado são menores ao apreçar opções dentro-do-dinheiro, quando o modelo utiliza em sua construção o processo EGARCH (1,1) e quando a volatilidade empregada é a implícita de B&S. O modelo superapreça acentuadamente a maioria das opções ao utilizar, na sua construção, o GARCH (1,1) e subapreça as observações fora e no-dinheiro quando o processo EGARCH (1,1) é empregado. As opções dentro-do-dinheiro sempre são superapreçadas, independentemente do processo utilizado.

1. Introdução

O modelo de apreçamento de opções mais empregado pelos mercados financeiros é o de Black & Scholes - B&S (1973). A consagração desse modelo se deve principalmente à sua facilidade de aplicação e às suas pequenas diferenças em relação aos preços de mercado. Porém, existem alguns vieses sistemáticos, já amplamente estudados, associados ao modelo, a saber, o subapreçamento de opções fora-do-dinheiro (Black, 1975), o subapreçamento de opções de ações com baixa volatilidade (Whaley, 1982) e o subapreçamento de opções com curto tempo para vencimento (Black, 1975; Whaley, 1982). Outra evidência já bem documentada é o "sorriso da volatilidade" (*volatility smile/smirk*). Esse termo se refere ao fato de se obterem, simultaneamente, volatilidades implícitas distintas para diferentes opções da mesma ação, o que é constatado pelo formato convexo do gráfico da curva de volatilidade implícita em relação ao preço de exercício (Rubinstein, 1985). Existe, ainda, o fato de volatilidades implícitas da mesma ação, colhidas, ao mesmo tempo, de opções com o mesmo preço de exercício, serem diferentes para vencimentos distintos (Black, 1975; Whaley, 1982).

Entre as premissas do modelo de B&S, tem-se que os retornos dos ativos-objeto são normalmente distribuídos e que a volatilidade dos retornos é constante ao longo do tempo. Entretanto, Black (1976) constata que os retornos das ações possuem propriedades, tais como as caudas largas, assimetria e variância mutável ao longo do tempo. No mercado brasileiro, Adler *et al.*

(1999) e Lanari (2000) também constatam que a premissa de volatilidade constante do preço das ações não é verificada.

A primeira tentativa bem-sucedida de se modelar econometricamente essas propriedades foi feita por Engle (1982), ao introduzir os processos ARCH.[1] Bollerslev (1986) estende o método ao desenvolver o processo GARCH.[2] Desde o início da década de 1990, os processos ARCH/GARCH vêm sendo utilizados para examinar preços de opções (Engle e Mustafa, 1992; Day e Lewis, 1992). Porém, o arcabouço teórico para o modelo de apreçamento de opções de Duan, ou modelo de apreçamento de opções GARCH, somente foi desenvolvido por Duan (1995), ao desenvolver o conceito *locally risk-neutral valuation relationship* (LRNVR). Dessa forma, o modelo de Duan, ao contrário do de B&S, é um modelo de apreçamento de opções que leva em conta a heteroscedasticidade dos retornos dos ativos e a não-normalidade das suas distribuições.

O presente trabalho é o primeiro exame aprofundado do modelo de Duan no mercado brasileiro de opções. Procura-se verificar como o modelo se comporta no mercado brasileiro, especificamente em opções de compra da Telebrás, ao confrontar os preços encontrados ao se empregar o modelo com os de mercado e com os do modelo de B&S. Na construção do modelo de Duan, foi selecionado, entre os processos GARCH (1,1), TARCH (1,1) e o EGARCH (1,1), o que mais se ajustava a cada semestre estudado. Para ambos os modelos, as observações de opções são apreçadas utilizando a volatilidade histórica, a volatilidade implícita dada pelo modelo de B&S do dia útil imediatamente anterior[3] e a volatilidade estimada por um processo GARCH.

[1] Autoregressive Conditional Heteroscedasticity. Desenvolvido por Engle (1982).

[2] Generalized Autoregressive Conditional Heteroskedastic. Desenvolvido por Bollerslev (1986), é uma versão generalizada do ARCH de Engle (1982).

[3] A volatilidade para o ativo-objeto Telebrás é estimada para cada contrato de opção.

Existem algumas características que são particulares a esse trabalho em relação a outros que tratam do modelo de Duan: a cada dia útil, os parâmetros do processo GARCH utilizados na construção do modelo são reestimados (ou seja, o modelo de Duan é diferente para cada dia útil); uma das volatilidades utilizada como parâmetro de entrada do modelo é a volatilidade implícita obtida a partir do mesmo contrato de opção do dia útil anterior; outra volatilidade utilizada, a estimada por um processo GARCH, também teve seus parâmetros reestimados diariamente; e, além da verificação das diferenças em relação ao mercado em vários períodos diferentes e com relação à proximidade do dinheiro, há também a investigação acerca do sub e superapreçamento das opções.

O restante deste trabalho está organizado da seguinte forma: a próxima seção apresenta uma sucinta revisão do modelo de Duan e uma breve comparação com o modelo de B&S; na terceira seção é descrita a metodologia do trabalho; a quarta cobre a amostra e os testes empregados; os resultados obtidos são apresentados na quinta; e a sexta e última seção apresenta as conclusões e sugestões para investigações adicionais.

2. Revisão Bibliográfica

2.1. O Modelo de Duan

O fundamento teórico do modelo de Duan foi desenvolvido em 1995, quando o autor estende o conceito de neutralidade a risco de Rubinstein (1976). Devido à complexidade dos processos GARCH, uma versão generalizada de neutralidade a risco foi desenvolvida: o conceito *Locally Risk-Neutral Valuation Relationship* (LRNVR). No LRNVR, a variância é constante para apenas um período à frente. Assim, diferentemente do modelo de B&S, o de Duan leva em consideração o fator prêmio de risco característico do ativo-objeto. As premissas pertinentes ao modelo são as seguintes: (a) o preço do ativo-objeto segue o movimento geométrico browniano; (b) a volatilidade dos retornos do ativo-objeto segue um processo GARCH; e (c) para um período à frente, essa volatilidade é constante.

Se o preço de um ativo-objeto (*S*), como por exemplo uma ação, segue o movimento geométrico browniano, tem-se que $d\ln S = (\mu - 0{,}5\sigma^2)dt + \varepsilon$, onde μ é o retorno logarítmico esperado do ativo, σ é a volatilidade no instante *t*, e ε é uma variável aleatória que possui uma distribuição normal com média zero e variância σ^2. Então, como μ, sob condições de log-normalidade, é igual a $\exp(r + \lambda\sigma)$, onde λ é a unidade de prêmio de risco, e *r* é o retorno logarítmico do ativo livre de risco, ambos para um período, tem-se que o preço do ativo objeto para um período segue o seguinte processo:

$$S_t = S_{t-1} \exp[r_t + \lambda_t\sigma_t - 0{,}5\sigma_t^{\,2} + \varepsilon_t] \qquad (1)$$

É assumido que σ_t^2, a variância condicional de ε_t, segue um processo GARCH, como por exemplo o GARCH (1,1) simétrico de Bollerslev (1986). A dinâmica ε_t é governada pela lei de probabilidade P com respeito a Φ_{t-1}, o conjunto de todas as informações até o período *t*. Assim, $\varepsilon_t|\Phi_{t-1} \sim N(0,\sigma_t^2)$, sob a medida P; e

$$\sigma_t^2 = \omega + \alpha\varepsilon_{t-1}^2 + \beta\sigma_{t-1}^2 \qquad (2)$$

Podem-se utilizar, neste modelo, quaisquer especificações para a variância, tais como o EGARCH (Nelson, 1991), o TARCH (Glosten *et al.*, 1993) ou o NGARCH (Engle e Ng, 1993), desde que os retornos do ativo sigam o processo especificado.[4]

[4] Duan (1995). O NGARCH, EGARCH e TGARCH são algumas das especificações do modelo GARCH que capturam o "efeito alavancagem".

No modelo de Duan existe apenas uma fonte de aleatoriedade, o ε_t, que faz parte da fórmula do preço do ativo-objeto - equação (1). A volatilidade do retorno para um período à frente é conhecida, dado o conjunto de informações Φ. Duan (1995) define uma medida de preço Q absolutamente contínua com respeito a P, e sob a qual um, mais o retorno condicional esperado do ativo-objeto, é igual a exp(r) em vez de exp(r + $\lambda\sigma$), como era sob a medida P; a variância condicional para um período à frente; contudo, é a mesma para ambas as medidas, uma vez que ela já era conhecida. Portanto, como a média condicional é independente de qualquer parâmetro relativo à preferência do investidor, a medida Q satisfaz uma *locally risk-neutral valuation relationship* (LRNVR). Todavia, a medida Q não satisfaz a neutralidade a risco global, uma vez que a variância não é conhecida para todo o período. Se a variância for constante, a LRNVR se reduz ao convencional *risk-neutral valuation relationship*. Por conseguinte, o LRNVR é uma versão generalizada de neutralidade a risco.

Assim, uma medida de preço em equilíbrio Q satisfaz o conceito LRNVR se, para qualquer valor do ativo-objeto, S_t, as seguintes condições forem satisfeitas: (i) Q é mutuamente e absolutamente contínua com respeito a P; (ii) $\frac{S_{t+1}}{S_t}$ é log-normalmente distribuído sob Q; (iii) $E^Q(\frac{S_{t+1}}{S_t}|\phi_t) = \exp(r_{t+1})$; e (iv) $Var^Q(\ln(\frac{S_{t+1}}{S_t})|\phi_t) = Var^P(\ln(\frac{S_{t+1}}{S_t})|\phi_t)$.

Desse modo, o prêmio de risco λ não deve estar presente na equação que modela o preço do ativo-objeto. Para isso, substitui-se a variável aleatória ε_t nas equações 1 e 2 por $\xi_t - \lambda\sigma$. Desta forma, sob a medida de preço Q, tem-se o que se segue :

$$S_t = S_{t-1}\exp[r_t - 0{,}5\sigma_t^2 + \xi_t], \quad (3)$$

em que $\xi_t|\Phi_{t-1} \sim N(0,\sigma_t^2)$,

$$\sigma_t^2 = \omega + \alpha(\xi_{t-1} - \lambda_t\sigma_{t-1})^2 + \beta\sigma_{t-1}^2 \quad (4)$$

O modelo de variância condicional obtido é o modelo GARCH assimétrico não-linear de Engle e Ng (1993) - NGARCH. Portanto, as opções de um ativo que segue o tradicional GARCH, simétrico e linear, podem ser avaliadas como se o ativo seguisse um modelo GARCH assimétrico não-linear com a unidade de prêmio de risco, λ, sendo o parâmetro de alavancagem. Se $\lambda > 0$, o impacto na variância de "surpresas" negativas no retorno é maior que o de "surpresas" positivas.[5] É importante observar que o LRNVR não elimina a unidade de prêmio de risco. Ela afeta a inovação na variância condicional sob Q, a qual, por sua vez, afeta o preço do ativo-objeto.

Como o modelo de Duan não possui um algoritmo fechado, ele utiliza a simulação de Monte Carlo para o cálculo do preço das opções européias. O valor da opção de compra (C_t) na data t, com preço de exercício K, é obtido ao se descontar, à taxa livre de risco, o valor esperado do pagamento final sob a medida Q: $C_t = \exp(-r(T - t))E^Q [\max(S_T - K, 0)|\phi_t]$, onde T é o prazo de vencimento da opção.

2.2. Modelo de Duan X Modelo de Black&Scholes (B&S)

Sob a premissa da homoscedasticidade dos retornos de um ativo-objeto, na qual o modelo de B&S se baseia - quando o que governa realmente os processos é a heteroscedasticidade - , a neutralidade a risco deve ser global (e não local) a fim de se manter a consistência do modelo. Assim, o processo homoscedástico utilizado pelo modelo de Black & Scholes (B&S) é um caso especial do modelo de Duan, que parte da premissa que a variância é constante

[5] Esse efeito assimétrico na volatilidade também é denominado na literatura de "efeito alavancagem".

até o vencimento da opção. Nesse caso, uma medida de variância a ser utilizada na fórmula de B&S, a fim de se compararem os dois modelos, seria a variância estacionária (incondicional) de GARCH sob a medida P, igual a $\sigma^2 = \omega/(1-\alpha-\beta)$, uma vez que esta medida de volatilidade pode ser definida como a variância média de longo prazo.[6] A distribuição dos preços do ativo-objeto é log-normal e não depende do caminho da variância, apenas da variância média.

No modelo de Duan, a variância dos retornos do ativo-objeto para o período imediatamente posterior é conhecida sob as informações correntes, e, conseqüentemente, a distribuição dos retornos do ativo-objeto é log-normal para um período à frente. Além desse período, as variâncias são estocásticas e dependem de qual processo GARCH foi assumido. Assim sendo, a distribuição da variância condicional de um período futuro não é log-normal e a distribuição do preço final do ativo-objeto provavelmente não é log-normal. Se a unidade de prêmio de risco, λ, for pequena e a distribuição condicional do preço final do ativo-objeto puder ser considerada log-normal (i.e., os parâmetros de GARCH α e β forem pequenos), o preço dado pelo modelo de Duan é aproximadamente o preço encontrado pelo modelo de B&S.

3. Metodologia

Os parâmetros necessários ao cálculo do preço de uma opção pelo modelo de Duan são os parâmetros de GARCH e da média condicional, a cotação da ação do dia do pregão, a taxa de juro prefixada da data do pregão até a data do vencimento da opção, o tempo para o vencimento da opção e a volatilidade da ação.[7]

[6] Ver Hull (1999, p. 372).

[7] Quando o preço do ativo-objeto é utilizado, ele é livre de ajustes. Porém, quaisquer medidas com base nos retornos, tais como as volatilidades utilizadas, empregam o preço do ativo-objeto ajustado para proventos.

Para cada semestre estudado, foi escolhido o processo GARCH mais adequado dentre os processos GARCH (1,1), TARCH (1,1) e o EGARCH (1,1).[8] As equações dos processos GARCH são as seguintes: (i) GARCH (1,1): $\sigma_t^2 = \omega + \alpha\varepsilon_{t-1}^2 + \beta\sigma_{t-1}^2$, em que ω, α e β devem ser maiores que zero e $\alpha + \beta < 1$; (ii) TARCH (1,1): $\sigma_t^2 = \omega + \alpha\varepsilon_{t-1}^2 + \gamma d_{t-1}\varepsilon_{t-1}^2 + \beta\sigma_{t-1}^2$, em que $d_t = 1$ se $\varepsilon_t < 0$; e (iii) EGARCH (1,1): $Ln(\sigma_t^2) = \omega + \alpha\left|\frac{\varepsilon_{t-1}}{\sigma_{t-1}}\right| + \gamma\frac{\varepsilon_{t-1}}{\sigma_{t-1}} + \beta Ln(\sigma_{t-1}^2)$. Para todos esses processos, a média condicional dos retornos é, com base na equação (1), igual a $r_t + \lambda_t\sigma_t - 0{,}5\sigma_t^2$.

A escolha do processo GARCH que melhor se enquadra em cada semestre foi feita com base nos p-valores da estimativa de cada parâmetro e nos critérios Schwartz (1978) e Akaike (1970).[9] O processo EGARCH (1,1) é o escolhido em seis dos dez semestres: 95.2, 96.2, 98.1,98.2, 99.1 e 99.2 e o GARCH (1,1) é o processo escolhido nos restantes.

Os parâmetros de GARCH, λ e r, foram estimados para cada dia útil sempre com base nos retornos logarítmicos de uma janela móvel de um ano. Assim sendo, o modelo de Duan é diferente para cada dia útil.

As taxas de juro prefixadas para todos os prazos de vencimentos das opções foram extraídas dos contratos de futuros de

---

[8] A estimação dos parâmetros de GARCH e da média condicional foi realizada utilizando o programa Eviews 4.0, que emprega o método de máxima verossimilhança para resíduos normais.

[9] Estes métodos se baseiam no critério de aderência que visa comparar medidas de defasagens de modelos alternativos estimados com o mesmo número de observações. Para maiores detalhes dos métodos, ver Griffiths *et al* (2000).

DI-1dia negociados na BM&F. O método de interpolação empregado é o *flat forward.*[10]

A partir da série de preços de fechamento da Telebrás ajustada para dividendos, derivam-se as séries de retornos diários, calculados pela forma logarítmica $R_t = Ln(P_t/P_{t-1})$, onde R_t é o retorno relativo ao dia t e P_t representa a cotação de fechamento para o dia t. Para o parâmetro volatilidade, são utilizadas três estimativas: a histórica, a calculada por processos GARCH e a implícita, de acordo com o modelo de B&S, do dia útil imediatamente anterior da mesma opção que se está querendo apreçar.[11] A volatilidade histórica para cada dia útil é o desvio-padrão amostral da série de 21 retornos imediatamente anteriores a esse dia.[12].

O processo GARCH escolhido para o cálculo da volatilidade para cada semestre foi o mesmo utilizado no modelo de Duan. Para a obtenção da volatilidade implícita de B&S, os parâmetros necessários foram obtidos diretamente de observações no mercado, a saber, o preço de fechamento do ativo-objeto, o tempo para o vencimento da opção, o preço de exercício da opção, a taxa de juro prefixada da data do pregão até a data do vencimento da opção e o preço de mercado da opção. As volatilidades implícitas foram calculadas por intermédio de processo iterativo. A volatilidade diária implícita equivalente foi calculada dividindo-se a anual pela raiz de 252.

O procedimento de apreçamento pelo modelo de Duan, neste trabalho, tem, como base, o mesmo adotado por Duan (1995). Dessa forma, são utilizadas as fórmulas (3) e (4) e realizadas 10.000 simulações de Monte Carlo para o apreçamento de cada observa-

---

10 Esta metodologia para interpolações de taxas prefixadas é sugerida pelo RiskMetrics™ (1994) e vem sendo usada por diversas mesas de negociações de instituições financeiras, segundo Cunha Júnior e Lemgruber (2002).

11 Como foram utilizadas opções com vencimentos e preços de exercício distintos, diferentes volatilidades implícitas foram obtidas para a mesma data.

12 Esta janela é recomendada por Bessada (2000).

ção de opção. Para o apreçamento pelo modelo de B&S, são utilizados os mesmos parâmetros empregados na obtenção da volatilidade implícita, exceto o preço de mercado. As volatilidades utilizadas são as mesmas empregadas no modelo de Duan.

4. Amostra e Testes

A amostra inicial consiste de séries de preços de fechamento de ações e opções de compra das empresas Telebrás cotadas na Bolsa de Valores de São Paulo (Bovespa).[13] O estudo abrange o período de julho de 1995 a junho de 2000, o que totaliza 36 vencimentos de opções.[14] A escolha desse período se deve ao fato de ele englobar vários períodos de estabilidade e crise. Os preços de Telebrás de julho de 1994 a junho de 1995 também foram utilizados, uma vez que a janela para a determinação dos parâmetros da volatilidade GARCH é de um ano. A escolha da Telebrás foi realizada em virtude das opções de compra das ações dessa empresa possuírem as séries mais líquidas no período estudado.

Foram descartadas da amostra inicial as observações de opções que apresentavam dados incorretos e as em que o valor de mercado era menor que a diferença entre o preço da ação e o valor presente do preço de exercício, para se eliminarem as possibilidades de arbitragem, de forma a reduzir o problema de assincronismo advindo do uso de preços de fechamento. Para a utilização da volatilidade implícita do dia útil imediatamente anterior, deveria haver negociação neste dia. Portanto, também foram descartadas da amostra as observações em que não houve negociação do mesmo contrato de opção no dia útil imediatamente anterior. Assim sendo, a amostra final continha 8.819 observações.

---

[13] As cotações das ações e das opções foram obtidas pelo sistema de informação ECONOMÁTICA e por meio de contato com a BOVESPA, respectivamente.

[14] A partir de julho de 2000, as ações e opções da Telebrás perderam liquidez no mercado.

Se o baixo número de negócios fizesse com que a diferença entre os preços dados pelo modelo e os de mercado fosse significantemente maior, as observações de opções com baixa liquidez também seriam retiradas da amostra. Similarmente, se diferenças médias das observações com menores tempos para vencimento fossem significantemente maiores, elas seriam retiradas da amostra.

Para uma melhor análise dos resultados, a amostra foi dividida em 10 semestres e as observações de opções foram agrupadas de acordo com a razão entre o preço à vista da Telebrás e o valor presente do preço de exercício da opção (proximidade do dinheiro). Desse modo, elas foram classificadas como fora-do-dinheiro, quando essa relação era menor que 0,95, no-dinheiro; quando se situou entre 0,95 e 1,05 e dentro-do-dinheiro; quando era maior que 1,05[15]. A Tabela 1 apresenta a quantidade de observações de opções em cada semestre, divididas de acordo com a proximidade do dinheiro.

Tabela 1 – Quantidade de Observações de Opções em Cada Semestre, Divididas de Acordo com a Proximidade do Dinheiro

Semestre	Fora-do-dinheiro	No-Dinheiro	Dentro-do-Dinheiro	Total
95.2	251	156	186	593
96.1	239	213	259	711
96.2	512	294	304	1110
97.1	212	367	489	1068
97.2*	673	253	323	1249
98.1	409	198	267	874
98.2**	482	132	231	845
99.1***	337	160	239	736
99.2	390	224	285	899
00.1	440	148	146	734

* Período em que ocorreu a crise asiática; ** período em que ocorreu a crise russa; *** período em que ocorreu a desvalorização cambial brasileira.

[15] Mesma classificação utilizada por Donangelo, Silva, e Lemgruber (2001).

A diferença média entre o preço de mercado e o preço dado pelo modelo é dada por $\sqrt{SQD / n}$, onde SQD é soma dos quadrados das diferenças percentuais entre estes preços e n é o número de observações das opções. Deve-se atentar para o fato de que a diferença percentual que se obtém para uma observação de opção subapreçada pode ser no máximo, em valores absolutos, 100%, enquanto, para as superapreçadas não há limite. Para opções de baixo valor, as fora-do-dinheiro, esse problema se torna crítico.

Para verificar se as diferenças percentuais do modelo utilizando cada volatilidade são significantemente distintas, foi realizado o teste t de diferença entre médias para amostras pareadas. A estatística do teste é dada por $\overline{D}\sqrt{n}/S_d$, onde $\overline{D}$ é a média das subtrações das diferenças percentuais, S_d é o desvio padrão amostral dessas subtrações e n é o número de observações.

5. Resultados

É verificado se o número de negócios de cada observação influencia na diferença entre os preços de mercado e os preços dados pelo modelo de Duan. Para as três volatilidades utilizadas, a região de maiores diferenças se situa geralmente na faixa central de número de negociações (entre 30 e 230 negócios). Desta forma, como a menor liquidez não implicou em maiores diferenças médias para todas as estimativas de volatilidade, não são desprezadas as observações de opções com menores números de negócios. O Gráfico 1 apresenta os resultados somente para a volatilidade implícita de B&S.[16]

[16] Os resultados foram mostrados somente para a volatilidade implícita de B&S para uma melhor visualização.

Gráfico 1 - Relação entre o Nº de Negócios e a Diferença Média Percentual entre os Preços do Modelo de Duan, Utilizando a Volatilidade Implícita de B&S, e os de Mercado

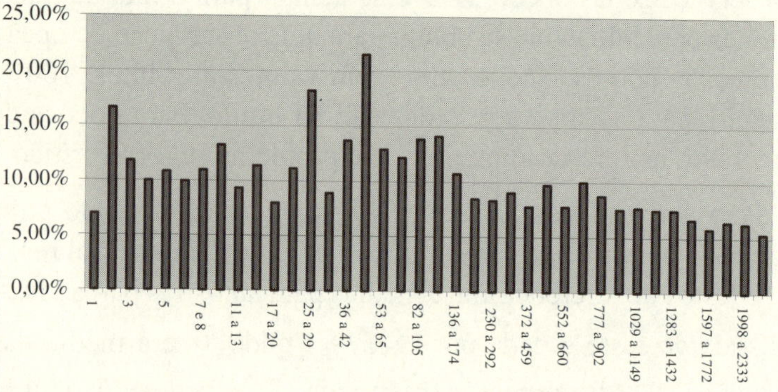

O Gráfico 2 mostra, para cada volatilidade empregada, a relação entre o tempo para vencimento e a diferença média percentual entre os preços de mercado e os dados pelos modelos de Duan. Como as diferenças médias para as observações com menores tempos de vencimento não são significantemente maiores para ambos os modelos, estas observações não foram descartadas.

Gráfico 2- Relação entre o Tempo para Vencimento e a Diferença Média Percentual entre os Preços do Modelo de Duan e os Preços de Mercado para cada Volatilidade Empregada

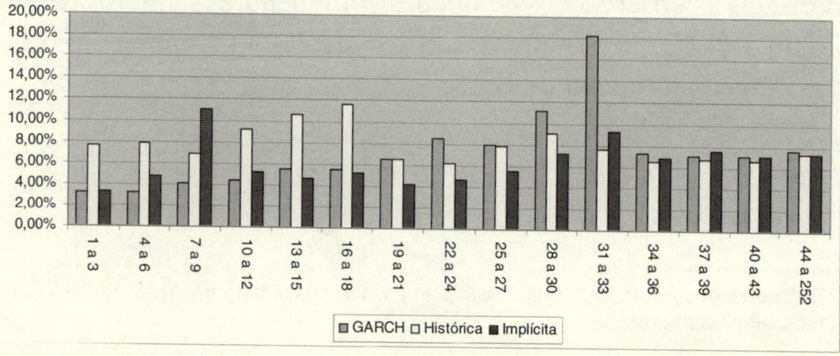

A Tabela 2 apresenta as diferenças médias, para toda a amostra e para a amostra dividida em semestres, para as três volatilidades empregadas para o modelo de Duan. Para toda a amostra, o modelo apresenta a menor diferença média para a volatilidade implícita de B&S do dia útil anterior, seguido da volatilidade histórica e da volatilidade dada por um processo GARCH (pelo teste t, esses valores são estatisticamente diferentes a um nível de significância de 1%). As três maiores diferenças médias entre o preço de mercado e o preço dado pelo modelo Duan ocorrem em semestres em que o processo GARCH utilizado no apreçamento de opções foi o GARCH (1,1) – os semestres 96.1, 97.2 e 00.1. Os semestres 97.2 e 99.1, períodos em que ocorreram graves crises (asiática e desvalorização cambial), são os únicos em que a diferença média do modelo com a volatilidade histórica é maior que a do modelo com as demais volatilidades, o que pode ser atribuído ao fato de esse método de estimação captar mais lentamente as alterações na volatilidade dos retornos. Porém, o mesmo fato não é notado em 98.2 (semestre em que ocorreu a crise da Rússia). De uma maneira geral, os semestres de crise não proporcionam as maiores diferenças médias entre os preços do modelo e os preços de mercado.

Tabela 2 - Diferenças Médias entre o Preço de Mercado e o Preço dado pelo Modelo de Duan para Toda a Amostra e por Semestre, Considerando as Volatilidades Empregadas

Período	Histórica	GARCH	Implícita de B&S	Processo GARCH utilizado no Modelo
Total	5,44%	5,52%	4,57%	
95.2	1,88%	2,18%	1,59%	EGARCH (1,1)
96.1	9,92%	13,99%	11,31%	GARCH (1,1)
96.2	4,14%	5,43%	4,40%	EGARCH (1,1)
97.1	3,86%	3,84%	3,83%	GARCH (1,1)
97.2	9,68%	5,85%	3,92%	GARCH (1,1)
98.1	3,31%	4,30%	3,33%	EGARCH (1,1)
98.2	2,16%	2,31%	2,32%	EGARCH (1,1)
99.1	5,33%	2,63%	2,38%	EGARCH (1,1)
99.2	2,29%	2,06%	2,29%	EGARCH (1,1)
00.1	11,29%	14,36%	11,98%	GARCH (1,1)

Tabela 3 - Diferenças Médias entre o Preço de Mercado e o Preço dado pelo Modelo de Duan por Semestre, Considerando as Volatilidades Empregadas e em Relação à Proximidade do Dinheiro

Período	Fora-do-Dinheiro			No-Dinheiro			Dentro-do-Dinheiro		
	Histórica	GARCH	Implícita de B&S	Histórica	GARCH	Implícita de B&S	Histórica	GARCH	Implícita de B&S
95.2	4,06%	4,82%	3,32%	2,46%	2,58%	1,93%	1,29%	1,18%	1,72%
96.1	20,60%	39,34%	31,22%	17,00%	14,16%	11,74%	13,59%	4,73%	6,42%
96.2	7,36%	10,89%	8,71%	5,81%	7,03%	5,90%	6,59%	3,32%	3,18%
97.1	6,43%	13,28%	13,63%	7,37%	7,15%	6,89%	5,73%	2,90%	2,87%
97.2	17,14%	10,49%	6,75%	7,10%	6,42%	5,97%	9,80%	3,13%	3,07%
98.1	5,24%	8,52%	6,46%	8,70%	6,50%	5,50%	3,39%	2,11%	2,04%
98.2	2,97%	3,87%	3,90%	5,89%	3,42%	3,21%	3,57%	1,59%	1,54%
99.1	10,92%	4,71%	4,50%	6,25%	5,35%	4,31%	3,88%	2,90%	2,25%
99.2	4,13%	3,96%	4,61%	4,85%	3,77%	3,46%	2,39%	2,04%	2,26%
00.1	18,49%	23,77%	19,55%	7,39%	7,20%	9,16%	7,64%	5,32%	8,44%

A Tabela 3 apresenta as diferenças médias entre o preço de mercado e o preço dado pelo modelo de Duan para cada semestre em relação à proximidade do dinheiro, considerando as três volatilidades empregadas. Mais uma vez é nítido que as diferenças são maiores para os semestres 96.1, 97.2 e o 00.1. O outro semestre em que o processo GARCH (1,1) é utilizado na construção do modelo, o 97.1, também apresenta grandes diferenças, principalmente para as observações fora e no-dinheiro.

Pode-se observar que, para todas volatilidades utilizadas, as diferenças são sempre menores para as observações de opções dentro-do-dinheiro, e são maiores para as fora-do-dinheiro. Para as observações no e dentro-do-dinheiro, a volatilidade histórica quase sempre apresenta as maiores diferenças médias. Para as observações no-dinheiro, a volatilidade implícita de B&S obtém as menores diferenças médias em quase todos os semestres.

A Tabela 4 é semelhante à Tabela 3, exceto que se trata do modelo B&S. Ao se compararem as duas tabelas, há diferenças menores do Modelo Duan, em relação ao preço de mercado, apenas em alguns semestres, para as volatilidades Histórica, e calculada por um processo GARCH e para observações fora-do-dinheiro.[17]

---

[17] Pela Tabela 4, pode-se observar que as diferenças entre os preços de mercado e os encontrados pelo modelo de B&S são quase sempre menores quando o modelo utiliza a volatilidade implícita de B&S do dia útil anterior. Isto ocorre porque se utiliza a mesma fórmula para se extrair a volatilidade e para se apreçarem as opções, com apenas um dia útil de defasagem. Portanto, a comparação, utilizando-se esta volatilidade, dos modelos Duan e B&S não faz sentido.

Tabela 4 - Diferenças Médias entre o Preço de Mercado e o Preço dado pelo Modelo de B&S por Semestre, Considerando as Volatilidades Empregadas e em Relação à Proximidade do Dinheiro									
Período	Fora-do-Dinheiro			No-Dinheiro			Dentro-do-Dinheiro		
	Histórica	GARCH	Implícita de B&S	Histórica	GARCH	Implícita de B&S	Histórica	GARCH	Implícita de B&S
95.2	14,02%	14,02%	3,26%	4,88%	2,58%	1,17%	1,38%	1,18%	0,45%
96.1	7,90%	8,69%	2,16%	3,02%	14,16%	0,91%	0,69%	4,73%	0,30%
96.2	3,71%	3,61%	1,48%	1,82%	7,03%	0,65%	0,42%	3,32%	0,34%
97.1	2,59%	2,60%	2,08%	1,28%	7,15%	0,90%	0,30%	2,90%	0,25%
97.2	14,01%	14,95%	1,93%	3,13%	6,42%	1,19%	0,72%	3,13%	0,63%
98.1	37,37%	37,94%	2,59%	4,03%	6,50%	1,07%	1,10%	2,11%	0,78%
98.2	19,60%	19,60%	2,10%	2,61%	3,42%	1,28%	0,86%	1,59%	0,73%
99.1	4,64%	4,64%	1,96%	2,35%	5,35%	1,03%	0,63%	2,90%	0,55%
99.2	3,13%	3,12%	1,79%	1,79%	3,77%	0,80%	0,47%	2,04%	0,34%
00.1	3,20%	3,20%	2,98%	1,74%	7,20%	1,23%	0,80%	5,32%	0,86%

A Tabela 5 mostra as proporções de sub e superapreçamento, em relação ao preço de mercado, do modelo de Duan, utilizando as três volatilidades empregadas, para toda a amostra. Os resultados são similares para qualquer volatilidade utilizada: o modelo de Duan obtém um preço maior que o preço de mercado em aproximadamente 60% das observações de opções.

Tabela 5 – Percentuais de Sub-apreçamento e Super-apreçamento do Modelo Duan para Toda a Amostra para cada Volatilidade Empregada					
Volatilidade Histórica		Volatilidade Calculada por um Processo GARCH		Volatilidade Implícita da Fórmula de B&S do Dia Útil Anterior	
Subapreçamento	Superapreçamento	Subapreçamento	Superapreçamento	Subapreçamento	Superapreçamento
39,05%	60,95%	39,57%	60,43%	39,88%	60,12%

Ao se comparar o desempenho do modelo de Duan com o de B&S (Tabela 6), observa-se que os resultados desse último modelo são mais próximos de 50%, apesar de apresentar também, para qualquer volatilidade, um maior número de observações superapreçadas em relação ao preço de mercado.

Tabela 6 – Percentuais de Subapreçamento e Superapreçamento do Modelo de B&S para Toda a Amostra para cada Volatilidade Empregada					
Volatilidade Histórica		Volatilidade Calculada por um Processo GARCH		Volatilidade Implícita da Fórmula de B&S do Dia Útil Anterior	
Subapreçamento	Superapreçamento	Subapreçamento	Superapreçamento	Subapreçamento	Superapreçamento
46,40%	53,60%	46,51%	53,49%	48,86%	51,14%

A Tabela 7 é semelhante às Tabelas 5 e 6, exceto que a amostra está dividida de acordo com a proximidade do dinheiro, e por semestre, e que o modelo de Duan somente é apresentado com a volatilidade implícita da fórmula de B&S do dia útil anterior. Essa volatilidade foi escolhida por ter apresentado as menores diferenças dos preços dados pelo modelo em relação aos de mercado.

Pode-se verificar que nos semestres em que o GARCH (1,1) é empregado (96.1, 97.1, 97.2 e 00.1), há um acentuado superapreçamento das observações de opções. Esse superapreçamento é maior para as fora-do-dinheiro e menor para as dentro-do-dinheiro. Nos outros semestres, excetuando-se o 96.2, há um acentuado subapreçamento das observações de opções fora e no-dinheiro (nas observações no-dinheiro, o semestre 98.1 também foge à regra). Em todos os semestres, há superapreçamento, em relação ao preço de mercado, das opções dentro-do-dinheiro.

Tabela 7 - Percentuais de Subapreçamento e Superapreçamento do Modelo Duan para cada Semestre, para a Volatilidade Implícita da Fórmula de B&S do Dia Útil Anterior, e em Relação à Proximidade do Dinheiro

Período	Fora-do-Dinheiro		No-Dinheiro		Dentro-do-Dinheiro	
	Subapreçamento	Superapreçamento	Subapreçamento	Superapreçamento	Subapreçamento	Superapreçamento
95.2	71,72%	28,28%	68,59%	31,41%	32,26%	67,74%
96.1	10,04%	89,96%	15,49%	84,51%	49,42%	50,58%
96.2	8,98%	91,02%	3,74%	96,26%	37,50%	62,50%
97.1	2,36%	97,64%	0,82%	99,18%	41,51%	58,49%
97.2	33,29%	66,71%	13,83%	86,17%	38,39%	61,61%
98.1	62,10%	37,90%	22,22%	77,78%	36,33%	63,67%
98.2	98,55%	1,45%	85,61%	14,39%	36,79%	63,21%
99.1	99,11%	0,89%	94,38%	5,62%	42,68%	57,32%
99.2	87,69%	12,31%	75,89%	24,11%	34,74%	65,26%
00.1	16,36%	83,64%	5,41%	94,59%	37,67%	62,33%

6. Conclusões e Considerações Finais

Este trabalho estuda o comportamento do modelo de Duan, ou o modelo de apreçamento GARCH, ao apreçar opções da Telebrás. Para a construção do modelo seleciona-se o processo que mais se adapta a cada semestre entre o GARCH (1,1), EGARCH (1,1) e TARCH (1,1). Três volatilidades diferentes são utilizadas como parâmetro de entrada do modelo: a histórica, a calculada por um processo GARCH e a volatilidade implícita da equação de B&S do dia útil imediatamente anterior. Para desenvolver a investigação, a amostra foi dividida em semestres e quanto à proximidade do dinheiro. Foi estudado também o super ou subapreçamento das opções pelo modelo de Duan em relação ao preço de mercado. O modelo ainda é comparado ao de B&S quanto às diferenças em relação aos preços de mercado.

Nos semestres em que o modelo de Duan utilizou, em sua elaboração, o GARCH (1,1), as diferenças médias entre o preço de mercado e o preço dado pelo modelo foram maiores, indicando que o processo EGARCH (1,1) se encaixa melhor nesse modelo de apreçamento ao lidar com opções da Telebrás no período estudado. O processo TARCH (1,1) não foi selecionado em nenhum semestre. As crises agudas, de uma forma geral, não levaram a maiores diferenças médias entre os preços do modelo e os preços de mercado.

Para toda a amostra, as diferenças médias entre o preço de mercado e o preço dado pelo modelo de Duan são menores quando ele utiliza a volatilidade implícita do modelo de B&S do dia útil anterior. Esse fato se configura em uma distorção, uma vez que como o modelo de Duan utiliza o conceito de heteroscedasticidade dos retornos, a volatilidade calculada por um processo GARCH deveria apresentar diferenças menores que a implícita do modelo de B&S (o qual pressupõe volatilidade constante até o vencimento da opção).

Em relação à proximidade do dinheiro, as diferenças médias entre o preço de mercado e o preço dado pelo modelo de Duan são menores para as observações dentro-do-dinheiro, seguidas das no-dinheiro. Quanto ao sub e superapreçamento das observações de opções em relação aos preços de mercado, o modelo de Duan superapreça acentuadamente a maioria das opções quando utiliza, na sua construção, o processo GARCH (1,1), sendo que esse fato é mais intenso para observações fora-do-dinheiro. Quando emprega o processo EGARCH (1,1), o modelo, quase na totalidade das vezes, subapreça as observações fora e no-dinheiro. As opções dentro-do-dinheiro sempre são superapreçadas.

As diferenças do modelo de B&S são quase sempre menores, em relação ao mercado, do que as do modelo de Duan, para todas as volatilidades empregadas e para todas as proximidades do dinheiro. O sub/superapreçamento das opções, em relação aos preços de mercado, pelo modelo de B&S, é mais próximo de 50% do que pelo modelo de Duan.

Como sugestão adicional a esse estudo, a estratégia *delta-hedge* poderá ser realizada, a fim de verificar se o modelo de Duan é capaz de gerar lucros no mercado brasileiro.[18].

Os resultados desta pesquisa podem ter sido prejudicados pela falta de sincronia entre os preços de fechamento do ativo-objeto e das opções. O viés da medida de erro, citado na seção 4, pode ter prejudicado o apreçamento de opções fora-do-dinheiro. Apesar de ter contribuído para uma melhor comparação, o fato de se utilizar processos GARCH diferentes na construção do modelo de Duan, a cada semestre, pode ter feito com que a análise dos resultados ficasse prejudicada, uma vez que não houve uma uniformidade no modelo. Recomenda-se para próximos trabalhos a utilização de apenas um processo GARCH que leve em conta o efeito alavancagem, tais como o EGARCH ou o NGARCH, uma vez que os resultados são inferiores ao se utilizar o GARCH (1,1).

[18] O delta para o apreçamento pelo modelo de Duan pode ser encontrado em Duan (1995).

7. Referências Bibliográficas

ADLER, A.S. et al. Árvores binomiais implícitas: aplicação para opções de Telebrás no exercício de abril de 1999. In: ENCONTRO ANUAL DA ANPAD, 23., 1999, Foz do Iguaçu. **Anais...** Foz do Iguaçu: ANPAD, 1999. 1 CD-ROM.

AKAIKE, H. Statistical predictor identification. **Annals of the Institute of Statistical Mathematics**, Tokyo, JP, v. 22, n. 2, p. 203-217, 1970.

BESSADA, O. **O mercado de derivativos financeiros**. Rio de Janeiro: Record, 2000.

BLACK, F., Fact and fantasy in the use of options. **Financial Analysts Journal**, v. 31, n. 4, p. 36-54, July-Aug.1975.

______. Studies in stock price volatility changes. In: MEETINGS OF THE AMERICAN STATISTICAL, BUSINESS AND ECONOMICS SECTION, **Procedings...** 1976.

______; SCHOLES, M. The pricing of options and corporate liabilities. **Journal of Political Economy**, v. 81, n. 3, p. 637-654, May 1973.

BM&F Serviços. Sistema de recuperação de informações. Resumo Estatístico do Pregão. DI-1 dia. Disponível em: <http://www.bmf.com.br>. Acesso em: 03 jun. 2002.

BOLLERSLEV, T. Generalized autoregressive conditional heteroscedasticity. **Journal of Econometrics**, Amsterdam, NL, v. 31, n. 3, p. 307-327, Apr. 1986.

CUNHA Jr, D.; LEMGRUBER, E. F. Opções de Dólar no Brasil com Taxas de Juro e de Cupom Estocásticos. In: CONGRESSO COPPEAD DE ADMINISTRAÇÃO, 9., 2002, Rio de Janeiro. **Anais...** Rio de Janeiro: COPPEAD/UFRJ. 2002. 1 CD-ROM.

DAY T. E.; LEWIS C. M. Stock market volatility and the information content of stock index options. **Journal of Econometrics**, Amsterdam, NL, v. 52, n. 1/2, p.267-287, Apr.-Aug. 1992.

DONANGELO, A.; SILVA, W.; LEMGRUBER, E. F. Estimadores de volatilidades para modelos de valor em risco de ativos lineares e não-lineares: investigação para períodos de crises e estáveis no mercado brasileiro. In: LEMGRUBER, E. F. et al (Org.) **Gestão de risco e derivativos:** aplicações no Brasil. São Paulo: Atlas, 2001, p. 183-198.

DUAN, J. The GARCH option pricing model. **Mathematical Finance**, Oxford, v. 5, p.13-32, 1995.

______; HUA, Z. Pricing hang seng index options around the Asian financial crisis: a GARCH approach. **Journal of Banking and Finance,** Amsterdam, v. 25, n. 11, p. 1989-2014, Nov. 2001.

ENGLE, R. F. Autoregressive conditional heteroscedasticity with estimates of the variance of U.K. Inflation. **Econometrica**, Avon, Inglaterra, v. 50, n. 4, p. 987-1008, July 1982.

______; MUSTAFA, C. Implied ARCH models from options. **Journal of Econometrics**, Amsterdam, NL, v. 52, n.1/2, p. 289-368, Apr.-May 1992.

______ ; NG, V. K. Measuring and testing the impact of news on volatility. **Journal of Finance**, Oxford, v. 48, n. 5, p. 1749-1779, Dec. 1993.

GLOSTEN L. R.; JAGANNATHAN, R.; RUNKLE, D. E. Relation between the expected value and the volatility of the nominal excess return on stocks. **Journal of Finance**, Oxford, v. 48, n. 5, p. 1779-1802, Dec. 1993.

GRIFFITHS, W.; HILL, C.; JUDGE, G. **Econometria**. São Paulo: Saraiva, 2000.

HULL, J. C. **Options, futures, and other derivatives**. 4.ed. Upper Saddle River : Prentice Hall, 2000.

LANARI, C.S.; SOUZA A.A.; DUQUE, J.C. Desvios em relação ao modelo de Black & Scholes: estudos relacionados à volatilidade dos ativos subjacentes às opções. In: ENCONTRO NACIONAL DE ENGENHARIA DE PRODUÇÃO, 19., 1999, Rio de Janeiro. **Anais...** Rio de Janeiro: **ENEGEP,** 1999.

NELSON, D. Conditional heteroscedasticity in asset returns: a new approach. **Econometrica**, Avon, Inglaterra, v. 59, n. 2, p. 347-370, Mar. 1991.

RUBINSTEIN, M. The Valuation of uncertain income streams and the pricing of options. **Bell Journal of Economics**, Santa Monica, California, v. 7, n. 2, p. 407-425, Autumn 1976.

______. Nonparametric tests of alternative option pricing models using all reported \trades and quotes on the 30 most active CBOE option classes from august 23, 1976 through 31, 1978. **Journal of Finance**, Oxford, v. 40, n. 2, p. 455-481, June 1985.

SHWARTZ, G. Estimating the dimension of a model. **Annals Statistics**, Hayward, Calif., v. 6, n. 2, p. 461-464, 1978.

WHALEY, R. Valuation of American call options on dividend-paying stocks. **Journal of Financial Economics**, Amsterdam, v. 10, n. 1, p. 29-59, Mar. 1982.

AVALIAÇÃO DE CUSTO DE CAPITAL PRÓPRIO EM MERCADOS EMERGENTES: CRÍTICAS AO CAPM E APRESENTAÇÃO DE MODELOS ALTERNATIVOS

Tomaz Andrés Barbosa – IAG/PUC-Rio

Luiz Felipe Jacques da Motta – IAG/PUC-Rio

Resumo

Este artigo faz uma revisão da literatura referente à avaliação de custo de capital em mercados emergentes, apontando os principais modelos de um fator existentes, as suas características, vantagens e desvantagens. A inadequação do CAPM aos mercados emergentes é a nossa principal motivação. Nosso objetivo é o de apresentar ao analista diversas alternativas para a avaliação de custo de capital próprio, com as implicações de cada modelo. Entre todos os modelos, o D-CAPM parece o mais adequado para aplicação em mercados emergentes, pois não apresenta algumas das desvantagens presentes no CAPM e é tão fácil e intuitivo quanto este último. Cabe ressaltar, entretanto, a necessidade de pesquisas empíricas que comprovem a superioridade do D-CAPM ante os demais modelos.

1. Introdução

Avaliação de investimentos é um tema sobre o qual existe uma vasta literatura e que se encontra em processo contínuo de evolução. Dentro desse tema, um subtema se destaca: a avaliação do custo de capital próprio.

A estimação do custo de capital próprio em mercados financeiros mais desenvolvidos, como nos Estados Unidos, por exemplo, encontra-se baseada principalmente no modelo de precificação de ativos *Capital Asset Pricing Model* (CAPM), como mostram Bruner *et al.* (1998) e Graham e Harvey (2001).

Em contraposição a isso, nos mercados emergentes, ainda não há um processo de estimação do custo de capital próprio que seja amplamente aceito. Os testes empíricos do CAPM trouxeram resultados que reforçam os questionamentos sobre a sua aplicabilidade em mercados emergentes. Argumenta-se que as premissas do modelo são muito fortes, mas, mesmo assim, o CAPM ainda é o modelo mais utilizado na Argentina, como mostra Pereiro (2002).

Diante da expansão dos fluxos de capitais em direção aos países emergentes, ocorrida nos últimos anos, fica claro que os investidores estrangeiros têm voltado cada vez mais a sua atenção para oportunidades de investimento nesse grupo de países. Entretanto, estimar o custo de capital próprio nesses mercados pode ser um problema, como mostra a proliferação de modelos teóricos que têm sido propostos com tal objetivo.

O rápido desenvolvimento de novas metodologias para avaliação de custo de capital próprio em mercados emergentes reflete, segundo Bruner *et al.* (2002), a ausência de metodologias consideradas como as melhores práticas, bem como a ausência de um consenso acerca da integração ou segmentação dos mercados.

A revisão bibliográfica dos modelos de avaliação de custo de capital próprio apresentada neste trabalho tem, por objetivo, analisar de maneira crítica, através de pesquisa em revistas especializadas, as principais características dos modelos de avaliação de custo de capital próprio utilizados em mercados emergentes. Além do mais, este estudo também busca analisar os principais resultados empíricos da aplicação desses modelos e a sua relevância, do ponto de vista do investidor, para o cálculo do custo de capital próprio.

Assim, de maneira a atingir os objetivos propostos, este trabalho é dividido em quatro partes principais: esta introdução, uma análise crítica dos diversos modelos de avaliação de custo de capital próprio, uma avaliação do impacto da segmentação/integração dos mercados e a conclusão.

2. *Capital Asset Pricing Model* (CAPM)

O *Capital Asset Pricing Model* (CAPM), proposto simultaneamente por Treynor (1961), Sharpe (1964), Lintner (1965) e Mossim (1966), pode ser descrito como o marco inicial do processo de estimação do custo de capital próprio e como a principal fonte de inspiração para o desenvolvimento de outros modelos para mercados emergentes.

O CAPM estabelece que o retorno esperado de um ativo seja uma função linear do ativo livre de risco, do risco sistemático[1] do ativo (Beta) e do prêmio de risco da carteira de mercado em relação ao ativo livre de risco. O modelo pode ser descrito da seguinte maneira:

$$\mathbf{E(R_i) = R_f + \beta_i(E(R_m)-R_f),}$$

onde:

R_f é taxa de retorno do ativo livre de risco;

$E(R_m)$ é a taxa de retorno esperada sobre a carteira de mercado;

$R_m - R_f$ é o prêmio de risco;

β_i (beta) é o coeficiente do risco sistemático da ação.

[1] Risco Sistemático é o risco não diversificável. Segundo estimativas de Elton e Gruber (1995), uma carteira de ações composta por mais de 30 ativos poderá obter os ganhos de diversificação, expondo-se somente ao Risco Sistemático.

O coeficiente beta (ß) é o resultado da divisão da co-variância entre os retornos da carteira de mercado e os retornos do ativo de risco pela variância da carteira de mercado. O coeficiente beta (ß) é interpretado como a contribuição do ativo i para o risco de uma carteira de investimentos diversificada, para a qual somente o risco sistemático é relevante, uma vez que o risco não-sistemático é eliminado através da diversificação (Ross, 2002). O coeficiente beta pode ser descrito através da seguinte equação:

$$\beta = \frac{Cov(R_i, R_m)}{Var(R_m)},$$

onde:

R_m é o valor do retorno da carteira de mercado;

R_i é o valor do retorno do ativo i.

Os coeficientes beta são normalmente estimados através de dados históricos, se os dados de retorno da carteira de mercado e do ativo i estiverem disponíveis para um certo período de tempo e nos permitirem obter o relacionamento entre a ação e a carteira de mercado. Entretanto, é preciso ressaltar que não há qualquer garantia de que as estimativas de beta feitas com dados históricos sejam bons estimadores do beta futuro da empresa, que é o que se deseja analisar.

A principal contribuição do CAPM reside no fato de permitir a avaliação e a quantificação do risco, estabelecendo uma relação entre risco e retorno.

Entretanto, é importante ressaltar que, para a aplicação do CAPM, as suas premissas precisam ser satisfeitas. Segundo Elton e Gruber (1995), o CAPM apresenta as seguintes premissas:

- sobre o comportamento do investidor supõe-se que os indivíduos apresentam aversão ao risco e maximizam uma função de utilidade com base na média e no desvio padrão dos retornos esperados;

- além disso, os investidores não manipulam preços e cultuam expectativas homogêneas a respeito da média e do desvio padrão dos retornos;
- a distribuição dos retornos esperados apresenta uma distribuição de probabilidade normal e os retornos não são autocorrelacionados;
- os investidores podem emprestar ou tomar emprestado à taxa livre de risco. A suposição mais real é a de que os investidores somente podem emprestar à taxa livre de risco;
- os mercados financeiros são eficientes, ou seja, não existe informação assimétrica, não existem custos de transação, impostos, etc.

As premissas do CAPM têm sido bastante questionadas e, obviamente, não são encontradas na realidade, pois representam abstrações da realidade que buscam facilitar a modelagem de apreçamento de ativos.

Assim, em função das premissas existentes no CAPM, a aplicação direta desse modelo em mercados emergentes deve ser questionada. Segundo Pereiro (2002), a hipótese de eficiência dos mercados nesse grupo de países deve ser debatida, pois:

- as bolsas de valores nos mercados emergentes tendem a ser pequenas em comparação ao PIB dos países desse grupo e também possuem um pequeno número de empresas abertas;
- as bolsas de valores são altamente concentradas, o que diminui a liquidez dos papéis negociados, diminui a capacidade de diversificação dos investidores e cria a possibilidade de manipulação de preços;
- além do mais, a aplicação direta do CAPM em mercados emergentes traz outros problemas, como a identificação da melhor metodologia para a estimação dos parâmetros do modelo.

Além de todos esses problemas com relação às premissas do CAPM, partindo de um ponto de vista mais prático, Harvey (1995) indicou que a aplicação do CAPM em mercados emergentes acaba levando a valores de Beta (ß) considerados baixos, e que não refletem a relação de risco e retorno esperada pelos investidores.

Damodaran (1999) também discute os problemas de estimação dos betas em mercados emergentes, avaliando o caso brasileiro. Segundo Damodaran, os índices de mercado calculados em países emergentes apresentam, normalmente, uma elevada concentração em poucos papéis, o que faz com que a estimativa de beta das demais ações que compõem o índice seja na verdade o resultado da regressão em relação aos papéis que possuem grande concentração, em vez de se relacionarem a um índice de mercado diversificado.

Além disso, Damodaran (1999) também chama a atenção para o fato de que, como o índice de mercado no Brasil (Ibovespa) é muito concentrado, as ações das empresas pequenas e mais arriscadas possuem normalmente betas inferiores aos betas das empresas maiores e bem estabelecidas. A título de ilustração, cabe mencionar que a Varig PN apresentava um beta em relação ao Ibovespa de 0,23, enquanto a Telemar PN apresentava um beta em relação ao Ibovespa de 1,19, em novembro de 2003. Isso acaba fazendo com que, no Brasil, 86% das ações negociadas em bolsa, em novembro de 2003, possuíssem betas inferiores a um (1).

Apresentamos abaixo os principais testes e críticas em relação ao CAPM que levaram diversos autores a questionar a aplicabilidade desse modelo em mercados emergentes. Em função disso, diversos modelos alternativos para avaliação de custo de capital em mercados emergentes foram propostos, os quais analisaremos mais à frente.

2.1. Testes do CAPM

A primeira grande crítica ao CAPM foi feita por Roll (1977), que questionou a testabilidade do CAPM, uma vez que a carteira de mercado, conforme definida pela teoria, não poderia ser observada e que, em função disso, o CAPM nunca poderia ser realmente testado, ou seja, em um teste do CAPM que levasse a sua rejeição como modelo de precificação de ativos, nunca se saberia se o modelo era realmente ruim, ou se a *proxy* de mercado utilizada é que não era adequada.

Em função disso, Harris *et al.* (2003) relembram que um teste do CAPM, ou de seus modelos inspirados, será sempre um teste conjunto do modelo e das *proxies* e das metodologias utilizadas.

Em 1992, Fama e French realizaram um amplo teste do CAPM e verificaram que a relação entre o retorno médio observado e o beta era próxima de zero e, além disso, encontraram uma relação negativa e estatisticamente significante entre o tamanho das empresas e os retornos médios observados. Após esse artigo, muitos acadêmicos chegaram a declarar a morte do beta, mas, mesmo assim, quase 12 anos depois, o CAPM mantém-se como o modelo de precificação de ativos mais utilizado.

Jaggannatan e Wang (1993) apontam três razões principais para o CAPM sobreviver:

- o suporte empírico para os modelos alternativos ao CAPM não é melhor que o do CAPM;
- a teoria por trás do CAPM é simples e intuitiva;
- os resultados de estudos que testam o CAPM são ambíguos.

Jaggannatan e Wang (1993) também argumentam que as evidências encontradas no trabalho de Fama e French (1992) não são suficientes para sepultar definitivamente o CAPM, uma vez que os resultados encontrados podem ser o das duas premissas utilizadas pelos autores: a suposição de estabilidade dos betas e a adoção de uma carteira composta exclusivamente de ações como uma *proxy* da carteira de riquezas do mercado.

Além do mais, Jaggannatan e Meier (2001) afirmam que os resultados encontrados por Fama e French (1992) podem ser causados por dados e amostra inadequados.

Ademais, Jaggannatan e Wang (1993) argumentam que, quando se inclui o capital humano na carteira de mercado e quando se permite que os betas variem ao longo do tempo, o poder explanatório do CAPM, sobre os retornos médios observados, pode ser de até 57%.

Como justificativa para a inclusão do capital humano no *portfolio* de mercado, Jaggannatan e Wang (1993) argumentaram que o retorno das ações representava um peso pequeno do *portfolio* de riquezas da economia e que o retorno de ações não era altamente correlacionado com o *portfolio* de riquezas não observado da economia. Para a adoção de um beta que variasse com o tempo, Jaggannatan e Wang (1993) apresentaram o resultado de diversos estudos empíricos em favor dessa hipótese.

Mesmo advogando em defesa do CAPM, Jaggannatan e Wang (1993) ressalvaram que a aplicação do modelo ao mundo real estava dificultada pela impossibilidade de observação do *portfolio* de mercado e por ser um modelo estático, de apenas um período.

Entretanto, alguns anos mais tarde, Jaggannatan e Meier (2001) passaram a argumentar que do modo como o CAPM era ensinado ele oferecia aos praticantes de finanças uma estimativa imprecisa (e superestimada) do custo de capital. Em função disso, surge o seguinte questionamento:

Por que os praticantes de finanças não reclamaram se os parâmetros do CAPM estavam sendo calculados de maneira a superestimar o custo de capital?

Jaggannatan e Meier (2001) argumentaram que as empresas enfrentavam restrições de capital e, portanto, os gerentes financeiros utilizavam uma taxa de desconto superior ao custo de capital, de modo que essa taxa de desconto contivesse um prêmio de risco adicional que refletisse o valor da opção de espera.

Em um artigo que também nos remete a um questionamento sobre a validade do CAPM, Goyal e Santa-Clara (2003) encontraram uma relação positiva e estatisticamente significante entre a variância média das ações e o retorno do mercado. Esse resultado contrapõe-se à moderna teoria de finanças e indica que os investidores precificam também o risco não-sistemático, o que enfraquece os modelos de precificação de ativos em que a medida de risco utilizada seja o beta.

2.2. Modelos inspirados no CAPM

Apesar das críticas que já identificamos em relação ao CAPM e de outras que ainda levantaremos, apresentamos, nesta seção, os principais modelos "inspirados" no CAPM, para depois apresentar os modelos propostos por Estrada (2000, 2001) e por Harvey (2001).

2.2.1. CAPM Global

Convencidos da maior integração dos mercados financeiros internacionais ocorrida nos últimos dez anos, influenciada pela maior liberalização e abertura da economia nos mercados emergentes e da sua caracterização pelo aumento do volume e da velocidade dos fluxos de capital e informações, Stulz (1999) propôs a adoção de um CAPM Global.

De acordo com Pereiro (2002), sob essa hipótese de integração dos mercados financeiros, um investidor situado em qualquer lugar do mundo poderia entrar e sair de qualquer mercado sem incorrer em perdas na liquidação (causadas por falta de liquidez) e com custos de transação mínimos.

O CAPM global pode então ser assim descrito:

$$\mathbf{E(R_i) = R_{fG} + ß_{LG}(E(R_{MG})\text{-}R_{fG}),}$$

onde:

R_{fG} é a taxa de retorno do ativo livre de risco global.

$ß_{LG}$ é o beta da empresa local calculado em relação à carteira de mercado global.

R_{MG} é a taxa de retorno da carteira de mercado global.

$E(R_i)$ é o custo de capital da empresa i.

Cabe ressaltar, entretanto, que as imperfeições do mercado, indicadas por Solnik (1996), vão de encontro à hipótese de perfeita integração dos mercados financeiros.

2.2.2. CAPM Local

Se os mercados financeiros são completamente integrados, um investidor não se encontra sujeito ao risco-país, uma vez que esse risco poderá ser eliminado através da diversificação em um *portfolio* global. Entretanto, se os mercados financeiros forem completamente (ou parcialmente) segmentados, ou seja, se existirem barreiras para a entrada e saída de determinados mercados, os investidores estarão sujeitos ao risco-país.

Segundo Pereiro (2002), a segmentação dos mercados pode ser causada pelos seguintes fatores:

- **Fatores objetivos**: como custos de transação, restrições legais aos fluxos de capitais (ex., proibição dos fundos de pensão brasileiros de realizar investimentos no exterior) e taxação de maneira seletiva.

- **Fatores psicológicos**: exemplificados por um investidor que acredita operar em um mercado segmentado ou que opera somente nos mercados que lhe são familiares, o que é conhecido na literatura financeira como "*home bias*".

Pettit, Fergunson e Gluck (1999) argumentam que as principais razões para a ocorrência do *home-bias* são: maior dificuldade de obtenção de informações, sistemas de impostos diferenciados e o risco cambial. Como evidência em favor da existência de *home-bias*, Portes e Rey (2002) afirmaram que o principal determinante para as transações no mercado de ações de dois países é a proximidade geográfica.

Segundo Diermeier e Solnik (2001), o *home-bias* também pode existir em função do aumento da correlação entre os mercados financeiros internacionais, o que diminui os benefícios da diversificação internacional e, conseqüentemente, pode desencorajar investimentos no exterior.

Dumas (2002) e Pereiro (2002) apresentam as principais dimensões assumidas pelo risco-país e que não devem ser menosprezados sob a hipótese de segmentação dos mercados. Destacamos as que seguem:

- Risco Político.
- Risco Cambial.
- Risco Soberano.
- Risco Inflacionário.
- Risco de Liquidez.

Portanto, quando existe segmentação dos mercados, os investidores deveriam adotar o CAPM Local, que pode ser descrito da seguinte maneira:

$$\mathbf{E(R_i) = R_{fL} + \beta_{LL}(E(R_{ML})\text{-}R_{fL})}$$

$$R_{fL} = R_{fG} + R_{C,}$$

onde:

R_{fL} é a taxa livre de risco local, a qual é representada pela soma da taxa livre de risco global (R_{fG}) com o prêmio de risco-país (R_C).

$ß_{LL}$ é o beta da empresa local, calculado em relação à carteira de mercado local.

R_{ML} é a taxa de retorno da carteira de mercado local.

$E(R_i)$ é o custo de capital da empresa i.

Harvey (2000a,b) critica a adoção de medidas de risco-país em modelos de avaliação de custo de capital, considerando que ela representa uma mudança *post-hoc*, sem nenhuma base teórica que a justifique, cujo objetivo é o de adequar os modelos à realidade.

Koller (2000) também critica a adoção de medidas de risco-país em modelos de avaliação de custo de capital para mercados emergentes, pois, em alguns casos, levaria à superestimação do risco de projetos e à subestimação do risco em outros projetos. Segundo Koller (2000), o prêmio de risco de empresas pode ser menor do que o prêmio de risco de governos.

Do ponto de vista de um investidor global, o CAPM Local acaba permitindo a inserção do risco não-sistemático (R_C) e, portanto, segundo Godfrey e Espinosa (1996), esta metodologia tende a superestimar os riscos.

Dessa forma, Pereiro (2002) propõe a adoção de um CAPM local ajustado, em que o prêmio de risco do mercado é ajustado por ($1-R_i^2$), onde R_i^2 representa o poder explanatório da regressão entre a volatilidade dos retornos da empresa em análise com a volatilidade da medida de risco–país, ou seja, R_i^2 pode ser entendido como a parte da volatilidade dos retornos da empresa em análise que pode ser explicada pelo risco-país.

O CAPM Local "ajustado" pode ser então apresentado da forma que se segue:

$$\mathbf{E(R_i) = R_{fL} + \beta_{LL}(E(R_{ML})\text{-}R_{fL})(1\text{-} R_i^2)}$$

$$R_{fL} = R_{fG} + R_C$$

2.2.3. Outros modelos inspirados no CAPM

Com o objetivo de deixar clara a ausência de consenso para a estimação de custo de capital voltada para a aplicação em países emergentes, assim como a proliferação de metodologias que visam a tal objetivo, iremos apresentar abaixo mais três modelos que também foram propostos sob inspiração do CAPM.

Cabe ressaltar que esses modelos carecem de uma fundamentação teórica que os justifique, possuem algumas inconsistências na sua formulação e refletem fundamentalmente uma busca dos praticantes de finanças em construir modelos de avaliação de custo de capital em mercados emergentes, com base no resultado de pesquisas empíricas.

2.2.3.1. Modelo de Godfrey e Espinosa (1996)

$$\mathbf{E(R_i) = R_{fUS} + R_C + BA(E(R_{MUS})\text{-}R_{fUS})}$$

$$BA = \frac{\sigma_i}{\sigma_{us}} * 0{,}60$$

onde:

R_{fUS} é a taxa de retorno do ativo livre de risco nos EUA.

R_C é o prêmio de risco-país;

BA é o beta da ajustado, calculado através do resultado da divisão do desvio padrão dos retornos no mercado local sobre o desvio padrão do mercado norte-americano, multiplicado pelo fator 0,60.

R_{MUS} é a taxa de retorno da carteira de mercado nos EUA.

$E(R_i)$ é o custo de capital em determinado país.

Uma premissa forte existente nesse modelo é a de que o coeficiente de correlação entre os mercados (local e norte-americano) é igual a um (1). Além disso, a escolha do fator de 0,60 é baseada em resultados empíricos obtidos por Erb *et al.* (1995), o que nos leva a questionar se tal ajuste *post hoc* é válido.

Leal (2002), referindo-se ao modelo de Godfrey e Espinosa (1996), afirma que este superestima o prêmio de risco-Brasil, em função da alta volatilidade do mercado brasileiro.

Esse modelo fornece apenas estimativas de custo de capital para determinado país, não podendo ser aplicado no nível das empresas.

2.2.3.2. Modelo Credit Suisse First Boston (CSFB)

Esse modelo, proposto por Hauptman e Natella (1997), possui algumas semelhanças com o modelo anterior e pode ser assim apresentado:

$$\mathbf{E(R_i) = R_{fUS} + R_C + A_i{*}K_i{*}\,ß(E(R_{MUS})-R_{fUS}),}$$

onde:

R_{fUS} é a taxa de retorno do ativo livre de risco nos EUA.

R_C é o prêmio de risco–país.

ß é o beta da empresa em análise em relação ao mercado local.

R_{MUS} é a taxa de retorno da carteira de mercado nos EUA.

A_i é o resultado da divisão do coeficiente de variação do mercado local pelo coeficiente de variação do mercado norte-americano. O coeficiente de variação é entendido como a divisão da média pelo desvio padrão.

K_i deve ser entendido como fator de ajuste que assume o valor k=0,60.

$E(R_i)$ é o custo de capital da empresa em análise.

Além de adotar um fator de ajuste (K_i), sem a adoção de um referencial teórico que o justifique, esse modelo, ao utilizar o coeficiente de variação para o cálculo do custo de capital, pode gerar estimativas de custo de capital próprio inferiores à taxa livre de risco, pois, em mercados emergentes, a média dos retornos apresenta-se freqüentemente negativa por longos períodos.

2.2.3.3. CAPM Misto

Esse modelo procura relacionar o custo de capital em determinado país com o prêmio de risco de mercado global através de um beta País e pode ser descrito da seguinte maneira:

$$\mathbf{E(R_i) = R_{fL} + BC_{LG} * BC_{GG}(E(R_{MG}) - R_{fG})(1 - R^2)}$$

$$R_{fL} = R_{fG} + R_{C.}$$

onde:

R_{fL} é a taxa livre de risco local, a qual é representada pela soma da taxa livre de risco global (R_{fG}) com o prêmio de risco-país (R_C).

BC_{LG} é o beta do mercado local calculado em relação à carteira de mercado global.

BC_{GG} é o beta de empresas semelhantes à que esta sendo analisada, calculado em relação à carteira de mercado global.

R_{MG} é a taxa de retorno da carteira de mercado global

$E(R_i)$ é o custo de capital da empresa i.

Uma vantagem da adoção de tal modelo seria a facilidade de obtenção de dados, visto que esse modelo requer a adoção de dados em relação ao mercado global. Entretanto, a escolha de empresas semelhantes à empresa que está sendo analisada deve ser bastante criteriosa.

Mesmo assim, essa metodologia de escolher empresas semelhantes em países diferentes e adotar o mesmo beta não parece adequada, pois seria o mesmo que supor que o grau de intensidade das forças competitivas (como apresentado no modelo das cinco forças de Porter (1980)) é o mesmo para a indústria em análise nos dois países.

Assim, em função das características do CAPM Misto e da dificuldade de busca por empresas similares, acreditamos que esse modelo seja adequado para a avaliação do custo de capital próprio de empresas fechadas.

2.3. Modelos não inspirados no CAPM

Como podemos perceber acima, diversos modelos têm sido propostos para a avaliação do custo de capital em mercados emergentes e, apesar de cada um possuir a sua especificidade, os acadêmicos e praticantes continuam adotando o CAPM como modelo base, de acordo com Bruner *et al.* (1998) e Pereiro (2002), o que implica a adoção das suas premissas originais e do beta como medida de risco.

Entretanto, as evidências empíricas (Estrada (2000a,b) e Harvey (2000a,b)) não confirmaram, até hoje, a validade da aplicação do CAPM ou das suas variantes em mercados emergentes. Dessa forma, são propostos alguns modelos alternativos para avaliação de custo de capital em mercados emergentes, cuja principal característica reside na adoção de outras medidas de risco que não o Beta(ß). Iremos apresentar a seguir dois modelos que adotam uma abordagem independente do CAPM.

2.3.1. International Cost of Capital (ICC)

Erb *et al.* (1996) propuseram a adoção de um modelo para avaliação de custo de capital em países emergentes baseado nos *ratings* de risco de crédito (fornecidos pela revista *Institutional Investor*). O modelo pode ser descrito da seguinte forma:

$$CS_{i,t+1}=y_0+y_1\ln(CCR_{it})+E_{i,t+1}$$

onde:

$CS_{i,t+1}$ é o retorno semestral (em dólares) do índice de mercado em determinado país, no período posterior a t.

CCR_{it} é o *rating* de risco de crédito, publicado semestralmente pela revista *Institutional Investor,* no momento t.

Podemos perceber, então, que essa medida de risco, que é calculada com base na percepção de investidores, envolve todas as variáveis que influenciam o risco-país. Dessa forma, espera-se que esse modelo apresente estimativas de custo de capital maiores do que o do CAPM, uma vez que o risco está sendo considerado na sua totalidade, ou seja, o risco sistemático e o risco não-sistemático são levados em conta nesse modelo.

Segundo Harvey (2001), a principal vantagem desse modelo reside no fato de que os *ratings* de risco de crédito são uma medida de percepção de risco futuro e não uma medida histórica de risco. Isso é positivo, uma vez que os modelos de custo de capital têm por objetivo avaliar qual é a taxa de desconto esperada para os projetos a serem desenvolvidos no futuro. Entretanto, Estrada (2001a) afirma que o ICC possui duas fraquezas:

- O modelo não pode ser aplicado no nível das empresas, somente estima o custo de capital para determinado país. De maneira a contornar esta limitação do modelo, Harvey (2001) propõe que os resultados do ICC sejam adotados como um custo de capital base para o país e que, a esse custo de capital, seja adicionado um prêmio de risco da indústria na qual a empresa analisada está inserida.
- O modelo encontra-se baseado numa medida altamente subjetiva de risco, calculada em função da percepção de risco de banqueiros internacionais.

2.3.2. D-CAPM

Estrada (2000,2001) propõe a adoção de um modelo similar ao CAPM, baseado na adoção de uma nova medida de risco, o chamado *downside risk*. Estrada (2000,2001) sugere que a avaliação de investimentos, neste modelo, seja feita sob a ótica de um investidor globalmente diversificado que se encontra situado nos EUA.

Além disso, segundo Marsh, Dimson e Stauton (2002), os investidores entendem o risco como sendo o risco de perda ou a incapacidade de atingir um determinado *benchmark*, e, dessa forma, o modelo de Estrada (2000,2001) capta adequadamente as percepções de risco do investidor.

O D-CAPM definido por Estrada (2000,2001) pode ser assim apresentado:

$$\mathbf{E(R_i) = R_{fG} + RM_i(E(R_{MG})\text{-}R_{fG})},$$

onde:

R_{fG} é a taxa de retorno do ativo livre de risco no mercado global.

R_{MG} é a taxa de retorno da carteira de mercado global

RM_i é a medida de *downside risk*.

$E(R_i)$ é o custo de capital da empresa i.

Vale ressaltar que acreditamos que o D-CAPM é um modelo que possui um significado mais amplo, podendo ser testado também sob a perspectiva de um investidor em um mercado segmentado.

Como medida de *downside risk*, o *downside* beta, Estrada (2000,2001) propõe a adoção da divisão entre a semicovariância do ativo de risco em relação à carteira de mercado e o semidesvio padrão com relação à média do retorno da carteira de mercado.

O semidesvio padrão (S_B), em relação a qualquer *benchmark* (B) de referência, pode ser assim descrito:

$$S_B = \sqrt{\sum_{1}^{T} \min[(R_t - B), 0]^2} \ ,$$

onde R representa retornos, t indexa o tempo e T é o número de retornos da amostra.

A semicovariância do mercado com o ativo i, de que também precisamos, é dada por:

$$S_{im} = E\{Min[(R_i - \mu_i), 0] Min[(R_m - \mu_m), 0]\},$$

onde R_m e μ_m são os retornos de mercado e média aritmética dos retornos do mercado, respectivamente.

O *downside beta* do modelo D-CAPM é, então, dado por:

$$\beta_i^D = \frac{S_{iM}}{S_M^2},$$

onde S_{iM} é a semicovariância entre o ativo de risco e o mercado, e S_M^2 é a semivariância do mercado.

Como justificativa para a adoção do modelo que propôs, Estrada (2002) apresenta os argumentos que se seguem:

2.3.2.1. Distribuição dos retornos

Estrada (2002a) afirma que o desvio padrão só é uma medida de risco útil quando os retornos apresentam uma distribuição de probabilidade simétrica em relação à média e, além disso, só pode ser usado diretamente se a distribuição de retornos for normal.

Dado que a simetria e a normalidade dos retornos em mercados emergentes vêm sendo seriamente questionadas em função das evidências empíricas (Estrada (2000,2001) e Harvey (2000a,b), Lucena, Andrès e Ness (2003)), o semidesvio padrão parece ser uma medida de risco superior, pois não requer a normalidade dos retornos como premissa.

Além disso, o semidesvio padrão é visto por Estrada (2002a) como uma medida superior de risco, porque consegue captar a informação das duas estatísticas: variância e *skewness*.

2.3.2.2. Maximização da função de utilidade do investidor

Estrada (2002a) procura mostrar que um investidor que buscasse maximizar a sua função de utilidade no espaço média-semidesvio padrão esperados obteria um nível de utilidade quase igual ao da utilidade esperada de um investidor que buscasse maximizá-la no espaço média-desvio padrão.

O resultado obtido mostrou que o comportamento de um investidor que maximizasse a sua função de utilidade no espaço média-semidesvio padrão esperados poderia ser defendido assim como Levy e Markowitz (1979) defenderam o comportamento de um investidor que maximizasse a sua utilidade no espaço média-desvio padrão esperados. Isso decorre do fato de que a aproximação da utilidade esperada pela maximização no espaço média-semidesvio padrão é tão boa quanto a maximização da utilidade no espaço média-desvio padrão.

2.3.2.3. Preferência dos investidores

Estrada (2000,2001) afirma que os investidores procuram evitar somente o *downside risk*, que representa o risco de o investidor obter um retorno inferior à média do seu *benchmark*. Isso é bastante intuitivo, uma vez que os investidores não procuram evitar a volatilidade *upside,* mas, sim, a volatilidade *downside*.

Harvey (2000a,b) também encontrou evidências de que os investidores precificam os ativos em seu *portfolio* de acordo com as características do formato da distribuição dos retornos e que as medidas de *downside risk* mostram-se relevantes na explicação dos retornos dos ativos apenas nos países emergentes.

O argumento em favor de medidas de *downside risk* pode ser mais facilmente entendido através da análise da figura 1:

Figura 1: Distribuições de probabilidade simétricas e assimétricas

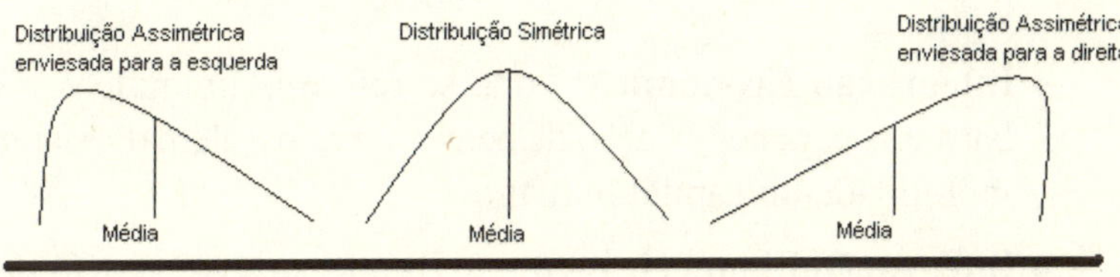

O risco de perda (em relação à média ou a um *benchmark*) será maior na distribuição assimétrica enviesada para a esquerda e menor na distribuição assimétrica enviesada para a direita. Dessa forma, sabendo-se que os retornos dos países emergentes são decididamente não-normais (não-simétricos) e que a medida de *downside risk* proposta por Estrada (2000,2001) consegue captar essas características, acreditamos que o D-CAPM seja um modelo adequado para a avaliação do custo de capital próprio em mercados emergentes.

2.4. A escolha do Modelo de Avaliação de Custo de Capital Próprio

Como podemos perceber pelas características dos modelos apresentados anteriormente, a escolha de determinado modelo de avaliação de custo de capital próprio em mercados emergentes irá depender basicamente de três fatores: (i) a percepção dos investidores do estágio de integração (ou segmentação) dos mercados analisados em relação ao mercado mundial; (ii) a percepção de qual deverá ser a *proxy* da carteira de mercado utilizada; (iii) e a percepção de qual deverá ser a medida de risco que irá remunerar os investidores.

2.4.1. Segmentação versus *Integração dos Mercados*

Ao avaliar o processo de integração de determinado país, Bekaert e Harvey (2002) procuram identificar dois níveis desse processo:

- **Integração Econômica** – que se refere à diminuição de barreiras para negociação de bens e serviços, além da maior mobilidade do capital humano.
- **Integração Financeira** – que se refere ao livre acesso de estrangeiros ao mercado de capitais local e vice-versa. Neste trabalho, quando mencionarmos o termo integração, estaremos nos referindo à integração financeira.

De maneira a avaliar o grau de integração nos mercados, Leal (2002) afirma que:

Quando os mercados são integrados, o preço de um ativo de determinado risco é o mesmo nos diferentes mercados quando convertido para uma moeda comum. Quando os mercados são segmentados, ativos de mesmo risco podem ter preços diferentes na moeda comum, não sendo possível a arbitragem para a equalização de preços (pág.8).

Muitos estudos procuram avaliar o impacto da integração financeira dos mercados emergentes no preço dos ativos. Entretanto, Bekaert e Harvey (2002) ressaltam que existe uma grande dificuldade na elaboração de estudos de eventos desse tipo, que é a de "datar" a integração dos mercados. Várias abordagens têm sido utilizadas com esse objetivo: data da reforma regulatória; data do anúncio do primeiro "fundo país" e a data do primeiro anúncio de listagem de ADR de empresas locais. Bekaert e Harvey (2002) ressalvam que, apesar desses esforços de "datar" a integração dos mercados, o processo de integração é normalmente gradual, e seus efeitos dificilmente serão integralmente captados por um estudo de eventos.

Bekaert e Harvey (2002) também sugerem que o custo de capital deverá diminuir em um mercado emergente integrado, pois serão maiores as oportunidades de diversificação. Com relação à volatilidade observada no mercado, Bekaert e Harvey (2003) argumentam que não existe uma associação óbvia entre integração e volatilidade, uma vez que, de 19 países analisados, dez apresentaram aumento de volatilidade e nove apresentaram diminuição de volatilidade após a integração. Uma possível explicação para o aumento da volatilidade em um mercado integrado será o aumento de liquidez do mercado, o que tornará os ajustes de preços de mercado mais rápidos.

Com relação aos efeitos da integração dos mercados sobre a correlação entre os mesmos, Bekaert e Harvey (2002) e Eiteman, Stonehill e Moffet (2002) argumentam que ela aumenta, mas que mesmo assim os benefícios da diversificação internacional não são eliminados e que é difícil imaginar uma situação de integração total dos mercados.

Além disso, Bekaert e Harvey (2002) ressaltam que a integração do mercado não influencia a distribuição de probabilidade dos retornos que continua a ser decididamente não-normal nos mercados emergentes.

Stulz (1999) apresenta fortes argumentos em favor do uso do CAPM Global, pois, segundo ele, a globalização e a liberalização dos mercados, observadas mais intensamente a partir dos anos 90, apresentou impactos relevantes e duradouros sobre o custo de capital em mercados emergentes. Segundo Stulz (1999), a globalização provocou a diminuição do custo de capital, pelos seguintes motivos principais:

- A globalização reduz os custos de transação e aumenta a liquidez dos mercados. O aumento da liquidez possui, segundo Stulz (1999), um impacto indireto sobre o monitoramento da diretoria de determinada empresa, pois os preços de mercado irão refletir mais rapidamente os resultados da atuação da alta administração.

- A globalização provoca melhorias no sistema de governança corporativa, em função da maior competitividade e da maior necessidade de *disclosure* das informações, principalmente para as empresas que captam recursos em mercados internacionais. A diminuição da assimetria de informações entre o mercado e as empresas acaba provocando a diminuição de "*insider trading*", fazendo com que o mercado precifique corretamente a empresa.

Além dos motivos apresentados por Stulz (1999), Bekaert e Harvey (2003) apresentam evidências de que o *rating* de países melhora após as medidas de liberalização do mercado de capitais.

Por outro lado, Pettit, Fergunson e Gluck (1999) ainda afirmam que as empresas que buscam diversificar as suas operações internacionalmente estão ajudando os investidores com viés para o mercado local (*home-bias*) a diversificar sua carteira internacionalmente. Entretanto, ao buscar testar se os ganhos de diversificação das operações internacionais (redução da volatilidade do fluxo de caixa) compensam os custos associados (exposição cambial, diferentes níveis de tributação, risco político e maiores custos de agência), Eiteman, Stonehill e Moffet (2002) apresentam os seguintes resultados:

- A diversificação internacional não é um mecanismo eficiente de diversificação de riscos para empresas americanas, pois, para elas, os riscos de falência das empresas multinacionais são aproximadamente iguais aos riscos de falência das empresas domésticas.

- Entretanto, para multinacionais de países emergentes, a internacionalização das operações permitiu que as empresas multinacionais desses países aumentassem o seu nível de endividamento e baixassem o seu risco sistemático.

A base do argumento de Pettit, Fergunson e Gluck (1999) aponta que a maior parte dos mercados é parcialmente segmentada, e os investimentos diretos estrangeiros ajudam o investidor a obter ganhos de diversificação, os quais não poderiam ser obtidos diretamente pelos investidores.

Lombard, Roulet e Solnik (1999) e Diermeier e Solnik (2001) argumentam que em função do aumento da internacionalização das empresas, da diminuição das barreiras comerciais, etc, a precificação de ativos deveria ser dominada por fatores globais, ou seja, a precificação de ativos deverá ser influenciada primordialmente pela decomposição do tipo de operações, localização das operações e origem dos fluxos de caixa de determinada empresa, em vez de ser determinada por fatores locais. Segundo os autores, a precificação local deveria prevalecer somente se os mercados fossem completamente segmentados.

Entretanto, testar essa hipótese torna-se um pouco difícil, segundo Lombard, Roulet e Solnik (1999) e Diermeier e Solnik (2001), uma vez que a economia local é afetada por fatores globais, e os índices de mercado locais são normalmente formados por empresas multinacionais, as quais também estão sujeitas aos fatores globais. Isso significa que é difícil expurgar o impacto dos fatores globais dos índices de mercado locais.

Lombard, Roulet e Solnik (1999) e Diermeier e Solnik (2001) empreenderam esforços para a construção de índices puramente locais e encontraram evidências de que a importância dos fatores internacionais aumenta junto com o nível de exposição internacional das empresas.

2.4.2. Integração *versus* Segmentação dos Mercados: Testes dos Modelos

Como uma confirmação dos efeitos da globalização apresentados por Stulz (1999), Scramm e Wang (1999) calcularam que, levando em consideração que os mercados financeiros são integrados, as estimativas de custo de capital próprio e dos betas para uma amostra de 18 empresas norte-americanas são inferiores, quando comparadas com as estimativas feitas na suposição de que os mercados financeiros sejam segmentados, melhor dizendo: as estimativas de custo de capital próprio feitas pelo CAPM Global são inferiores às feitas pelo CAPM Local.

Por outro lado, existem na literatura artigos que questionam a existência de diferenças entre as estimativas de custo de capital geradas pelos modelos CAPM Global e CAPM Local. Harris *et al.* (2003), por exemplo, buscaram comparar a adequação das estimativas geradas pelos dois modelos com o custo de capital implícito nas previsões de analistas, e os resultados encontrados sugerem que a escolha entre o CAPM Global e o CAPM Local não parece ter sido uma questão relevante no mercado americano, no período 1963-1998.

Harris *et al.* (2003) argumentam que, para grandes empresas americanas, a escolha entre o CAPM Global e o CAPM Local não deve ser tão relevante, porquanto o índice de Mercado dos EUA se aproxima bastante do índice de mercado global, uma vez que a participação do mercado americano no mercado global é bastante relevante. No entanto, Harris *et al.* (2003) afirmam que, se o investidor possuir um viés para o mercado local (*home bias*), o CAPM local deverá ser adotado.

Koedijk *et al.* (2002), ao comparar as estimativas de custo de capital geradas pelo CAPM Local e pelo modelo multifator ICAPM (proposto por Solnik e Sercu) para uma amostra de nove países desenvolvidos, encontraram evidências de que as estimativas geradas pelos dois modelos não eram significativamente diferentes entre si. Os autores atribuem essa semelhança de estimativas de custo de capital, entre a precificação global e local, a fatores-país específicos, que provavelmente refletem a real falta de integração entre os mercados.

3. Conclusão

Podemos perceber por este trabalho que não existe consenso sobre qual seja o melhor modelo para a avaliação de custo de capital próprio em mercados emergentes, mesmo quando analisamos somente os modelos de um fator. Além disso, diante da ausência de consenso, provavelmente novos modelos serão propostos.

Entretanto, dentre os modelos unifatoriais analisados, o D-CAPM parece ser o modelo de avaliação de custo de capital próprio mais adequado para aplicação em mercados emergentes. Como principais vantagens do D-CAPM frente aos demais modelos, e especialmente em relação ao CAPM, podemos citar:

- O D-CAPM é tão simples e intuitivo quanto o CAPM.
- O D-CAPM busca precificar somente o risco de perda, que é, na realidade, o risco que os investidores buscam evitar.
- O D-CAPM não exige a normalidade dos retornos como premissa.
- Assim como o CAPM, o D-CAPM pode ser aplicado no nível das empresas.

Enfim, as características do D-CAPM e as características dos retornos em mercados emergentes parecem sugerir que esse é o modelo mais adequado para aplicação nesse grupo de países. Esse resultado, entretanto, precisa ser corroborado por novas pesquisas empíricas. Ademais, apesar das vantagens do D-CAPM, a aplicação desse modelo levanta algumas questões que ainda precisam ser respondidas, como por exemplo:

O *Downside* Beta histórico calculado deve sofrer algum ajuste?

O prêmio de risco de mercado para o D-CAPM deve ser calculado de maneira diferente em relação ao prêmio de risco calculado para uma aplicação do CAPM?

Essas perguntas deverão ser respondidas, através de novas pesquisas, se quisermos recomendar o D-CAPM como modelo de cálculo do custo de capital próprio aos analistas de mercados emergentes.

4. Referências Bibliográficas

BEKAERT, Geert.; HARVEY, Campbell R. Emerging markets finance. **Journal of Empirical Finance**, v. 10, n. 1/2, p. 3-56, Feb. 2003.

______. Research in emerging markets finance: looking to the future. In: **Valuation in Emerging Markets Conference.** University of Virginia, 2002.

BRUNER, R. et al. Best practices in estimating the cost of capital: survey and synthesis. **Journal of Financial Practice and Education**, v. 8, n. 1, p. 13-28, Spring 1998.

DAMODARAN, Aswath. **Estimating risk parameters.** New York: Stern School of Business, 1999a. (Working paper). Disponível em: <http://pages.stern.nyu.edu/~adamodar/>. Acesso em: 25 jun. 2003.

DIMSON, Elroy.; MARSH, Paul.; STAUNTON, Mike. **Long-run global capital market returns and risk premia**. London: London Business Scholl, 2002. (Working Paper). Disponível em: <http://papers.ssrn.com/abstract=217849>. Acesso em: 25 de jun. 2003.

DIRMEIER, Jeff.; SOLNIK, Bruno. Global Pricing of Equity. **Financial Analysts Journal**, v. 57, n. 4, p. 37-47, July/Aug. 2001.

DUMAS, B.; BODNAR, G.; MARSTON, R. **Cross-border valuation**: the international cost of equity capital. Insead, 2002.

Disponível em: <http://papers.ssrn.com/sol3/papers.cfm?abstract_id=471465>. Acesso em: 25 jun. 2003.

EITEMAN, David K; STONEHILL, Arthur I.; MOFFETT, Michael H. **Multinational business finance**. 9th ed. Boston: Addison-Wesley, 2003.

ELTON, Edwin; GRUBER, Martin. **Modern portfolio theory and investment analysis**. New York: John Wiley & Sons, 1995. 852 p.

ERB, C. B.; HARVEY, C. R.; VISKANTA, T. E. Expected returns and volatility in 135 countries. **Journal of Portfolio Management**, v. 22, n. 3, p.46-58, Spring 1996.

ESTRADA, Javier. **Mean-semivariance behavior:** an alternative behavioral model. IESE Business School, 2002a. Disponível em:<http://web.iese.edu/jestrada/Research.html>. Acesso em: 25 de jun. 2003.

ESTRADA, Javier. **Systematic risk in emerging markets: the D-CAPM**. IESE Business School, 2002b. Disponível em: http://web.iese.edu/jestrada/Research.html. Acesso em: 25 jun. 2003.

ESTRADA, Javier. The cost of equity in emerging markets: a downside risk approach. **Emerging Markets Quarterly**, v. 4, n.3, p.19-30, Fall 2000.

ESTRADA, Javier. The cost of equity in emerging markets: a downside risk approach (II). **Emerging Markets Quarterly**, v.5, n. 1, p.63-72, Spring 2001.

FAMA, E. F.; FRENCH, K. R. The cross-section of expected stocks returns. **Journal of Finance**, v. 67, n. 2, p.427-465, 1992.

GODFREY, S.; ESPINOSA, R. A practical approach to calculating costs of equity for investments in emerging markets. **Journal of Applied Corporate Finance,** v. 9, n.3, p.80-89, Fall 1996.

GOYAL, Amit.; SANTA-CLARA, Pedro. Idiosyncratic Risk Matters! **Journal of Finance**, v. 58, n. 3, p. 975-1007, June 2003.

HARRIS, Robert S.; MARSTON, Felicia C.; MISHRA, Dev R.; O´BRIEN, Thomas J. Ex ante cost of equity estimates of S&P 500 firms: the choice between global and domestic CAPM. **Financial Management**, v. 34, n.3, p. 51-66, Autumn 2003.

HARVEY, C.R.; VISKANTA, T.E.; ERB, C.B. Country risk and global equity selection. **Journal of Portfolio Management,** v. 21, n. 2, p.74-83, Winter 1995.

HARVEY, Campbell; SIDDIQUE, Akhtar. Conditional Skewness in Asset Pricing Tests. **Journal of Finance**, v. 55, n. 3, p.1263-1295, June 2000a.

______. Drivers of expected returns in international markets. **Emerging Markets Quarterly**, v. 4, n. 3, p.32-48, Fall 2000b.

______. **The international cost of capital and risk calculator**. Duke University, 2001. Disponível em: <http://www.duke.edu/~charvey/research.htm>. Acesso em: 25 jun. 2003.

HAUPTMAN, L.; NATELLA, S. **The cost of equity in Latin America**: the eternal doubt, credit suisse first Boston. **Equity Research**, 1997.

JAGANNATHAN, Ravi; MEIER, Iwan. **Do we need CAPM for capital budgeting?** Kellog School of Management, 2001. (Working Paper). Disponível em: <http://faculty.fuqua.duke. edu/~charvey/Teaching/BA456_2004/Jagannathan_Do_we_need.pdf>. Acesso em: 25 jun. 2003.

JAGANNATHAN, Ravi.; WANG, Zhenyu. The CAPM is Alive and Well. In: ANNUAL CONFERENCE ON FINANCIAL ECONOMICS AND ACCOUNTING, 4., 1993. St. Luis: Washington University, 1993. Disponível em: <http://papers.ssrn.com/sol3/papers.cfm? abstract_id=5444>. Acesso em: 25 jun. 2003.

KOEDIJK, Kees G. et al. The cost of capital in international financial markets: local or global? **Journal of International Money and Finance**, v. 21, n.6, p.905-929, Nov. 2002.

KOLLER, T.; JAMES,M. Valuation in emerging markets. **McKinsey Quarterly**, n. 4, p.78-95, Special Edition. 2000.

LEAL, Ricardo P. C. **Revisão da Literatura sobre estimativa de custo de capital aplicada ao Brasil**. Rio de Janeiro: COPPEAD/UFRJ, 2002. 102 p. (não publicado).

LEVY, Haim; MARKOWITZ, Harry. Approximating expected utility by a function of mean and variance. **American Economic Review**, v. 69, n. 3, p.308-317, June 1979.

LINTNER, J. The valuation of risk assets and the selection of risky investments in stock portfolios and capital budgets. **Review of Economics and Statistics**, v. 47, n.1, p.13-37, 1965.

MOSSIN, J. Equilibrium in a capital asset market. **Econometrica**, v. 34, n.4, p.768-783, Oct. 1966.

LOMBARD, Thierry; ROULET, Jacques; SOLNIK, Bruno. Pricing of domestic versus multinacional companies. **Financial Analysts Journal**, v. 55, n. 2, p. 35-49, Mar./April 1999.

LUCENA, Pierre.; ANDRES, Tomaz.; NESS, Walter. Não normalidade, autocorrelação dos retornos e existência de caudas densas: um estudo empírico na Bovespa. In: WETZEL, U.; TOMEI, P.A. (Org.). **Estudos em negócios II.** Rio de Janeiro: Mauad, 2002.

PEREIRO, L.E. The valuation of closely-held companies in Latin America. **Emerging Markets Review**, v. 2, n. 4, p.330-370, Dec. 2001.

PETTIT, Justin.; FERGUSON, Mack.; GLUCK, Robert. A method for estimating global corporate capital costs: the case of Bestfoods. **Journal of Applied Corporate Finance**, v. 12, n. 3, p.80-90, Autumn 1999.

ROLL, R. A critique of the asset pricing theory's tests part I: on past and potential testability of the theory. **Journal of Financial Economics,** v. 4, n. 2, p. 129-177, Mar. 1977.

ROSS, Stephen A.; WESTERFIELD, Randolph W.; JAFFE, Jeffrey F. **Administração financeira**. São Paulo: Atlas, 2002.

SCHRAMM, R.M.; WANG, H.N. Measuring the cost of capital in an international CAPM framework. **Journal of Applied Corporate Finance**, v. 12, n. 3, p.63-72, 1999.

SHARPE, W. F. Capital asset prices: a theory of market equilibrium under conditions of risk. **Journal of Financial Economics**, v. 19, n. 3, p.425-442, 1964.

SOLNIK, B. **International investments**. Reading: Addison-Wesley, 1996. 451 p.

STULZ, R. Globalization, corporate finance, and the cost of capital. **Journal of Applied Corporate Finance**, v. 12, n. 3, p. 8-25, Fall 1999.

TREYNOR, J. **Toward a theory of the market value of risky assets**. 1961. (Artigo não publicado).

PARTE 3

OPERAÇÕES

FATORES DE ÊXITO NA IMPLEMENTAÇÃO DE PROGRAMAS DE QUALIDADE: O CASO DO HOSPITAL MÃE DE DEUS

Claudia Affonso Silva Araujo – COPPEAD/UFRJ

Kleber Fossati Figueiredo – COPPEAD/UFRJ

1. Introdução

Os serviços de saúde no Brasil vivem sob forte pressão para, simultaneamente, reduzir custos e melhorar a qualidade. A viabilidade econômico-financeira dos hospitais públicos e privados, assim como problemas com a qualidade dos serviços prestados, são temas que, com razoável freqüência mas sem a profundidade que merecem, têm chamado a atenção da imprensa, das autoridades governamentais, dos órgãos de defesa do consumidor e da comunidade de profissionais de saúde. Aumentar a produtividade dos recursos empregados e proporcionar melhores serviços tem sido a preocupação maior dos administradores hospitalares nos últimos anos. Nesse contexto, a implementação de programas de qualidade pode ser de grande auxílio, gerando resultados significativamente superiores para os hospitais interessados em colocar em prática ações que envolvam todas as funções e as pessoas da organização com o objetivo de lograr a satisfação dos clientes e, ao mesmo tempo, conseguir a eficiência operacional que se traduza em otimização dos recursos consumidos. Um programa de qualidade é uma forma organizada e consistente de atuar por parte da alta direção para que os valores essenciais da qualidade sejam praticados diariamente por toda a organização. É o guia que ajuda a traduzir uma determinada forma de pensar em ações cotidianas.

A literatura especializada em qualidade oferece centenas de "receitas" para os chamados programas de qualidade, a maioria delas desenvolvida e aplicada em ambientes industriais. Alguns autores chamam a atenção para a dificuldade de "importar" tais metodologias para o setor de serviços devido às características peculiares dos serviços: intangibilidade, simultaneidade entre produção e consumo, variabilidade nas expectativas dos clientes e, principalmente, a participação dos clientes durante a prestação do serviço.

Após analisar um conjunto de experiências bem-sucedidas na implementação de programas de qualidade em sistemas de serviços, Sureshchandar, Rajendran e Anantharaman (2001) propuseram um conjunto de doze fatores críticos de sucesso na implementação de tais programas: (1) comprometimento da alta gerência e liderança visionária; (2) gerenciamento dos recursos humanos; (3) sistema técnico; (4) sistema de informação e análise; (5) *benchmarking*; (6) melhoria contínua; (7) foco no cliente; (8) satisfação dos funcionários; (9) relações trabalhistas; (10) responsabilidade social; (11) ambiente para prestação dos serviços (*servicescape*); (12) cultura de serviços. A partir de um levantamento bibliográfico, percebeu-se que muitos desses fatores são apontados por autores que tratam o tema em serviços de saúde como dimensões que também são críticas para o sucesso de programas de qualidade.

Assim, o objetivo da pesquisa relatada neste trabalho foi o de analisar o programa de qualidade implementado por um importante hospital do Sul do País. O grande desafio era manter a motivação e o empenho dos funcionários, assim como disseminar os valores importantes para se alcançar e para se manter a excelência dos serviços prestados. A partir da implementação de um programa de qualidade, o Hospital Mãe de Deus (HMD) recebeu vários prêmios estaduais e um reconhecimento nacional pelo conjunto da sua obra. A análise do programa de qualidade do HMD foi realizada comparando as iniciativas colocadas em prática pelo Hospital com os doze fatores de êxito recém-descritos. Apesar de cada hospital ter as suas especificidades, o propósito da pesquisa foi o de conhecer e relatar o programa implementado esperando que outros hospitais possam aproveitar a experiência de um programa vitorioso e se disponham a pensar a qualidade e a produtividade de uma forma organizada.

2. Revisão de Literatura

Para Sureshchandar, Rajendran e Anantharaman (2001), daqui em diante chamados de SRA, diversas são as dimensões consideradas críticas para o sucesso de programas de qualidade total em manufatura. No entanto, há poucas pesquisas que busquem identificar essas dimensões para programas de qualidade no setor de serviços (TQS). Visando cobrir essa lacuna, os autores desenvolveram um estudo sobre esse assunto, chegando a um total de 12 fatores que se relacionam entre si, enfatizando a noção de que o TQS é uma filosofia holística e um conjunto de práticas que devem ser executadas em conjunto. Cada uma dessas dimensões será discutida a seguir.

1. Comprometimento da alta gerência e "liderança visionária": pré-requisito para o sucesso na implementação da qualidade total, a liderança visionária significa a formulação de uma visão de longo prazo para o desenvolvimento da instituição, propagando tal visão através da organização, projetando e desenvolvendo um plano de ação, comprometendo toda a empresa (SRA, 2001). De acordo com Yang (2003), os altos gerentes têm de acreditar no programa de qualidade, tomando a frente do processo. Para Taublib (1998), não importa o tamanho do hospital, nem a sua natureza. Se a cúpula diretiva não estiver decidida a implementar o programa de qualidade, não será possível iniciar o processo.

2. Gerenciamento de Recursos Humanos (RH): empresas de serviços que buscam a qualidade precisam enxergar a gerência de RH como uma fonte de vantagem competitiva, estando atenta para

assuntos como recrutamento e seleção, treinamento e educação, *empowerment* e envolvimento dos empregados (SRA, 2001). É preciso educar os empregados através de programas de treinamento, tornando-os capazes e responsáveis por suas performances. *Teamwork* e participação são essenciais, especialmente em tratamento médico que requer a cooperação entre os departamentos (SCOTT, 2001; YANG, 2003). Ovretveit (1997) chama atenção especial para a participação do corpo médico. Em todos os programas de qualidade que analisou, o autor encontrou que o envolvimento dos médicos é, ao mesmo tempo, essencial para o sucesso do programa mas muito difícil de ser conseguido.

3. Sistema técnico: para SRA (2001), o sistema técnico diz respeito à qualidade técnica dos serviços, incluindo a gerência de qualidade do *design* e dos processos. Os processos de serviços ao cliente e os procedimentos internos devem ser padronizados e gerenciados para assegurar a qualidade (BULL, 1994; YANG, 2003). Esse entendimento é compartilhado por Taublib (1998), que afirma não existir qualidade sem padrão. Ovretveit (1997) defende que, nos programas de treinamento, devem ser incluídos aspectos de controle de qualidade.

4. Sistema de informação e análise: em um ambiente de qualidade total, é importante equipar os empregados e os clientes com informações sobre os processos, e é preciso haver comunicação entre os níveis organizacionais, funções, departamentos, etc., para resolver os problemas, detectar novos e implementar mudanças (SRA, 2001). Para Taublib (1998), "só gerencia quem tem meta, só tem meta quem tem padrão, só tem padrão quem tem informação". Os sistemas de informações podem ser integrados verticalmente (consultórios médicos, clínicas, fornecedores) e horizontalmente (entre departamentos) para garantir o *feedback* necessário à tomada de decisões clínicas (BUTLER *et al.*, 1996).

5. *Benchmarking*: em serviços, é necessário que as empresas foquem não somente em dados mas também em certas características comportamentais, como satisfação do consumidor e do empregado (SRA, 2001). Da mesma forma, para Fitzsimmons e

Fitzsimmons (2000), o *benchmarking* envolve mais do que comparações estatísticas, incluindo também visitas à empresa-líder para aprender, em primeira mão, como se chegou àquele desempenho considerado excelente.

6. Melhoria contínua: o alcance da qualidade em serviços é, segundo SRA (2001), uma jornada constante, sem fim. O verdadeiro desafio está em manter a energia, a aprendizagem e a melhoria vivas ao longo do tempo. Para Scott (2001), cada encontro é uma oportunidade de reforçar, ensinar e divulgar a importância da excelência em serviços. Segundo Yang (2003), a insatisfação dos clientes e as suas reclamações são boas fontes de estímulo ao aprimoramento contínuo. Brannan (1997) argumenta que o foco de um programa de qualidade é a melhoria contínua e não o alcance de objetivos fixos e exemplifica: se, em um ano, 1,8% dos pacientes voltam ao hospital por um problema de infecção, o hospital deve procurar reduzir esse número, mesmo que ele esteja abaixo da média nacional.

7. Foco no cliente: a satisfação dos clientes deve ser o objetivo e a medida de qualidade de serviços (SRA, 2001). De acordo com Taublib (1998), no gerenciamento pela qualidade, é necessário inverter a pirâmide tradicional, colocando o cliente em primeiro lugar. Para Yang (2003), é importante conduzir pesquisas de satisfação dos clientes periodicamente para entender as suas necessidades, analisar os problemas e realizar melhorias. Scott (2001) alerta, no entanto, que medir a satisfação dos clientes pode ser uma forma poderosa de melhorar os serviços, desde que o *feedback* não represente punição. Na sua análise de programas de qualidade em hospitais, Ovretvelt (1997) encontrou que uma das razões para os médicos não colaborarem é a suspeita de que os métodos de qualidade são usados mais para controlar as suas atividades do que para melhorar seu desempenho.

8. Satisfação dos funcionários: de acordo com SRA (2001) e Yang (2003), a satisfação dos funcionários está diretamente relacionada à satisfação das suas necessidades. Para Taublib (1998), é necessário suprir as necessidades básicas dos funcionários, trabalhar o

potencial mental das pessoas, valorizar o aprimoramento contínuo, estimular a participação e desenvolver atividades de integração.

9. Relações trabalhistas: segundo SRA (2001), se os membros do sindicato se sentirem ameaçados, haverá uma oposição veemente aos esforços de melhoria da qualidade. Lucio e Stuart (2002) enfatizam a necessidade de se buscarem parcerias que beneficiem ambas as partes. Para tanto, é necessário o comprometimento das empresas em aumentar a segurança no emprego, valorizar a transparência das decisões, envolver os funcionários nos projetos e aumentar a qualidade de vida no emprego.

10. Responsabilidade social: SRA (2001) afirma que, além de gerar lucro, as empresas têm de cumprir as suas obrigações sociais e comunitárias. Da mesma forma, Fitzsimmons e Fitzsimmons (2000) entendem que o escopo da qualidade em serviços de saúde vai além dos cuidados dedicados ao paciente e inclui o impacto sobre a família e a comunidade.

11. Ambiente: o ambiente físico influencia a percepção de qualidade do cliente e afeta também os empregados da empresa (SRA, 2001). Para Sohail (2003), o fato de, freqüentemente, os pacientes não serem capazes de avaliar a qualidade técnica dos serviços médicos faz com que os aspectos funcionais da qualidade sejam determinantes na maneira como os pacientes percebem a qualidade dos serviços. Entre esses aspectos está o ambiente. Segundo Donabedian (1980), um dos elementos não-relacionados diretamente com a qualidade técnica em saúde se refere ao ambiente físico no qual o serviço é prestado e, para Leebov (*apud* Butler *et al.*, 1996), o ambiente é uma das dimensões da qualidade em saúde, representando o aspecto das instalações do hospital, seu *layout*, a sua localização e a sua capacidade física.

12. Cultura de serviço: a cultura organizacional possibilita que as pessoas compartilhem uma visão comum da empresa e de seus objetivos (SRA, 2001). Para Yang (2003), a primeira tarefa para implementar o programa em organizações de saúde é mudar

a cultura tradicional para transformá-la em orientada para a qualidade e para os clientes. Essa mudança é significativamente influenciada pela filosofia e valores da alta gerência.

3. Metodologia

O presente caso foi desenvolvido com base em entrevistas em profundidade realizadas junto aos dirigentes e funcionários do hospital, no ano de 2002. Todos os depoimentos foram gravados e posteriormente transcritos. Material de divulgação do hospital, a sua página *web* e outras publicações da área médica em que o HMD foi mencionado foram também importantes fontes de informações.

As entrevistas seguiram um roteiro não-estruturado com questões que buscaram identificar a presença, ou não, dos elementos relacionados com os 12 fatores comentados no referencial teórico.

Evidentemente, o objetivo do trabalho não é validar a proposta apresentada por SRA (2001) nem de generalizar os resultados e conclusões da pesquisa. Trata-se de um estudo em profundidade de um caso considerado exemplar na comunidade médica brasileira. Como a proposta de SRA (2001) é o resultado da observação de programas de qualidade exitosos em outros sistemas de serviços, o propósito dos pesquisadores foi o de verificar se aqueles fatores de sucesso sugeridos na proposta estavam presentes na implementação do programa de qualidade do HMD.

4. O Caso"Hospital Mãe De Deus"

4.1. Breve Histórico

O Hospital Mãe de Deus (HMD), instituição privada localizada em Porto Alegre, fundado em 1979, é uma das obras da Congregação das Irmãs Missionárias de São Carlos Borromeu e tem a missão de promover a vida, através da assistência física, espiritual e social, fundamentada nos valores congregacionais, no conhecimento e no modelo de gestão auto-sustentável. O hospital atende apenas a pacientes particulares e conveniados das classes A e B.

Em 1984, o hospital possuía a imagem associada à geriatria e operava com uma ocupação de 50% da sua capacidade. Cinco anos mais tarde, os leitos do hospital tornaram-se insuficientes para atender a demanda. Com área maior e mais moderna, o HMD se transformou em referência de qualidade e de alta tecnologia para pacientes em estado grave. Em 2002, o HMD contava com uma área construída de mais de 41.700 m^2, 570 leitos, cerca de 1.300 funcionários, 3.500 médicos credenciados, que realizaram mais de 2.000 cirurgias por mês. Seu faturamento, em 2001, foi de aproximadamente R$80 milhões. O HMD tornou-se líder na qualidade em serviços e pioneiro na inovação de serviços e soluções médico-assistenciais lançados no mercado gaúcho, nos últimos anos. A imagem, a marca e a credibilidade conquistadas pelo HMD repercutiram através do reconhecimento da comunidade de Porto Alegre e também como referência nacional na área de saúde.

Dentre os serviços e produtos oferecidos pelo hospital, destacam-se os seguintes: Serviço de Ação Social – ações nas áreas de saúde e assistência social para as comunidades carentes; Serviço de Humanização e Pastoral da Saúde – possui como meta animar e valorizar a vida, contribuir na humanização da estrutura hospitalar e zelar pelos valores cristãos; Centro Clínico Mãe de Deus – complexo de 12.000 m^2, composto por 58 consultórios interligados on-line à rede informatizada de serviços do hospital, permitindo que os médicos consultem laudos e agendem cirurgias ou exames diretamente de seus consultórios, agilizando o atendimento e diminuindo o tempo de resolução de problemas. Esse projeto foi realizado em parceria entre os médicos, que são os proprietários dos consultórios, e o Centro Integrado de Medicina do Exercício Mãe de Deus (CIME), que oferece atividades físicas preventivas e de reabilitação a diversos grupos de pacientes. Seu objetivo é divulgar os benefícios preventivos da prática de exercícios. São desenvolvidas atividades abertas ao público, como caminhadas e sessões de alongamento, além de palestras educativas abertas à comunidade em geral; *Lifecheck* – sistema de *check-up* que baliza as suas ações na prevenção e educação para a saúde; Unidade de Dependência Química (UDQ) – existente desde a inauguração do HMD, é a pioneira no Brasil no tratamento da dependência química dentro de um hospital; Centro Científico Cultural – ocupando uma área de aproximadamente 2.000 m^2, possui auditório com capacidade para 200 pessoas, duas salas de aula, três salas de reuniões, uma área para a realização de exposições, uma área de convivência com restaurante, lanchonete e salão de cabeleireiros, recursos audiovisuais completos e atualizados. É possível, por exemplo, a transmissão e o acompanhamento simultâneo de cirurgias realizadas no centro cirúrgico.

4.2. Os Relacionamentos

Relacionamento com a Comunidade: pautado pelo desenvolvimento de diversas ações sociais e estímulo à medicina preventiva.

Relacionamento com o Corpo Clínico: os médicos estão organizados de forma representativa e integrados às principais decisões estratégicas da instituição. Os dirigentes do hospital consideram o envolvimento e a adesão da equipe médica fatores importantes para o modelo de gestão da qualidade do hospital. O Centro Clínico é visto como estratégico para aprofundar o relacionamento com os médicos e aumentar o comprometimento destes em relação ao Hospital. Em 1998, foi criada a Associação dos Médicos do Hospital Mãe de Deus, que, por meio da atuação social, científica e comercial, estabelece normas de interação dos médicos com o mercado e com o próprio hospital.

Relacionamento com a Enfermagem: o HMD faz investimentos permanentes na reciclagem e na atualização da sua equipe de enfermagem, fortalecendo a atuação desse profissional. Em 1998, foi criado o Plano de Desenvolvimento de Enfermagem (PDE) para elevar a competência técnica desse profissional, proporcionar seu reposicionamento comportamental e fundamentar a sua atuação como gerente do processo assistencial. Trata-se de um programa contínuo de educação permanente que inclui a realização de eventos e cursos em diversas áreas do desenvolvimento do profissional. Os enfermeiros, os médicos, a nutrição e a pastoral da saúde podem acompanhar a evolução do estado do paciente através da prescrição eletrônica das atividades.

Relacionamento com os Funcionários e Políticas de Recursos Humanos: além do plano de desenvolvimento, os colaboradores contam com plano de assistência médica para funcionários e dependentes, atendimento odontológico, auxílio-farmácia, refeições subsidiadas, creche para crianças de até 7 anos, campanhas de vacinação e atividades sociais. Todo mês, o mural do Serviço de Atendimento ao Cliente (SAC) apresenta os nomes e as fotos dos funcionários que se destacaram pela sua atuação e participação junto ao cliente. Há a preocupação em manter os melhores profissionais do mercado e evitar rotatividade. Há uma remuneração fixa, associada ao plano de cargos e carreiras, e uma remuneração variável, baseada em três elementos: absenteísmo, participação em treinamento e satisfação do cliente. O depoimento de uma funcionária, auxiliar de hemoterapia, traduz a política de RH do hospital: "Aqui eles tratam todos iguais, tu te sentes muito valorizado. Tem a semana da arte e da música, festa do Dia das Crianças... Todo mundo participa. Aqui, a gente pode dar idéias, dizer como a gente gostaria que fosse o trabalho. Pedem pra gente falar sobre idéias, como melhorar o trabalho... Aqui te dão valor, você está falando, te escutam... Todo mundo acessa a internet, te chamam pelo nome, nunca se sabe quem é médico e quem não é".

Relacionamento com os Planos de Saúde: o HMD adota uma política de direcionamento da ocupação das suas instalações, tentando aumentar um tipo de convênio, reduzir outro, para não depender excessivamente de algum deles. Esse procedimento é chamado de "mix de convênio".

Relacionamento com Pacientes e Familiares: de cinco em cinco anos, é feita uma pesquisa de mercado para identificar os atributos de qualidade e os requisitos de satisfação do cliente, mas a meta de atendimento a ser atingida é geral – e não atributo por atributo. O que se busca é a satisfação do cliente com o serviço como um todo. Os instrumentos de comunicação permanentes do cliente com o Hospital são os formulários e o Serviço de Atendimento ao Cliente (SAC).

4.3. Motivação para Implantar o Programa de Qualidade

Em 1998, a partir de uma auto-avaliação do processo de prestação de serviço, foi desenvolvido o projeto "Atendimento Centrado no Cliente (ACC)", liderado pelo diretor-superintendente do HMD, com o apoio de uma equipe de profissionais. O primeiro passo foi uma análise profunda da situação existente no momento, através das seguintes ações: (a) realização de *benchmarking* em relação aos procedimentos adotados pela Disney e pelo Hotel Ritz Carlton; (b) busca de relatos dos clientes; e (c) avaliação junto a um grupo de pacientes para identificar os aspectos-chave do atendimento. Foram identificados os seguintes problemas: maior foco no processo do que no cliente; nem todos os funcionários tinham clareza das expectativas dos clientes; falta de clareza quanto aos papéis a serem desempenhados e à direção que o HMD estava tomando; e falta de um programa de comunicação interna. A partir da análise crítica da situação, foi definida uma estratégia de atendimento ao cliente. A meta era implantar um padrão de "atendimento Mãe de Deus" que facilitasse a avaliação dos processos e dos resultados e que disponibilizasse aos clientes um atendimento que superasse as suas expectativas, tanto as ligadas diretamente à saúde quanto as relativas ao conforto espiritual e à atenção individualizada. A filosofia do HMD com relação ao atendimento ao cliente passou a ser expressa pela figura da "casa", representada na figura 1: o atendimento ao cliente sustenta-se na cultura organizacional, composta pela sua missão e por seus valores, sendo a base para os três processos-chave: atendimentos humano, técnico e espiritual. A cultura organizacional e esses três pilares garantiriam o "Padrão Mãe de Deus de Atendimento" e tinham por foco o cliente.

Figura 1 – Filosofia HMD de atendimento ao cliente

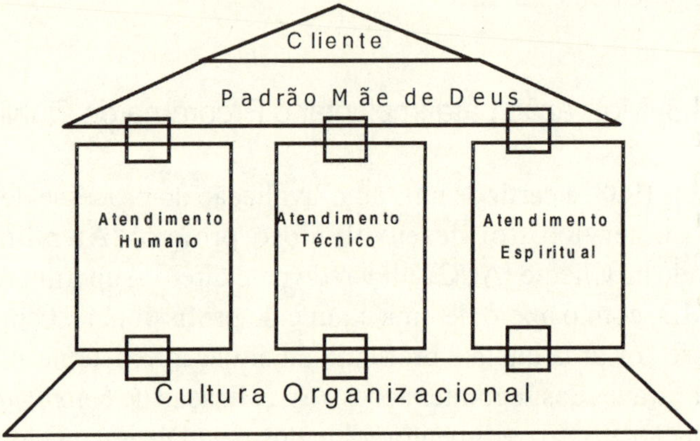

4.4. Ações Implementadas: PROGRAMA "EU SOU MÃE DE DEUS"

Desde 1998, o hospital vinha implantando uma série de medidas para garantir um padrão de excelência na prestação de serviços, dentre as quais se destacou o programa "Eu Sou Mãe de Deus". O grande desafio era manter a motivação e o empenho dos funcionários, assim como disseminar os valores importantes para manter a excelência dos serviços prestados. Portanto, esse programa tinha os seguintes objetivos: alterar a atitude e o estilo com que a liderança de toda a organização interagia no processo de atendimento ao cliente, apoiando e conduzindo a equipe no dia-a-dia; implantar e acompanhar o "Padrão Mãe de Deus de Atendimento"; mudar as atitudes dos funcionários perante os clientes, com base no "Padrão Mãe de Deus de Atendimento"; desenvolver a gestão de processos centrada no cliente, com participação dos funcionários. O plano de ação para o programa "Eu Sou Mãe de Deus" era composto pelas seguintes etapas: sensibilização, desenvolvimento, implementação e avaliação.

Sensibilização – divulgação do programa "Eu Sou Mãe de Deus", bem como da visão do "Padrão Mãe de Deus de Atendimento", entre todos os que participavam do processo.

Desenvolvimento – tradução dos objetivos em ações concretas e o planejamento das atividades que comporiam o programa. Nessa etapa, foram realizadas atividades para desenvolver o engajamento dos funcionários no "Padrão Mãe de Deus de Atendimento" e estimular a participação da liderança do Hospital na elaboração e na implantação das ações do programa. Foram ainda criados mecanismos de *feedback* para direcionar as ações seguintes do programa, ou redirecionar as já existentes.

Implementação – conjunto de ações integradas para inserir o "Padrão Mãe de Deus de Atendimento" nos processos do dia-a-dia. A primeira ação implementada foi a do *workshop* com os gestores, oportunidade em que foi definido o papel do gestor frente ao cliente: "Estar junto ao cliente e à equipe, agindo de forma exemplar, sensível e integradora". O Programa de Integração Institucional, responsável pela integração dos novos funcionários, passou a dedicar duas horas de treinamento à divulgação de conceitos e orientações básicas a respeito do modelo de atendimento ao cliente, com o apoio de recursos audiovisuais, estudo de situações de atendimento em geral e projeção de filmes. Nessa etapa, foram implementados quatro subprojetos: "Conversando com você" – café da manhã ou da tarde a cada 15 dias, coordenado por um diretor e um gestor e com a participação de dez funcionários, para a discussão de um tema central atual e de interesse; "Com a palavra o cliente" – encontro mensal com um grupo de pacientes e familiares para serem ouvidos a respeito da estada no HMD, coordenado diretamente pela presidência e tendo como apoio os setores de recursos humanos e Serviço de Atendimento ao Cliente; "Gerenciamento itinerante" –

a cada mês, funcionários e clientes visitavam todas as áreas do HMD, acompanhados pela diretoria e pelos gestores do Hospital.

"Treinamento por módulos" – programa de educação continuada que direcionava o desenvolvimento dos colaboradores aos interesses de aprendizado, para garantir qualidade e competência.

Avaliação – foi estruturado um sistema de avaliação periódico, através de indicadores diretos e indiretos de satisfação dos funcionários e dos clientes, para acompanhar a efetividade das ações do programa.

No caso dos funcionários, as informações eram coletadas através dos subprojetos "Conversando com você" e "Com a palavra o cliente", que registravam todas as avaliações, opiniões, críticas e sugestões dos clientes. Havia ainda os questionários aplicados após os programas de Integração Institucional e de Treinamento por Módulo, o questionário aplicado a cada dois anos e o *feedback* dos clientes.

No caso dos clientes, são realizadas pesquisas sistemáticas, com o uso de formulários aplicados diariamente em todas as pessoas que circulam pelo hospital. Nos formulários, há uma parte em que é pedido aos clientes que identifiquem, dentre os atributos apresentados, qual o de maior importância. As informações coletadas são compiladas pelo SAC e tratadas de duas formas: (1) reunião operacional do SAC, toda semana, em que estão presentes funcionários do setor e outras pessoas de áreas ligadas por competência ao processo de relacionamento com o cliente. Nessas reuniões são analisados os indicadores de satisfação e todos os fatores que os compõem; e (2) com base nas reuniões semanais, são elaborados relatórios quinzenais para apurar o indicador e tudo o que foi referido pelo cliente. Todas as críticas e comentários feitos pelos clientes são anotados, gerando um documento encaminhado à diretoria e aos gestores das áreas. As reclamações dos clientes enquadram-se em duas categorias – setorial ou institucional. Se a insatisfação é setorial, o responsável pela área é chamado para participar da reunião semanal e deve elaborar planos de ação para aquele setor. Quando os pacientes se queixam de fatores que não são de responsabilidade direta de algum setor, é feito um relatório, que é encaminhado para a diretoria, que se reúne às terças e quintas-feiras. Nesse relatório, são identificadas as causas e, se possível, são levadas alternativas de solução, com plano de ação concebido e proposta orçamentária. Reclamações que exigem solução imediata recebem um tratamento reativo e, posteriormente, adota-se uma política preventiva para evitar que o erro se repita. Aos funcionários é dada autonomia para tentar resolver o problema. Os clientes recebem um *feedback* das suas reclamações quando se identificam. No entanto, a maioria dos reclamantes mantém o anonimato. O número de formulários preenchidos é significativamente elevado e, em 2001, 73% dos respondentes atribuíram nota máxima à satisfação, enquanto apenas 3% disseram-se insatisfeitos com o atendimento. As reclamações feitas diretamente ao SAC são encaminhadas juntamente com as realizadas nos formulários. O Coordenador do programa de qualidade, responsável pelas pesquisas de satisfação do cliente, enxerga a reclamação do paciente como uma segunda chance: "O paciente que reclama está nos dizendo o seguinte: ´Quando eu voltar aqui, eu não quero encontrar isso de novo´. Então, o paciente que reclama é o paciente que volta, é o teu cliente sistemático, e eles não querem encontrar aquele motivo quando voltarem. Se ele nunca mais voltasse aqui, não se daria ao trabalho de reclamar."

4.5. Resultados Alcançados

Desde 1997, o Hospital vem participando do Programa Gaúcho da Qualidade e Produtividade (PGQP), tendo sido premiado na categoria bronze em 1997/98 e 1998/99 e, na categoria prata, no período 1999/2000. Ao participar desse programa, a empresa passa por um processo de auto-avaliação e de avaliação externa, realizada, respectivamente, pelos gestores da empresa e por avaliadores do PGQP, considerando os seguintes critérios: liderança, planejamento estratégico, foco no cliente e no mercado, informação e análise, desenvolvimento e gestão de pessoas, gestão de processos e resultados do negócio.

Em 2001, a participação média dos funcionários no treinamento foi de 92%, alcançando 100% em alguns meses. Os participantes têm avaliado positivamente as atividades desenvolvidas nos treinamentos, atribuindo, na sua maioria, grau "ótimo" aos atributos questionados. O índice de satisfação dos clientes também tem sido bastante elevado. Na sua maioria, os clientes têm atribuído grau "ótimo" ao atendimento que recebem no Hospital, alcançando uma média de 73% desse nível de satisfação em 2001.

5. Análise do Caso

A análise do caso será realizada procurando verificar se nas iniciativas do programa implementado pelo HMD podem ser identificados os elementos críticos de sucesso em programas de qualidade propostos por SRA (2001).

No programa de qualidade implementado pelo HMD, o comprometimento da alta gerência e "liderança visionária" estão presentes de forma clara. O programa foi impulsionado pelo diretor-superintendente, que se preocupou em reservar a sua primeira fase para sensibilizar os participantes do processo e divulgar a visão do "Padrão Mãe de Deus de Atendimento". Todo o plano de ação foi desenvolvido com a preocupação em propagar a visão pela organização e disseminar os valores organizacionais. Este comprometimento e empenho dos líderes são considerados por Sewell (1997), Taublib (1998) e SRA (2001) fundamentais para o sucesso de programas de qualidade. Uma iniciativa elogiável da liderança do programa foi entender a importância do papel do corpo médico e empreender ações de valorização e envolvimento daqueles profissionais. O projeto de criação do Centro Clínico Mãe de Deus e o relacionamento com a Associação dos Médicos do hospital são dois notáveis exemplos.

Da mesma forma, as ações implementadas pelo HMD deixam clara a sua preocupação com as pessoas e com o gerenciamento de RH. Questões como seleção, treinamento constante e educação continuada de seus profissionais, consideradas críticas para o sucesso de programas de qualidade por diversos autores, fazem parte do programa "Eu Sou Mãe de Deus". Além das pessoas, o Hospital percebeu a importância do sistema técnico, através do aprimoramento dos processos e da necessidade de estabelecer um padrão de atendimento que facilitasse a avaliação dos processos e resultados. Esse entendimento encontra respaldo na literatura estudada (BULL, 1994; TAUBLIB, 1998; SRA, 2001; YANG, 2003).

Por outro lado, diversos autores alertaram para a importância de se equiparem os empregados com informações a respeito dos processos e dos clientes (BUTLER et al., 1996; TAUBLIB, 1998; SRA, 2001). No HMD, o fator crítico sistema de informação e análise está presente, já que as informações são amplamente disseminadas e integradas, tanto verticalmente, através de sistemas de informações que possibilitam o compartilhamento de informações sobre os pacientes entre enfermagem, setores de exame, médicos, etc., quanto horizontalmente, já que todos, no Hospital, têm acesso às informações disponibilizadas na rede.

A realização de *benchmarking*, um dos elementos considerados críticos para o sucesso dos programas de qualidade (FITZSIMMONS e FITZSIMMONS, 2000; SRA, 2001), ocorreu antes de implementar o programa de qualidade, servindo de fonte de inspiração para o programa "Eu Sou Mãe de Deus". No entanto, para Brannan (1997) e Scott (2001), o verdadeiro desafio está em manter a energia, a aprendizagem e a melhoria ao longo do tempo. O HMD procura manter a melhoria contínua através dos subprojetos "Conversando com você", "Com a palavra o cliente", "Gerenciamento itinerante" e "Treinamento por módulos". Além disso, o *feedback* constante dos clientes, através dos formulários e do SAC, representa um estímulo constante para o aprimoramento dos processos.

Desde o começo do programa, está presente a preocupação em disseminar por todo o Hospital a importância do foco no cliente. A pirâmide invertida, proposta por Taublib (1998), está representada pelo posicionamento do HMD com relação ao atendimento ao cliente (figura da casa). Além disso, conforme proposto por Yang (2003), são feitas pesquisas permanentes com os clientes, visando entender as suas necessidades, identificar problemas e realizar melhorias. Os resultados das pesquisas não têm por objetivo a punição, como alertado por Scott (2001), mas sim a recompensa e o reconhecimento. Além da preocupação com os clientes externos, o HMD demonstra uma grande preocupação por alcançar a satisfação dos funcionários. A satisfação e o comprometimento de todos são considerados importantes para se manter o "Padrão Mãe de Deus" de atendimento. Para Taublib (1998), é necessário suprir as necessidades básicas dos funcionários, trabalhar o potencial mental das pessoas, valorizar o aprimoramento contínuo, estimular a participação e desenvolver atividades de integração. Todos esses elementos estão presentes na política de RH do Hospital e no relacionamento que mantêm com o corpo clínico e com a enfermagem. Em decorrência da sua política de RH e da busca permanente de satisfação dos seus clientes internos, as relações trabalhistas se dão de forma harmoniosa. O HMD tem valorizado as pessoas, aumentando a sua qualidade de vida no trabalho e a segurança no emprego, agindo com transparência e buscando envolver os funcionários nos projetos. Para Lucio e Stuart (2002), esses são elementos necessários para que se afastem as adversidades e se alcance a parceria entre funcionários e empresa.

No campo da responsabilidade social, o HMD desenvolve diversas atividades nas áreas de saúde e assistência social junto às comunidades carentes e ao público em geral, através da divulgação dos benefícios da medicina preventiva e de atividades abertas ao público. Além disso, há a preocupação em oferecer apoio psicológico e espiritual aos pacientes e familiares. Essas atividades corroboram o entendimento de Fitzsimmons e Fitzsimmons (2000) e de SRA (2001) sobre o escopo da qualidade em saúde, que vai além dos cuidados ao paciente e inclui o impacto sobre a família e sobre a comunidade.

O ambiente físico do HMD oferece amplas condições de trabalho ao corpo clínico e funcionários, além de conforto aos pacientes, familiares e comunidade. As suas instalações são modernas e contam com o que há de mais avançado em termos de tecnologia, auxiliando o trabalho da equipe médica. O Hospital tem ainda auditórios, salas de aula e de reunião, lanchonete, salão de cabeleireiro e recursos audiovisuais completos. Para Leebov (*apud* Butler *et al.*, 1996), o ambiente é uma das dimensões da qualidade em saúde e, para Donabedian (1980), representa um dos elementos do domínio interpessoal da qualidade em saúde.

Por fim, todo o empenho dos líderes e o plano de ação do programa "Eu Sou Mãe de Deus" resultam na disseminação da cultura de serviço. Para SRA (2001), a cultura organizacional possibilita que as pessoas compartilhem uma visão comum da empresa e de seus objetivos e acelera as várias funções da organização em direção a esses objetivos. O HMD tem-se mostrado vitorioso em disseminar a cultura de serviços no hospital, através do empenho da alta gerência e de um plano de ação bem estruturado.

6. Considerações Finais

A implementação de programas de qualidade representa um grande desafio para as organizações de saúde. No entanto, o HMD tem obtido bons resultados com o Programa "Eu Sou Mãe de Deus", implementado a partir de 1998. O grande desafio é manter a motivação e o empenho dos funcionários, assim como a disseminação dos valores importantes para a manutenção da excelência dos serviços prestados.

O programa "Eu Sou Mãe de Deus", criteriosamente planejado, vem alcançando os objetivos propostos. As ações implementadas "derrubam" as possíveis barreiras enfrentadas por organizações de saúde na prática de programas de qualidade e atendem aos fatores críticos para o sucesso de programa de qualidade em organizações de serviços propostos por SRA (2001).

Dentre os elementos de sucesso do programa, podem ser destacados: atitude da alta direção, atuando como "motor" do programa e dando apoio à linha de frente; valorização das pessoas; compreensão, por parte de todos, sobre o porquê de focar na melhoria dos serviços; preocupação em ouvir atentamente os clientes internos e externos, identificando e administrando as suas expectativas; mensuração e análise constantes dos resultados do programa, identificando e eliminando barreiras e obstáculos; estabelecimento de padrões e metas claras a serem atingidas; e envolvimento da organização no compromisso da melhoria contínua.

O programa implementado pelo HMD poderá servir de exemplo para centenas de hospitais brasileiros. No entanto, diversos estudos já realizados no Brasil atestam que o desejo de mudança nas organizações hospitalares é suplantado pela grande resistência dos médicose pela "cultura" de que a qualidade é um elemento de competição de mercado e que, como tal, não se adapta à área de saúde. Enquanto esta "cultura" não mudar, um grande número de instituições hospitalares, tanto públicas quanto privadas, estarão presas a técnicas de gestão ultrapassadas, que as privam dos benefícios que podem ser alcançados pela implementação de um programa de qualidade bem estruturado.

7. Referências Bibliográficas

BRANNAN, K. M. Total quality in health care. **Production and Inventory Management Journal**, Alexandria, v. 38, n. 2, p. 69-73, 1997.

BULL, A. Specifying quality in health care. **Journal of Management in Medicine,** v. 8, n.2, p.5-8, 1994.

BUTLER, T. W.; LEONG, G. K.; EVERETT, L. N. The operations management role in hospital strategic planning. **Journal of Operations Management,** v. 14, n. 2, p.137-156, June 1996.

DONABEDIAN, A. **Explorations in quality assessment and monitoring**. Ann Arbor: Health Administration Press, 1980.

FITZSIMMONS, J. A.; FITZSIMMONS, M. J. A qualidade em serviços. In: ______. **Administração de serviços**: gerenciamento das operações de serviços. Porto Alegre: Bookman, 2000. cap. 10, p. 248-288.

LUCIO, M. M.; STUART, M. Assessing the principles of partnership: workplace trade union representatives attitudes and experiences. **Employee Relations**, v. 24, n. 3, p.305-320, 2002.

OVRETVEIT, J. A comparison of hospital quality programmes: lesson for other services. **International Journal of Service Industry Management**, v. 8, n. 3, p.220-235, 1997.

SCOTT, G. Customer satisfaction: six strategies for continuous improvement. **Journal of Healthcare Management**, v. 46, n. 2, p. 82-85, 2001.

SEWELL, N. Continuous quality improvement in health care: creating a holistic and integrated approach. **International Journal of Health Care Quality Assurance**, v. 10, n. 1, p. 20-26, 1997.

SOHAIL, M. S. Service quality in hospitals: more favorable than you might think. **Managing Service Quality,** v. 13, n. 3, p. 197-206, 2003.

SURESHCHANDAR, G S.; RAJENDRAN, C.; ANANTHARAMAN, R. N. A holistic model for total quality service. **International Journal of Service Industry Management**, v. 12, n. 4, p.378-412, 2001.

TAUBLIB, D. **Controle de qualidade total:** da teoria à prática em um grande hospital. Rio de Janeiro: Qualitymark, 1998.

YANG, C.C. The establishment of a TQM system for the health care industry. **The TQM Magazine**, v.15, n. 2, p. 93-98, 2003.

SHIPEXPLORER: FERRAMENTA DE ANÁLISE DO IMPACTO DOS MODAIS DE TRANSPORTE NOS NÍVEIS DE ESTOQUE DE SEGURANÇA E NOS CUSTOS TOTAIS

Peter Wanke – COPPEAD/UFRJ

Leonardo Aderne Pozes Pereira – COPPEAD/UFRJ

Resumo

Neste trabalho é relatado o desenvolvimento de uma ferramenta em planilha MS-Excel para a avaliação do impacto de duas das principais dimensões de desempenho dos modais de transporte – tempo de entrega e variabilidade de entrega – nos níveis de estoque de segurança e nos custos totais. A planilha, nomeada *SHIPEXPLORER*, permite identificar para um determinado conjunto de características do produto, da operação e da demanda, qual dessas dimensões de desempenho do transporte afeta de modo mais significativo os níveis de estoque de segurança. Do ponto de vista prático, o *SHIPEXPLORER* permite ao tomador de decisão escolher o modal de transporte (rodoviário, ferroviário, cabotagem e aéreo) que minimiza o custo total para um determinado nível de serviço que se deseja prestar, considerando um determinado conjunto de características do negócio. Do ponto de vista teórico, foram conduzidas simulações do tipo *what-if* no *SHIPEXPLORER* para dados amostrais de diferentes setores da economia brasileira, sendo discutidas as diferenças entre os resultados simulados e a realidade encontrada.

Palavras-chave: estoque de segurança, modal de transporte, tempo de entrega, variabilidade da entrega e custo total.

1. Introdução

De acordo com diversos autores, o tempo de entrega e a variabilidade da entrega são as dimensões de desempenho básicas do transporte de cargas (BALLOU, 1992; BOWERSOX e CLOSS, 1996; LAMBERT *et al.*, 1998). O tempo de entrega é o tempo de resposta médio de um carregamento, contado desde a origem até o destino. A variabilidade da entrega é o desvio padrão do tempo de resposta de um carregamento, calculado para o mesmo par origem-destino e o mesmo modal de transporte.

Essas duas dimensões de desempenho do transporte de carga são de grande importância para a tomada de decisão em operações e logística, por afetarem básica e substancialmente os níveis de estoque de segurança (EVERS, 1999). Em essência, o estoque de segurança é dimensionado para absorver as incertezas relacionadas à demanda e ao tempo de resposta, assegurando, ao longo do tempo, o cumprimento dos níveis de serviço estipulados. No entanto, ao estoque de segurança estão associados custos de oportunidade, como, por exemplo, o custo financeiro de manter estoques.

Fica evidente, portanto, a importância de controlar essas duas dimensões de desempenho do transporte de cargas, preferencialmente com o intuito de reduzi-las, ao longo do tempo, no sentido de aumentar a eficiência das operações logísticas. Cabe, no entanto, colocar as seguintes questões:

Qual a dimensão de desempenho que deve ser controlada preferencialmente: o tempo de entrega ou a sua variabilidade?

Como esse controle se reflete na escolha do modal de transporte? Ou, ainda, qual modal de transporte permite alcançar os objetivos estipulados pelo controle dessas dimensões de desempenho?

A resposta a essas questões pode não ser trivial, pois depende do setor da economia, mais especificamente de um conjunto de características do produto, da operação e da demanda. Em alguns setores, os custos de transporte afetam significativamente a lucratividade do negócio e são relativamente mais importantes que os custos de manutenção de estoques (CARTER e FERRIN, 1996). Em outros, os níveis de estoques é que afetam significativamente a rentabilidade dos ativos e os seus custos financeiros são superiores aos gastos com transporte (JONES, 1991). Por exemplo, em algumas empresas do setor industrial, os estoques representam até 25% dos ativos totais (CHRISTOPHER, 2000). Para essas empresas, o *SHIPEXPLORER* permite identificar o modal de transporte que possibilitaria maior redução nos níveis de estoque. Espera-se que os custos adicionais associados a um modal de maior desempenho – menores tempos de entrega e variabilidade – sejam mais do que compensados pela redução nos níveis de estoque (AMSTEL e AMSTEL, 1985).

Por outro lado, em outras empresas do setor industrial, o estoque representa apenas 4% dos ativos totais (FAZEL, 1997). Para essas empresas, o *SHIPEXPLORER* permite identificar o modal de transporte que possibilitaria uma maior consolidação dos carregamentos, por meio de maiores tempos de entrega e, conseqüentemente, menor freqüência de envios. Ao se utilizar um modal de menor desempenho – mais lento –, os níveis de estoque inevitavelmente aumentam (JAYARAMAN, 1998). Porém, caso o estoque não seja relativamente mais representativo do que os gastos com transporte, o aumento no seu custo é mais do que compensado pela economia resultante da consolidação do transporte, acarretando redução no custo total (EVERS e BEIER, 1998).

Em resumo, o *SHIPEXPLORER* pode ser utilizado por empresas do setor industrial na escolha do modal de transporte de menor custo total e na identificação da dimensão de desempenho do transporte que deve ser preferencialmente controlada para a redução dos níveis de estoque de segurança. O *SHIPEXPLORER* também pode ser utilizado por prestadores de serviços logísticos multimodais, como sistema de suporte à decisão para seu pessoal de vendas e de operações, através da indicação do modal de transporte de menor custo total.

2. Estrutura Lógica do *SHIPEXPLORER*

A estrutura lógica da simulação *what-if* desenvolvida no *SHIPEXPLORER* repousa em dois pontos principais. O primeiro corresponde à determinação do custo total. Com base nas características do produto, da operação e da demanda, o *SHIPEXPLORER* permite determinar para os diferentes modais de transporte os seguintes parâmetros: tamanho de lote econômico, o estoque de segurança, o estoque em trânsito, o tempo médio entre envios e a freqüência de envios. Com base nessas informações, é possível calcular o custo total de estoque e de transporte para cada modal.

Para a determinação desses parâmetros, foram consideradas as respectivas premissas e fórmulas amplamente divulgadas na literatura de operações, logística e administração de materiais (por exemplo, veja-se BALLOU, 1992; BOWERSOX e CLOSS, 1996; LAMBERT *et al.*, 1998). Especificamente, com relação ao tamanho de lote econômico, o seu cálculo representa o ponto de equilíbrio entre o custo de manutenção de estoques e o custo de transporte (cf. Figura 1).

Figura 1: Ilustração dos Princípios do Tamanho de Lote Econômico (TLE)

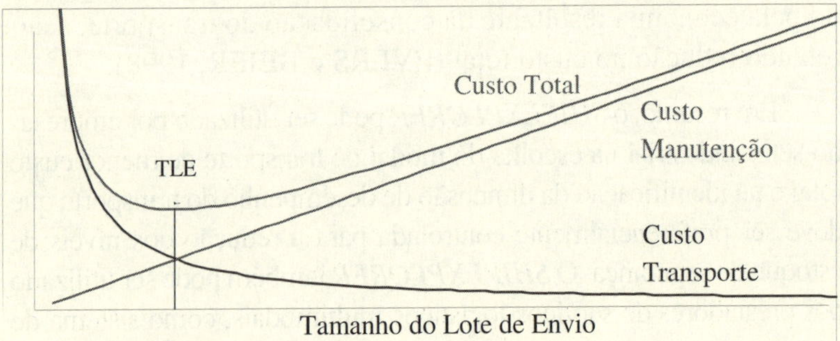

Portanto, como pode ser visualizado na Figura 1, quanto maior for o tamanho do lote de envio, maior será o estoque médio e, conseqüentemente, maior o custo de manutenção de estoque. Todavia, quanto maior for o tamanho do lote de compra, menos viagens serão necessárias no período planejado e, conseqüentemente, menores os custos de transporte. A fórmula do tamanho de lote econômico é dada por:

$$TLE = \sqrt{\frac{2 * CTR * D}{i * CAq}},$$

Onde

TLE = tamanho de lote econômico.

CTR = custo de transporte para um envio ($).

D = demanda anual.

i = custo de oportunidade do capital (% ao ano).

CAq = custo unitário de aquisição do produto.

Quanto ao estoque de segurança, seu dimensionamento deve absorver parte das incertezas da demanda no tempo de resposta do transporte. Considerando que a demanda real se distribua simetricamente em torno da média, ela estará acima da média em 50% das vezes. Isso implica, pelo menos, em 50% de chances de que haja falta de estoque, caso não tenha sido formado nenhum estoque de segurança. Esse nível de serviço é considerado insatisfatório para a maioria das empresas industriais, o que justifica o dimensionamento de estoques de segurança (ANDRASKI, 1994).

De acordo com a literatura, o estoque de segurança deve ser dimensionado a partir da probabilidade desejada de não faltar produto e da incerteza da operação. Esse cálculo se dá pela multiplicação do fator de segurança *k* (que assegura a probabilidade desejada de não faltar produto) pela variabilidade combinada da demanda no tempo de resposta. Conforme resultados comumente encontrados na literatura:

$$\mathbf{ES = k * \sigma_c}$$

$$\boldsymbol{\sigma_c = \sqrt{TR * \sigma_D{}^2 + D^2 * \sigma_{TR}{}^2}},$$

Onde

ES = estoque de segurança.

k = fator de segurança.

σ_c = variabilidade combinada da demanda no tempo de resposta.

D = demanda diária.

σ_D = desvio padrão da demanda diária.

TR = tempo de resposta (em dias).

σ_{TR} = desvio padrão do tempo de resposta.

Percebe-se que o tamanho de lote econômico depende do modal utilizado em função do custo de transporte para um envio e que o estoque de segurança depende do modal utilizado em função das suas dimensões de desempenho – média e desvio padrão do tempo de resposta. Esses dois parâmetros influenciam não apenas o custo de manutenção de estoque, como refletem também o custo de operar com determinado modal de transporte. O custo total é a soma desses dois componentes. O custo de manutenção de estoque é calculado pelo produto dos termos estoque médio, custo unitário de aquisição e custo de oportunidade do capital. A essa parcela deve ser adicionado o custo de oportunidade associado ao estoque em trânsito (WANKE, 2004). O custo de transporte é calculado pelo produto da quantidade de viagens ou envios pelo custo de transporte para um envio.

Custo Total = CME + CT

Custo Total = (Estoque Médio)*CAq*i + (Estoque em Trânsito) +

+ (Quantidade de Viagens)*CTR

Custo Total = (TLE/2 + ES)*CAq*i + D*CAq*TR*i/365 + (D/TLE)*CTR

Custo Total = (TLE/2 + ES + D*TR/365)*CAq*i + (D/TLE)*CTR,

Onde

D = demanda anual.

CME = custo de manutenção de estoque.

CT = custo de transporte.

O segundo ponto fundamental da simulação *what-if* consiste em analisar as características da operação à luz das dimensões de desempenho de cada modal. Com base nessa análise, é determinada a dimensão de desempenho de cada modal de transporte que apresenta o maior impacto individual nos níveis de estoque de segurança. Conforme apresentado anteriormente, uma vez identificada, essa dimensão será o objeto de controle prioritário da operação logística.

EVERS (1999) estabeleceu a relação de equilíbrio entre o coeficiente de variação da demanda e o desvio padrão do tempo de resposta, com o intuito de determinar a dimensão de desempenho do modal de transporte que possui a maior influência nos níveis de estoque de segurança. Essa relação foi determinada através das derivadas parciais da fórmula do estoque de segurança em relação ao tempo de resposta e ao desvio padrão do tempo de resposta. Essa relação foi incorporada ao *SHIPEXPLORER* e é sumarizada na Figura 2.

Figura 2: Prioridade de Controle das Dimensões de Desempenho no Transporte

Se	Então
$CV_D > \sqrt{2\sigma_{TR}}$	Reduza a média
$CV_D = \sqrt{2\sigma_{TR}}$	Reduza a média
$CV_D < \sqrt{2\sigma_{TR}}$	Reduza o desvio

3. Apresentação do *SHIPEXPLORER*

Foi desenvolvida interface amigável para o uso do *SHIPEXPLORER* pelo tomador de decisão.Essa interface foi organizada de acordo com o desenvolvimento da estrutura lógica da simulação *what-if*, descrita na seção anterior, com telas individuais para a entrada das características do produto, da operação e da demanda e para a saída dos resultados da simulação.

A tela principal do *SHIPEXPLORER* está organizada num menu inicial (cf. Figura 3), que possibilita a navegação para quatro outras telas. Há uma tela específica para a entrada das características do produto, da operação e da demanda (cf. Figura 4); uma tela específica para análise do custo total por setor (cf. Figura 5), com a identificação do modal de transporte de menor custo e a possibilidade de acesso aos vários gráficos de análise; uma tela específica para análise do estoque de segurança por setor (cf. Figura 6), com a identificação da dimensão de desempenho do transporte a ser controlada; e, finalmente, uma tela específica com o resumo das simulações *what-if* por setor e por modal (cf. Figura 7).

Figura 3: Menu Inicial do *SHIPEXPLORER*

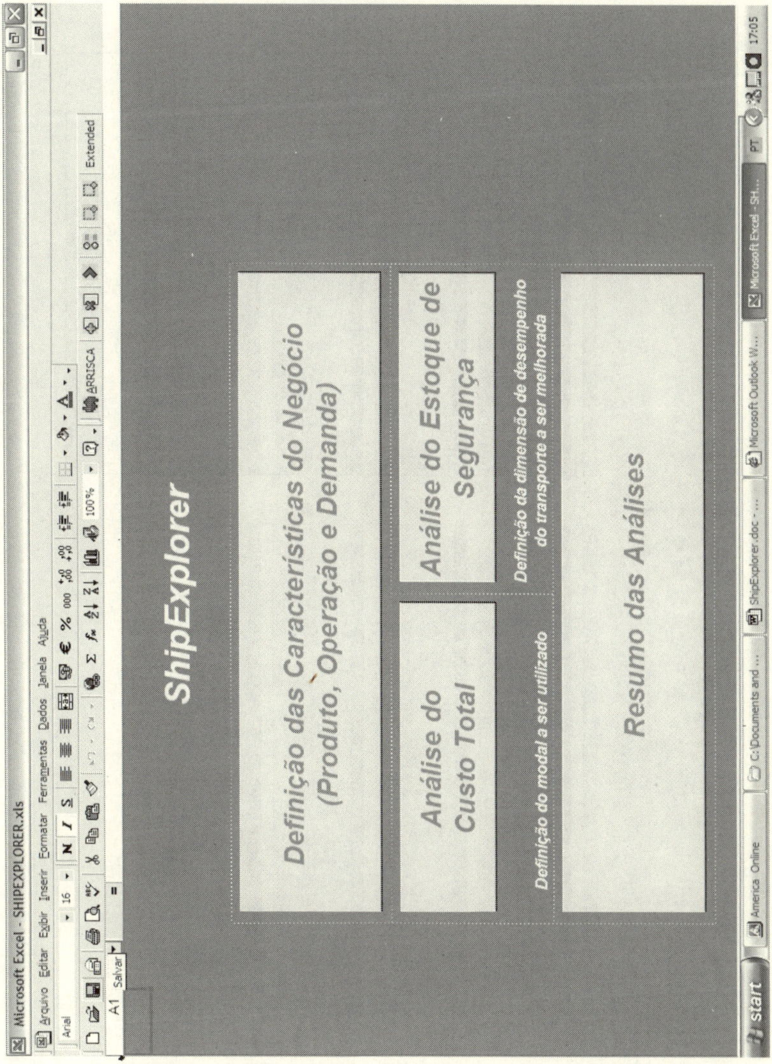

Figura 4: Entrada das Características do Negócio no SHIPEXPLORER

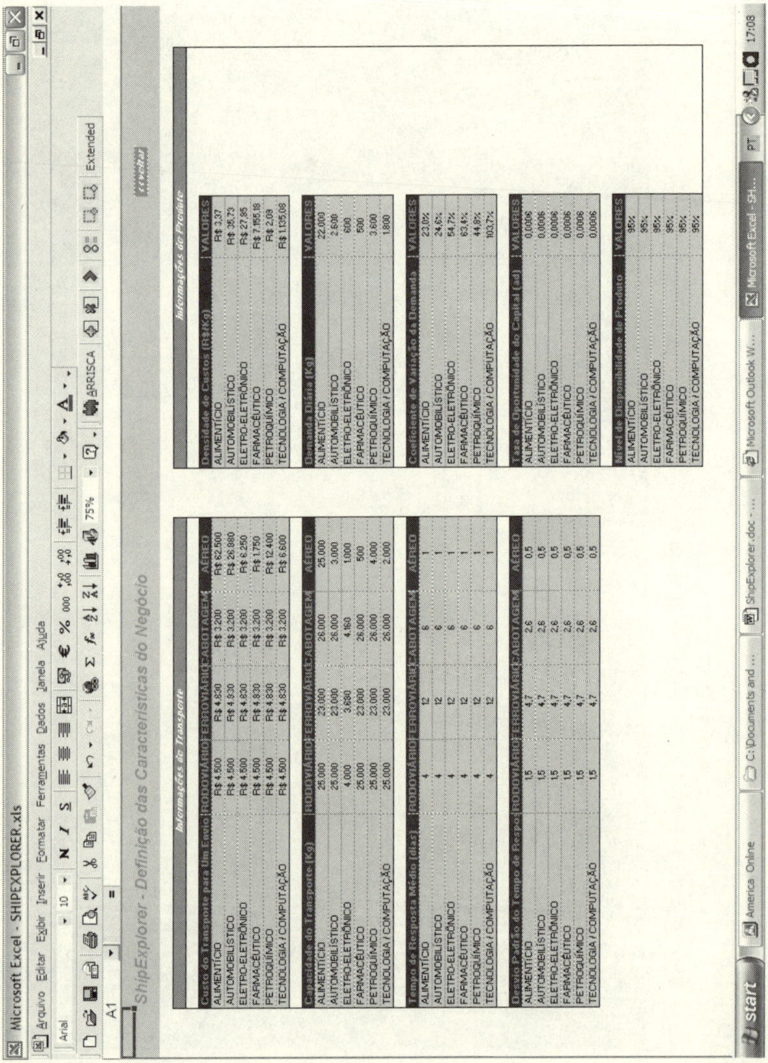

Figura 5: Análise do Custo Total por Setor no *SHIPEXPLORER*

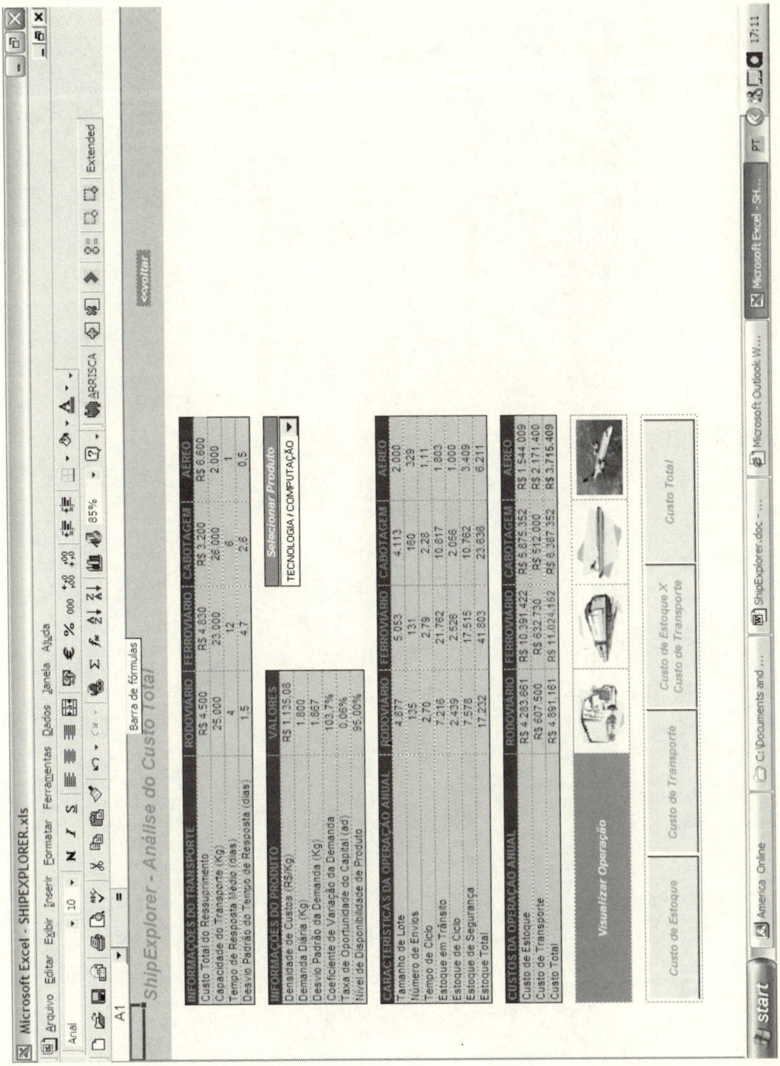

Figura 6: Análise do Estoque de Segurança por Setor no *SHIPEXPLORER*

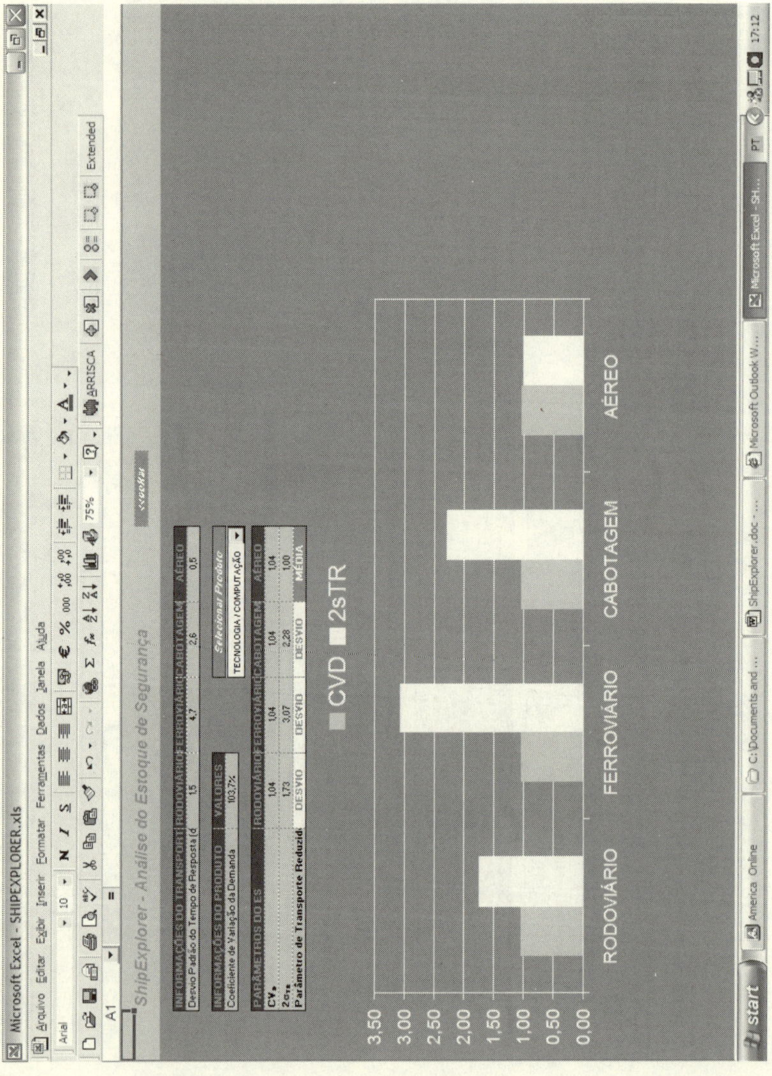

Figura 7: Resumo das Simulações *What-if* por Setor e por Modal no *SHIPEXPLORER*

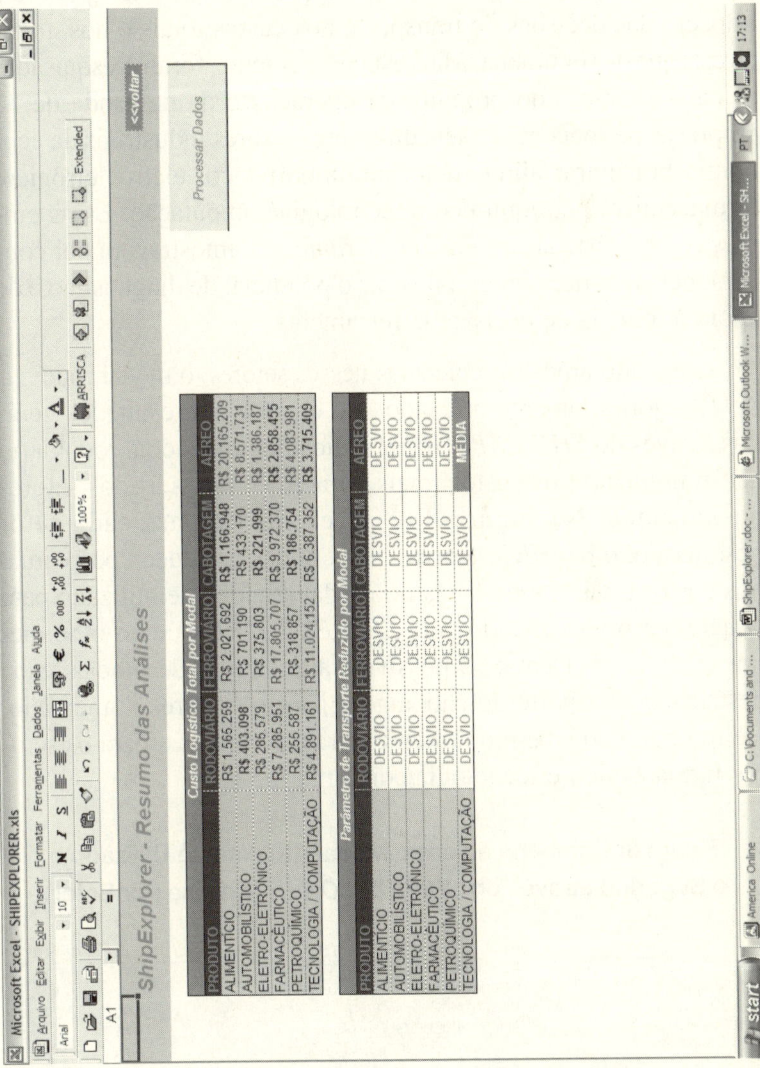

ShipExplorer - Resumo das Análises

Custo Logístico Total por Modal				
PRODUTO	RODOVIÁRIO	FERROVIÁRIO	CABOTAGEM	AÉREO
ALIMENTÍCIO	R$ 1.565.259	R$ 2.021.692	R$ 1.166.948	R$ 20.165.209
AUTOMOBILÍSTICO	R$ 403.098	R$ 701.190	R$ 433.170	R$ 8.571.731
ELETRO-ELETRÔNICO	R$ 285.579	R$ 375.803	R$ 221.999	R$ 1.386.187
FARMACÊUTICO	R$ 7.285.951	R$ 17.805.707	R$ 9.972.370	R$ 2.858.455
PETROQUÍMICO	R$ 255.587	R$ 318.857	R$ 186.754	R$ 4.083.981
TECNOLOGIA / COMPUTAÇÃO	R$ 4.891.161	R$ 11.024.152	R$ 6.387.352	R$ 3.715.409

Parâmetro de Transporte Reduzido por Modal				
PRODUTO	RODOVIÁRIO	FERROVIÁRIO	CABOTAGEM	AÉREO
ALIMENTÍCIO	DESVIO	DESVIO	DESVIO	DESVIO
AUTOMOBILÍSTICO	DESVIO	DESVIO	DESVIO	DESVIO
ELETRO-ELETRÔNICO	DESVIO	DESVIO	DESVIO	DESVIO
FARMACÊUTICO	DESVIO	DESVIO	DESVIO	DESVIO
PETROQUÍMICO	DESVIO	DESVIO	DESVIO	DESVIO
TECNOLOGIA / COMPUTAÇÃO	DESVIO	DESVIO	DESVIO	MÉDIA

4. Resultados das Simulações *What-if*

Assumindo como foco as empresas de diferentes setores industriais, foram desenvolvidas simulações do tipo *what-if* sobre o impacto das decisões de transporte nos custos totais e nos níveis de estoque de segurança. Mais especificamente, foram pesquisadas as características do produto, da operação e da demanda de 30 empresas pertencentes a seis diferentes setores industriais da economia brasileira: alimentício, automobilístico, eletroeletrônico, farmacêutico, petroquímico e tecnologia/computação. Essas empresas estão listadas no *Ranking Exame,* e a amostragem por conveniência tem por objetivo ilustrar o potencial de diagnóstico e de apoio à tomada de decisão da ferramenta.

Segundo amostras coletadas nesses setores, o modal rodoviário é majoritariamente utilizado. No entanto, os resultados gerados através do *SHIPEXPLORER* indicam que o modal rodoviário não minimizaria os custos totais para cinco dos seis dos setores pesquisados. Na Figura 8, é apresentado, para cada setor pesquisado, o benefício teórico em termos da redução percentual nos custos totais da mudança do modal atualmente utilizado para aquele outro identificado pelo *SHIPEXPLORER* como o de menor custo total. Dentre as possíveis alternativas de modais cabe destacar o transporte de cabotagem para os setores alimentício, eletroeletrônico e petroquímico e o transporte aéreo para os setores farmacêutico e tecnologia/computação.

Figura 8: Comparação entre Modal Atualmente Utilizado e o Sugerido através do *SHIPEXPLORER* (Análise Por Setor)

SETOR	MODAL ATUAL	MODAL PROPOSTO	REDUÇÃO DO CUSTO LOGÍSTICO
ALIMENTÍCIO	RODOVIÁRIO	CABOTAGEM	20%
AUTOMOBILÍSTICO	RODOVIÁRIO	RODOVIÁRIO	0%
ELETRO-ELETRÔNICO	RODOVIÁRIO	CABOTAGEM	23%
FARMACÊUTICO	RODOVIÁRIO	AÉREO	43%
PETROQUÍMICO	RODOVIÁRIO	CABOTAGEM	23%
TECNOLOGIA / COMPUTAÇÃO	RODOVIÁRIO	AÉREO	20%

Com relação à média e ao desvio padrão do tempo de resposta, a determinação da dimensão de desempenho mais significativa para os níveis de estoque de segurança possibilitaria reduzir os custos totais sem a mudança para outro modal de transporte (cf. Figura 9). Percebe-se que a variabilidade do tempo de resposta deve ser a dimensão prioritária de controle nos programas de melhoria contínua do transporte, na maioria dos setores e dos modais pesquisados. Geralmente, os programas de redução da variabilidade do tempo de resposta do transporte objetivam a programação de entrega, mesmo às custas de tempos de resposta um pouco maiores.

Figura 9: Dimensão de Desempenho do Transporte com Maior Impacto nos Níveis de Estoque de Segurança (Análise por Modal e por Setor)

Parâmetro de Transporte Reduzido por Modal				
PRODUTO	RODOVIÁRIO	FERROVIÁRIO	CABOTAGEM	AÉREO
ALIMENTÍCIO	DESVIO	DESVIO	DESVIO	DESVIO
AUTOMOBILÍSTICO	DESVIO	DESVIO	DESVIO	DESVIO
ELETRO-ELETRÔNICO	DESVIO	DESVIO	DESVIO	DESVIO
FARMACÊUTICO	DESVIO	DESVIO	DESVIO	DESVIO
PETROQUÍMICO	DESVIO	DESVIO	DESVIO	DESVIO
TECNOLOGIA / COMPUTAÇÃO	DESVIO	DESVIO	DESVIO	MÉDIA

5. Conclusões

Quando comparados os resultados da simulação através do *SHIPEXPLORER* com a prática, percebe-se que, atualmente, nos seis setores pesquisados, é utilizado maciçamente o modal rodoviário, apesar de o mesmo ter sido apontado teoricamente pelo *SHIPEXPLORER* como a segunda melhor alternativa em termos dos custos totais para cinco dos seis setores. Provavelmente, por proporcionar um desempenho, no mínimo, razoável quando comparado a outros modais, o transporte rodoviário continua sendo muito utilizado no Brasil.

Esse fator, adicionado à conhecida tradição brasileira no transporte rodoviário, ao elevado *know-how* das empresas na contratação desse modal, ao desconhecimento do *modus operandi* dos outros modais, à aversão ao custo e ao risco da mudança, dentre outros fatores, justificaria a preferência pelo modal rodoviário, mesmo que o arranjo operacional seja subótimo em termos dos custos totais. Todavia, o contínuo aumento nas pressões competitivas para redução de custos pode levar as empresas brasileiras a superar o paradigma do modal rodoviário e a uma maior contratação de outros modais.

Nesse ponto, reside a grande utilidade prática do *SHIPEXPLORER*: uma ferramenta de suporte à decisão que possibilita a quantificação dos benefícios, em termos dos custos totais, da contratação de outros modais de transporte e da identificação da dimensão de desempenho do transporte com maior impacto sobre os níveis de estoque de segurança.

6. Referências Bibliográficas

AMSTEL, M. J.; AMSTEL, W. Economic trade-offs in physical distribution: a pragmatic approach. **International Journal of Physical Distribution & Materials Management**, v. 17, n. 7, p. 15-54, 1985

ANDRASKI, J. Foundations for successful continuous replenishment programs. **International Journal of Logistics Management**, v. 5, n. 1, p. 1-8, 1994.

BALLOU, R.H. **Business logistics management**. 4th ed. New York: Prentice Hall, 1992.

BOWERSOX, D. J.; CLOSS, D. J. **Logistical management:** the integrated supply chain process. New York: McGraw-Hill, 1996.

CARTER, J.R.; FERRIN, B. G. Transportation costs and inventory management: why transportation cost matter. **Production and Inventory Management Journal**, v. 37, n. 3, p. 58-62, 1996.

CHRISTOPHER, M. The agile supply chain: competing in volatile markets. **Industrial Marketing Management**, v. 29, n. 1, p. 37-44, Jan. 2000.

EVERS, P. T.; BEIER, F. J. Operational aspects of inventory consolidation decision making. **Journal of Business Logistics**, v. 19, n. 1, p. 173-189, 1998.

______. The effect of lead times on safety stocks. **Production and Inventory Management Journal**, v. 40, n. 2, p. 6-10, 1999.

FAZEL, F. A comparative analysis of inventory costs of JIT and EOQ purchasing. International. **Journal of Physical Distribution & Logistics Management**, v. 27, n. 8, p. 496-504, 1997.

JAYARAMAN, V. Transportation, facility location and inventory issues in distribution network design. **International Journal of Operations & Production Management**, v. 18, n. 5, p. 471-494, 1998.

JONES, D. J. JIT and EOQ model: odd couple no more. **Management Accounting**, v. 72, n. 8 p. 54–57, Feb. 1991.

LAMBERT, D. M.; STOCK, J. R.; ELLRAM, L. M. **Fundamentals of logistics management**. New York: Irwin-McGraw Hill, 1998.

WANKE, P. **Gestão de estoques na cadeia de suprimento**: decisões e modelos quantitativos. São Paulo: Atlas, 2004.

PARTE 4

ORGANIZAÇÕES

O PROCESSO DE ADAPTAÇÃO DOS EXPATRIADOS E A IMPORTÂNCIA RELATIVA DOS ASPECTOS SOCIOCULTURAIS

Juliana Moreira Guiguet – IAG/PUC-Rio

José Roberto Gomes – IAG/PUC-Rio

Resumo

O presente estudo procura contribuir para o debate sobre o tema da gestão dos expatriados, analisando o caso dos profissionais de uma empresa de origem européia que utiliza a expatriação como uma estratégia para a gestão internacional de seus recursos humanos. O objetivo principal é o de identificar o nível de importância relativa que os profissionais atribuem aos aspectos socioculturais em seu processo de adaptação, durante a experiência de expatriação, quando comparados com outros fatores que parecem influenciar este processo, tais como as características pessoais e as de vida pessoal. O método utilizou entrevistas com profissionais que passaram por diferentes tipos de experiências de expatriação, da matriz para as filiais ou no sentido contrário. As entrevistas focalizam tanto indivíduos que se encontravam em meio ao processo quanto indivíduos que já haviam concluído uma ou múltiplas experiências de expatriação. Os resultados sugerem que, apesar de serem fortemente percebidos pelos expatriados, a influência dos aspectos socioculturais sobre o processo de adaptação parece ser menos intensa, quando comparada com algumas características pessoais, como o "espírito de descoberta", ou com questões relacionadas à adaptação da família.

1. As Mudanças No Contexto das Expatriações e a Relevância do Estudo

Em geral, encontram-se definições simples para o termo "expatriação", tais como as apresentadas nos dicionários Aurélio, no português, e Robert, no francês: *"ir residir em país estrangeiro"*. Segundo Foulon *et al.* (1999), o termo *expatriação* está em extinção e, aos poucos, vem sendo substituído pela expressão *mobilidade internacional.*

Entre as empresas que caminham para a globalização, intensifica-se o fluxo de pessoas entre unidades estabelecidas em diferentes países (Foulon *et al.*, 1999).É inegável também que um dos principais fatores da criação de vantagem competitiva nas organizações transnacionais deve-se à acessibilidade e à mobilidade de diversos profissionais ao redor do mundo (Williams *et al.*, 2001). Por outro lado, com a intensificação das práticas de expatriação, tanto as empresas quanto os profissionais se deparam com novos tipos de desafios (Foulon *et al.*, 1999; Scullion e Brewster, 2001). Segundo Foulon *et al.* (1999), por exemplo, uma nova geração de executivos internacionais está-se formando, com missões e benefícios diferentes daqueles experimentados pelas antigas gerações. Esses novos executivos expatriados estão sujeitos a regras muito mais restritivas no tocante aos benefícios financeiros. Aliado ao fato de que, nas últimas décadas, vêm ocorrendo também mudanças profundas nas relações contratuais nas relações de trabalho, o modo como as experiências de expatriação são gerenciadas pelas organizações podem afetar de modo significativo a motivação, o engajamento e a capacidade de atuação dos profissionais a elas vinculados.

Verifica-se também um interesse crescente, nas últimas décadas, no que tange à pesquisa acerca do tema da expatriação. Entre outros aspectos, os estudos mais recentemente desenvolvidos apresentam uma tendência à redução da fragmentação dos debates em Recursos Humanos, país a país, cedendo lugar a uma perspectiva mais global, e nessa abordagem mais global, as experiências individuais, e não as políticas gerais de cada país, tendem a ser a principal unidade de análise, argumentam Ferris *et al.* (1999).

No entanto, apesar do interesse crescente sobre o tema, parece haver, ainda, muitos aspectos a serem analisados no que tange à tentativa de melhor se compreender o processo de adaptação dos expatriados: maior ênfase no conhecimento sobre as experiências vividas caso a caso; comparação entre múltiplas dimensões que possam influenciar essa adaptação; comparação entre realidades que envolvem diferentes países e culturas; comparação entre diferentes tipos de movimentos, não focalizando apenas aqueles entre a matriz e as filiais.

2. A Função e os Diferentes Movimentos do Expatriado

Harzing (2001) apresenta um esquema de classificação dos diferentes tipos de controle que as organizações buscam reforçar por meio da atuação do expatriado. A expatriação, nesse enfoque, é vista como uma ferramenta estratégica da organização, e o papel de controle exercido pelo expatriado nas filiais é associado a imagens metafóricas de algumas figuras animais: como ursos (exercendo o controle formal direto); abelhas (polinizadoras, ou seja, socializadoras); ou aranhas (criando redes de comunicação informal). A preferência pela adoção de um destes tipos de papéis de controle, segundo Harzing, tende a estar associada a algumas características estruturais, tais como a idade da filial, o nível de dependência da filial com relação à matriz, o tipo de operação estratégica que se desenvolve na filial (ex: aquisição ou formação de *joint-ventures*), o tipo de setor industrial.

Um tipo de movimento internacional que demonstra receber uma importância crescente nas organizações globais é o que alguns autores denominam com o termo *"impatriações"*, ou seja, a movimentação de profissionais das filiais para a matriz. Segundo Stroh e Caligiuri (1998), as grandes organizações vêm reforçando paulatinamente a diversificação das suas práticas: enviar não apenas funcionários da casa matriz para as filiais mas também das filiais para a matriz ou para outras divisões do mundo. Mais do que isso, completam Harvey e Buckley (1997), essa prática precisa de ser incorporada à filosofia básica da organização, criando caminhos para o intercâmbio efetivo de conhecimento sociocultural entre todas as unidades, matriz e filiais (Harvey e Novicevic, 2000).

Segundo a classificação de Harzing (2001), a imagem do urso parece estar mais associada ao papel exercido pelos expatriados da matriz para as filiais, enquanto os outros dois papéis são característicos dos diferentes tipos de movimentos: matriz-filial, filial-matriz e filial-filial. As dificuldades vividas pelos profissionais que se deslocam das locações periféricas para a matriz podem ser também diferentes daquelas vividas pelos *ursos* que são enviados da matriz para as filiais. Harvey e Buckley (1997) sugerem, por exemplo, que há uma certa inclinação natural de os gerentes da matriz considerarem os gerentes impatriados das filiais como *outsiders*, o que normalmente não tende a ocorrer nas filiais com os gerentes oriundos da matriz.

3. O Ciclo da Expatriação

Desde que ganha o *status* de expatriado até perdê-lo, o funcionário que vive uma experiência internacional passa por um ciclo que vai desde a sua escolha para a expatriação até a *repatriação* (Scullion e Brewster, 2001), ou a volta ao país de origem.

A *escolha do pessoal* expatriado conduz à busca de qualidades variadas (Charmant, 2001), tais como, habilidades e experiências profissionais comprovadas; um bom conhecimento das regras e políticas da organização; uma boa relação de confiança entre empregado e empregador; conhecimento suficiente de uma ou mais línguas estrangeiras; habilidades específicas para a execução de procedimentos particulares. A busca de tais qualidades demonstra estar relacionada, entre outros objetivos, à escolha de um perfil de profissional que permita a sua boa adaptação, sem perturbações. Seleções mal-realizadas implicam, muitas vezes, o fracasso da expatriação, com retornos antecipados dos indivíduos (Scullion e Brewster, 2001). A adaptação do expatriado é considerada como o principal fator de sucesso da expatriação e é função direta das características e disponibilidade pessoal de cada um. A livre escolha de viver a experiência, agrega Cerdin(2000), é fator positivo para o sucesso de uma expatriação.

Os *programas de treinamento* oferecidos pelas organizações são mais freqüentes em empresas européias do que nas americanas. Empresas européias preocupam-se mais em realizar treinamentos voltados para as diferenças culturais entre os países hospedeiros e a nação de origem, mas, via de regra, são oferecidos de forma voluntária e não compulsória (Scullion e Brewster, 2001).

Certamente existem competências que podem ser adquiridas por meio de programas de treinamento e outras que são inerentes ao indivíduo. Segundo Leiba-O'Sullivan (1999), estas últimas são denominadas competências estáveis, a saber: a abertura para novas experiências, a extroversão, a simpatia, a estabilidade emocional e o bom senso costumam ser as mais requeridas durante o processo de seleção do funcionário. Aquelas que podem ser adquiridas através de treinamento são denominadas competências dinâmicas, e são elas o conhecimento cultural, a eficiência e a capacidade de gerenciar o estresse e os conflitos. É aí que o treinamento deveria ser mais atuante. Entretanto, mesmo na Europa, as organizações não têm um programa de formação afinado e personalizado voltado para o processo de transferência. Algumas se contentam em apresentar formações compostas essencialmente de uma exposição sobre a história, geografia e economia do país e algumas considerações sobre a vida cotidiana, das quais, ainda, a família nem sempre participa (Pouverreau, 1999).

A *adaptação à nação hospedeira* é o fator crucial para o sucesso da experiência de expatriação. E o mais importante é que, em muitos casos, a adaptação não é um desafio apenas para o profissional expatriado, como também para seus familiares. Uma das principais razões do insucesso de uma expatriação está relacionada à não-adaptação familiar. Cônjuges depressivos, auto-estima baixa, solidão, filhos que dificilmente se adaptam ao contexto escolar são os principais sintomas (Birdseye e Hill, 1995).

A *avaliação do sucesso* é outro aspecto importante para o ciclo de expatriação. Para Cerdin (2000), a missão de expatriação pode ser considerada bem-sucedida se analisados três níveis: o cumprimento integral da missão – ou o não-retorno precoce ao país de origem, seja por solicitação própria, seja por solicitação da empresa –; a adaptação do expatriado sob a perspectiva individual; a adaptação do expatriado sob a perspectiva organizacional.

A *repatriação* faz parte integrante do ciclo de vida da expatriação. Significa dizer que a organização precisa dar suporte ao expatriado durante todos os estágios da sua missão. Expatriação e repatriação não são dois processos separados, mas, sim, a expatriação é o início, e a repatriação é o cume de um mesmo processo (Lazarova e Caligiuri, 2001) e requerem, ambas, um trabalho de (re)adaptação à nova função ou às diferenças socioculturais (Feldman e Tompson, 1995). Segundo Lazarova e Caligiuri (2001), muitas organizações fracassam em capitalizar esse investimento humano, dado o elevado grau de demissões pós-expatriação.

A realocação afeta dois domínios importantes do indivíduo (Shaffer *et al.*, 2001): o familiar – ligado à adaptação do cônjuge e dos filhos no novo contexto; o profissional – ligado à nova função, novos desafios, oportunidade e prestígio. Segundo Lazarova e Caligiuri (2001), o sucesso da repatriação está relacionado ao modo como o indivíduo perceberá o suporte e a valorização recebidos da organização. As organizações devem trabalhar para reduzir o *gap* entre as expectativas e a realidade dos desafios da readaptação dos expatriados que estão retornando, provendo-os de um programa de treinamento de repatriação e de informações realistas e atuais sobre o país de origem (Strok *et al.*, 1998).

4. O Processo de Adaptação

De acordo com Cerdin (2000), a adaptação do expatriado está associada ao desenvolvimento de um senso geral de bem-estar, a um ajustamento psicológico.

Segundo Kraimer *et al.* (2001), existe uma relação muito positiva entre adaptação e desempenho, confirmando que uma das principais razões para o fracasso da expatriação é resultado da difícil adaptação. Assim, um indivíduo tende a obter melhor performance em função do quão ajustado estiver ao trabalho e aos cidadãos da nação hospedeira. Logo que o indivíduo aprende mais sobre o ambiente e a cultura local, é capaz de criar uma estratégia própria de convivência com os costumes dessa nova cultura e, mais ainda, passa a desfrutar da convivência (Jun *et al.*, 2001). A partir do momento que há redução da incerteza, ocasionada pela sensação de prazer e conforto com o ambiente, significa que a adaptação foi atingida (Selmer, 1999). O expatriado bem adaptado pode "gerenciar" efetivamente o novo ambiente. Cerdin (2000) relaciona algumas variáveis fundamentais no processo de adaptação:

- *Variáveis individuais*: qualidades inerentes ao indivíduo, agrupadas no termo adaptabilidade.
- *Variáveis relativas ao trabalho*: tais como autonomia e relação com a equipe.
- *Variáveis organizacionais*: ajuda logística oferecida pela organização.
- *Variáveis do ambiente*: ambientação pessoal e familiar ligada à adaptação ao ambiente fora do trabalho.

5. A Influência das Dimensões Culturais

No contexto econômico atual, no qual os atores vêem o mundo como mercado potencial, a cultura tem, sem dúvida, um impacto decisivo sobre o modo de gerenciamento, negociação, implantação e funcionamento das organizações. Ignorar essas diferenças culturais pode significar, por exemplo, o fracasso de uma *joint-venture* ou de uma negociação. Ao contrário, aquele que conhece e sabe interpretar e adaptar-se aos diversos comportamentos e protocolos do interlocutor, obterá melhores resultados, seja na assinatura de um contrato, seja na gestão de pessoas, seja no bem-estar pessoal (Dupuy, 2000).

Cultura é a programação coletiva de espírito que distingue os membros de um grupo humano dos membros de um outro grupo humano: artes, ciências, educação, valores. A cultura, reforça Thery (2000), é um fato social, coletivo, comunitário. É adquirida e afeta nossa maneira de pensar, nossas percepções, nosso modo de ação e organização, nossas relações com o meio e com os outros e a concepção de espaço (Beamer, 2000).

A diferença cultural se analisa pela comparação de duas realidades: a "nossa" e a "deles". Ainda que um indivíduo isolado não seja forçosamente representativo de uma cultura nacional, conhecer-se coletivamente significa conhecer a sua própria cultura, e reconhecer a cultura do outro é condição essencial para o gerenciamento intercultural. (Thery, 2000).

Parece haver concordância, no senso geral, de que o expatriado jamais estará livre de algum tipo de estresse intercultural inicial que dependerá de como o indivíduo percebe as diferenças (Jun *et al.*, 2001). É o que se denomina de ajustamento ou adaptação sociocultural. As pesquisas mais recentes têm identificado três facetas principais de ajustamento (Selmer, 1999): ao trabalho, ou seja, responsabilidades, enquadramento, performance; à interação com a cultura da nação hospedeira; ao ambiente fora do trabalho, como, por exemplo, aspectos relacionados ao alojamento e alimentação. A questão central do presente estudo é a de procurar identificar, no entanto, qual é o real nível de influência desse estresse ou da necessidade de ajustamento cultural sobre o processo de adaptação do expatriado, quando comparado a outros fatores de natureza organizacional e de vida pessoal, tais como as apontadas por Cerdin (2000) e apresentadas no tópico anterior.

Diferentes abordagens discutem o tema da decodificação e do gerenciamento intercultural através de grades e referências de análise. Thery (2000) ressalta, no entanto, que, apesar de utilizarem métodos diferentes, muitas dessas abordagens chegam a resultados congruentes. Em seu estudo sobre a relação entre as práticas de gerenciamento e as diferenças culturais, Karen e Stanley (1996) registram a utilidade das pesquisas de Hofstede sobre o interculturalismo, ressaltando que os resultados empíricos obtidos por aquele autor têm sido aceitos como um importante e justo meio de identificação das diferenças entre as nações. Hofstede (1980) destaca cinco dimensões que podem englobar as características mais comuns que diferenciam culturalmente as sociedades, as quais serão utilizadas como referência para o presente estudo: distância hierárquica; controle da incerteza; individualismo/coletivismo; masculinidade/feminilidade; orientação a curto ou a longo prazo.

6. Distância Hierárquica

A distância hierárquica reflete o grau de aceitação da repartição ou desigualdade de poder. Segundo Karen e Stanley (1996), números de níveis hierárquicos formais, grau de centralização e o percentual de participação nas tomadas de decisão são representativos dessa dimensão nas organizações. A distância hierárquica demonstra ter um peso fundamental nas possibilidades de participação ativa dos indivíduos na organização. Em culturas com maior distância hierárquica, por exemplo, os empregados tendem a ver gerenciamento participativo com medo e desconfiança, enquanto os gerentes que encorajam a participação tendem a ser vistos como incompetentes. Segundo Hofstede (1980), as organizações nas quais a distância hierárquica é alta, como as da Ásia do Leste e da Europa Latina, tendem a ser mais centralizadas e ter menor participação dos funcionários na tomada de decisões.

7. Controle da Incerteza

O controle da incerteza reflete o grau de inquietude face às situações ambíguas, desconhecidas e incertas. Nos indivíduos, manifesta-se, sobretudo, no nível de estresse e na necessidade de previsibilidade, de regras. Nas organizações, manifesta-se pela clareza dos planejamentos, políticas, procedimentos e sistemas.

Karen e Stanley (1996) citam um clássico estudo de Crozier (1964, *apud* Karen e Stanley, 1996) sobre as organizações francesas e americanas. Crozier notou que empresas francesas eram mais hierarquizadas e mais governadas por meio de regras do que as americanas, porém não por isso mais ou menos eficazes. Barros e Prates (1996) identificam, ainda, que a valorização de leis, regras e regulamentos é característica inerente ao "estilo brasileiro". Entretanto, na vida real, o que ocorre é uma aceitação tácita de normas e regras, com uma prática normalmente distorcida, que se apóia em outros elementos culturais mais vivos e presentes no comportamento brasileiro (como é o caso do "jeitinho" brasileiro).

8. Individualismo/Coletivismo

O individualismo caracteriza as sociedades nas quais as ligações entre as pessoas são mais superficiais: cada um deve cuidar de si mesmo, bem como dos parentes mais próximos. Já o coletivismo caracteriza as sociedades nas quais as pessoas são integradas desde o nascimento em grupos fortes e sólidos que se protegem durante toda a vida em troca de lealdade indefectível.

Nas organizações, o individualismo tende a se manifestar na autonomia, nas responsabilidades individuais por resultados e no nível individual de recompensas. A prática do gerenciamento coletivo enfatiza unidades de trabalho solidário e times de recompensa. Beamer (2000) identifica que, entre as dimensões culturais, essa é uma das mais conhecidas e pesquisadas.

Comparadas com as culturas latino-americanas, as culturas européias e norte-americanas, tendem a ser vistas como individualistas, como é o caso da cultura francesa. Corroborando com as observações de Hofstede, autores como Barros e Prates (1996) e Freitas (1997) constatam que a sociedade brasileira pode ser classificada como tendendo ao coletivismo, no qual, entre outros aspectos, mesmo os modos de navegação social tendem a ser baseados em relações, ou seja, em laços de parentesco e amizade.

9. Masculinidade/Feminilidade

Quando se trata da suposta repartição social dos papéis entre homens e mulheres, diz-se que são masculinas as sociedades em que os papéis são nitidamente diferenciados e em que os valores dominantes são o sucesso material e o progresso. As sociedades femininas são, por outro lado, sociedades nas quais os papéis são intercambiáveis e os valores dominantes são a atenção aos outros e à continuidade das relações.

Nas organizações, essa dimensão tende a se refletir nas oportunidades por mérito no tocante a altos salários, reconhecimento, vantagens e recompensas, características mais percebidas em sociedades como Japão, Estados Unidos e as germânicas. Práticas mais femininas de gerenciamento enfatizam a qualidade das relações interpessoais e a qualidade de vida no trabalho, mais associadas às nações escandinavas (Karen e Stanley, 1996). Segundo os estudos de Hofstede, nessa dimensão, a sociedade brasileira tende a ser bastante ambígua.

10. Orientação da Vida Para o Curto ou Longo Prazo

Outra dimensão abordada por Hofstede refere-se ao tempo de orientação da nação, se de longo ou de curto prazo. Essa dimensão foi adicionada mais tarde à sua teoria original, no esforço de capturar dimensões particularmente importantes na Ásia. Exemplos de nações orientadas para o longo prazo são Hong-Kong, Singapura, Tailândia e Japão (Karen e Stanley, 1996), o que, segundo Beamer (2000), pode estar associado à influência dos ideais e ensinamentos confucionistas. Sociedades ocidentais, como a brasileira (Barros e Prates, 1996) e a francesa, tendem a uma orientação de mais curto prazo, quando comparadas com as orientais.

11. Objetivos, Foco, Premissas e Período de Realização do Estudo

Este estudo tem como objetivo averiguar o grau de influência dos aspectos socioculturais no processo de adaptação dos expatriados, quando comparados a outros aspectos, tais como as características pessoais e organizacionais e as questões relativas à família. A premissa principal assumida na investigação é a de que nem todos os tipos de dificuldades encontradas pelo profissional, na sua atuação e na sua convivência social no país hospedeiro, necessariamente afetarão de modo decisivo, ou pelo menos com o mesmo grau de intensidade, o seu processo de adaptação ao longo do ciclo da expatriação.

O foco do estudo concentrou-se sobre um grupo de profissionais do Grupo PSA Peugeot-Citröen, os quais passavam, durante o período de desenvolvimento do estudo, ou haviam passado, em um período recente, por experiências de expatriação na empresa. Um dos aspectos que reforçou a relevância do estudo foi a possibilidade de acessar indivíduos que atuassem em diferentes países na empresa, vencendo, desse modo, um dos principais obstáculos operacionais para a realização de pesquisas sobre a gestão internacional: a dispersão geográfica dos sujeitos. O estudo foi realizado de agosto a outubro de 2002.

12. Metodologia

A metodologia utilizada foi a do estudo de caso (Yin, 2001). A seleção de sujeitos foi constituída por acessibilidade (Vergara, 2000), procurando mesclar 12 pessoas que viveram diferentes tipos de experiências de expatriação, conforme os perfis apresentados no Quadro 1.

Quadro 1 – Perfil dos entrevistados no estudo

Expatriado	Origem	Destino	Sexo	Último processo	Modo de acesso
1	França	Brasil	Masculino	Em curso	presencial
2	França	Argentina	Masculino	Em curso	Por telefone
3	Brasil	França	Masculino	Em curso	presencial
4	França	Inglaterra e Brasil	Masculino	Concluído	presencial
5	Brasil	França	Feminino	Em curso	Videoconferência
6	França	Nigéria, China e Brasil	Masculino	Concluído	presencial
7	Espanha	França	Feminino	Concluído	por escrito
8	França	Brasil	Masculino	Em curso	presencial
9	França	Brasil	Feminino	Concluído	presencial
10	Argentina	França	Masculino	Em curso	Videoconferência
11	Espanha	Argentina	Masculino	Concluído	Por telefone
12	Inglaterra	França, Brasil e China	Masculino	Concluído	Por telefone

No Quadro 1, entenda-se por *origem* o país no qual o indivíduo é efetivamente lotado na estrutura da organização. Em todos os casos, esse país correspondeu também à nacionalidade do entrevistado. Convencionou-se chamar de *destino* os países em cujas filiais o entrevistado viveu as suas experiências de expatriação na empresa. A penúltima coluna refere-se ao estado do último ciclo de expatriação de cada entrevistado. A denominação *em curso* significa que o indivíduo se encontra ainda atuando no último país de destino indicado, enquanto a classificação de *concluído* é atribuída para representar que o ciclo da última experiência já havia sido encerrado, com retorno ao país de origem.

A coleta de dados deu-se por meio de entrevistas semi-estruturadas com cada um dos 12 expatriados, com base e roteiro flexível de questões que procuraram focalizar principalmente os seguintes aspectos: Considera suficiente o tempo de duração da experiência? Já conhecia o(s) país(es)? Como foi a preparação para a vida? Já teve outra experiência no exterior? Com a família? Foi positiva ou negativa para sua vida? Qual foi (é) o senso geral de bem-estar dentro da empresa, fora da empresa e em termos de seu bem-estar pessoal? A imagem sobre o país hospedeiro mudou? O que influenciou negativa ou positivamente a sua adaptação dentro da empresa, fora da empresa e em termos do seu bem-estar pessoal?

Em função das dificuldades de acesso aos entrevistados, além do modo presencial, em alguns casos foram utilizados diferentes recursos tecnológicos disponíveis na organização, conforme indicado na última coluna do Quadro 1. As entrevistas, realizadas pessoalmente ou por videoconferência, duraram em média 1 hora e trinta minutos, superior ao tempo gasto nas entrevistas por telefone.

Visando entender a Política de Gestão dos Expatriados e a Política de Mobilidade Internacional definidas pela organização, outros dois funcionários de recursos humanos da matriz da empresa, na França, foram também entrevistados de modo presencial, bem como foram analisados documentos disponibilizados pela organização.

O tratamento e a análise dos dados basearam-se no método proposto por Tesch (1990) – de compreensão, síntese, explicação e recontextualização. Assim, as entrevistas foram transcritas e o conteúdo categorizado nos seguintes conceitos: a percepção sobre a experiência vivida e a motivação pessoal do expatriado; o papel da família; as diferenças nos movimentos matriz-filial e filial-matriz; a duração do contrato de expatriação; a adaptação ao trabalho, fora do trabalho e à cultura da nação hospedeira; as diferenças socioculturais.

13. A Empresa e suas Políticas Quanto à Expatriação

Uma rápida análise do histórico do Grupo PSA Peugeot Citroën permite compreender o momento atual do grupo no contexto mundial: a sua busca pela internacionalização. O grupo é formado pelas duas marcas Peugeot e Citroën, concorrentes do ponto de vista comercial.

A primeira marca, Peugeot, foi criada em 1810 pela família do próprio nome, cujos primeiros produtos foram moinhos de café, bicicletas e velocípedes. O primeiro triciclo a vapor foi desenvolvido em 1889 e marcou o início da fabricação de veículos. Os anos 50 assinalaram a expansão da marca na Europa. Em 1958, a empresa inaugurou em Nova Iorque o primeiro escritório fora da Europa. A outra marca, Citroën, fundada em 1913 pela família Citroën, iniciou-se com a produção de engrenagens; já, em 1919, produzia o primeiro veículo com grande sucesso de venda na Europa. O final dos anos 50 foi marcado pela construção da primeira fábrica fora da França, em Vigo, na Espanha. Em 1963, iniciaram-se os primeiros engajamentos entre Peugeot e Citroën para as cooperações: compra de matérias-primas e equipamentos em comum. Nos anos 70, ocorreu a criação da *holding* PSA Peugeot Citroën.

A partir dos anos 70, o grupo inicia a sua expansão industrial fora da França, a qual continua nos anos 80 e intensifica-se mais ainda nos anos 90, com a chegada de um novo presidente. Com a expansão internacional, a mesclagem de profissionais de diferentes países torna-se uma política cada vez mais forte para a empresa, conforme afirma um dos profissionais de recursos humanos entrevistados:

> *Estamos recrutando perfis internacionais em todos os países. É uma política deliberada no grupo. Favorecemos as trocas interculturais e praticamos uma espécie de* benchmarking *das melhores práticas no mundo. Nossos executivos trazem soluções inovadoras.*

Para lidar com os diferentes movimentos internacionais de funcionários e garantir o sucesso dos projetos internacionais, os profissionais convidados a participar desses projetos contam, desde janeiro de 2001, com uma Política de Mobilidade Internacional. Seguindo essa política, antes do processo de expatriação, é oferecida ao funcionário uma sucinta formação de dois dias, ministrada por uma consultoria externa, que apresenta, de modo comparativo com a cultura de origem, os diversos aspectos da nação hospedeira. Os aspectos socioculturais abordados nesse treinamento baseiam-se na teoria de Hofstede (1980).

À época do estudo, de um total de cerca de 150.000 funcionários, existiam 515 pessoas vivendo experiências de expatriação temporária, denominadas pela empresa como "desligamentos internacionais", envolvendo as mais variadas origens e destinos, em 47 países.

Em termos gerais, a política da empresa para os deslocamentos internacionais, é idêntica tanto para os funcionários que se deslocam da matriz para as filiais (por ela denominada de *expatriação*) quanto para os que se deslocam das filiais para a matriz (movimento denominado pela empresa como *impatriação*) e entre filiais (o que a empresa denomina como *movimentos transnacionais*). As desigualdades que ainda podem ser encontradas têm sido minimizadas com a criação de uma divisão de gestão dos deslocamentos internacionais.

Quanto às razões da empresa, embora não se tenha encontrado nenhuma declaração explícita nesse sentido, o modo como está definida a política e as falas dos profissionais de recursos humanos levam a crer que, entre outros aspectos, os movimentos de expatriação, sejam eles da matriz para as filiais, das filiais para a matriz ou entre filiais, visam a promover uma maior aproximação da cultura da organização nos diferentes países, ou, ainda, permitir uma maior difusão do conhecimento sobre a cultura da casa matriz; construir oportunidades de desenvolvimento profissional e possibilitar a gestão internacional dos talentos da empresa; integrar conhecimentos, permitir à empresa e aos profissionais uma maior visibilidade dobre as particularidades de cada região, em termos organizacionais e socioculturais.

14. A Visão dos Expatriados Dentro da PSA Peugeot Citroën

A princípio, é possível afirmar que a apreciação de cada profissional sobre a sua vivência como expatriado pode variar de forma significativa de profissional para profissional. Isso significa dizer que um indivíduo pode, por exemplo, considerar relevante a diversidade cultural, ao passo que, para outro, ela seja pouco significativa. Do mesmo modo, se para uns as novas atividades representaram um desafio, para outros não passam de mera repetição do trabalho já realizado.

15. A Motivação Pessoal do Expatriado

O que se percebeu nos discursos dos diferentes entrevistados foi a vontade de se adaptar à nova realidade, conhecer uma nova cultura, viver a experiência intensamente. Parece existir, em comum aos entrevistados, uma predisposição para viver a expatriação, o que pode facilitar sobremaneira o seu processo de adaptação. Esse desejo que, por vezes, parece estar associado a uma expectativa de viver novas experiências, a quebrar a rotina de vida, parece ser um dos principais elementos de motivação do expatriado, conforme ilustram os seguintes depoimentos:

> *Em 98, tinha feito minha solicitação para poder ser expatriado na China. O número de vagas foi reduzido, e eu não pude partir, e me propuseram trabalhar no projeto Brasil, onde havia uma vaga. Dois anos após isso, eu vim para o Brasil totalmente disposto a viver essa experiência. (Entrevistado 1)*

> *Tinha o sonho de morar na África. Pensei em sair da PSA para realizar esse sonho. Minha visão da África: animais nas ruas, Rei Salomão, cidades diferentes. Meu objetivo de carreira era conhecer países; nunca ser diretor. Eu atingi meu objetivo. (Entrevistado 6)*

Essa é uma visão que pareceu se reforçar a cada nova experiência de expatriação vivida. Histórias sobre as viagens e visitas a lugares diferentes foram contadas de maneira positiva e havidas como muito importantes para a assimilação da cultural local. Esse espírito de descoberta, se não é uma motivação natural do indivíduo que o leva até mesmo a desejar viver a expatriação, é pelo menos um aspecto que parece tornar a experiência menos difícil de ser enfrentada. Trata-se, na visão de alguns entrevistados, de um tipo de propensão ou "estado de espírito", uma estrutura interior que nem todos possuem, como ilustra a seguinte opinião:

> *Tem que ser uma opção própria. Nem todos são expatriáveis. Tem que ter o estado de espírito, tem que ter a família que concorda. Não se pode impor à família! Nem se pode fazer exclusivamente por dinheiro. Os que só querem ganhar dinheiro geralmente não agüentam. Já conheci muitos que voltaram antes do período porque acharam muito difícil; o dinheiro não deve ser o principal motor. (Entrevistado 2)*

16. O Papel da Família

Efetivamente, o papel da família no processo de expatriação é visto pelos entrevistados como um dos fatores mais importantes para a sua adaptação. A presença, o apoio e o equilíbrio familiar parecem proporcionar uma espécie de equilíbrio durante o processo de expatriação. Se a família estiver bem, isso permite equilibrar as dificuldades do processo de adaptação ao trabalho e à sociedade. A presença da família e, sobretudo, a sua adaptação favorecem também ao expatriado desfrutar todos os aspectos positivos da experiência. No caso inverso, da não-adaptação do cônjuge e/ou dos filhos, não apenas as dificuldades de adaptação do próprio expatriado tendem a se intensificar, como as relações familiares tendem a ser afetadas. As palavras de um expatriado ilustram esta afirmação:

> *Gostaria de concluir dizendo que se trata de uma experiência sedutora. Não me importa o país, se penso em mim. Mas como já disse e voltarei sempre a repetir, uma expatriação se faz a dois; acho que iria ser difícil para minha esposa e por ela eu não iria. (Entrevistado 1)*

Quando se trata de adaptação da família, os entrevistados abordaram tanto a adaptação familiar ao país hospedeiro quanto a (re)adaptação ao país de origem, no momento do retorno. É comum que a qualidade de vida e as condições econômicas desfrutadas pela família dos expatriados no país hospedeiro sejam até mesmo melhores que a do país de origem. Além disso, no retorno ao país de origem, muitas vezes ou o cônjuge encontra dificuldade de recolocação profissional ou os filhos não se adaptam mais aos métodos escolares. Essas situações podem levar os expatriados (repatriados) a desejaram rapidamente partir para uma nova expatriação, como comentou um dos entrevistados:

> *Minha mulher foi quem mais sofreu com o retorno, porque amou a China. Da China, posso acrescentar que eles têm uma cultura simplesmente maravilhosa, indiscutível (emoção, olhos brilharam). Minha família, sobretudo minha esposa, sempre gostou de partir em expatriação. Sem eles teria sido impossível. Estamos partindo para uma nova expatriação; minha esposa não se identifica mais com a França. (Entrevistado 6)*

17. A Importância da Adaptação: no Trabalho, Fora do Trabalho e à Cultura da Nação Hospedeira

Um entrevistado fala sobre as dificuldades pessoais e a importância da adaptação a um processo de mudança de vida como a expatriação:

Na verdade, a minha primeira experiência foi a saída da casa dos meus pais para ir morar em Paris. Para mim, o benefício da expatriação está muito mais ligado ao lado pessoal que profissional: sair com quatro malas, deixar família, amigos, etc. A saída é forte. É realmente um grande ganho pessoal. É muito fácil se adaptar depois de algum tempo, mas é necessário um tempo para a adaptação". (Entrevistado 9)

Esse tempo inicial para a adaptação é resultante do tempo necessário para conhecer e assimilar as diferenças socioculturais e organizacionais, mas, sobretudo, para aprender a conviver, a lidar com elas no ambiente de trabalho ou fora dele.

Um outro entrevistado comentou que percebeu a necessidade desse tempo de adaptação quando recebeu as suas primeiras visitas no país hospedeiro, que foram de dois cunhados. Ambos fizeram algumas críticas sobre a forma de agir das pessoas do local (pessoas falando alto nos restaurantes, filas não respeitadas nos aeroportos), comentários que o próprio expatriado havia feito logo a sua chegada. Após seis meses de estada no país-hospedeiro, o expatriado se considerava totalmente acostumado com a forma de agir das pessoas do local e isso o fazia compreender melhor a cultura do país. Mais do que isso, o comentário dos cunhados o incomodou como se ele mesmo fosse da região.

O discurso sobre a adaptação é rico em detalhes. Percebe-se nitidamente o orgulho do profissional em dizer que a sua experiência foi um sucesso no sentido de ele ter aprendido em muitos casos uma nova língua, novos hábitos, ter feito novos amigos, ter viajado bastante. Os profissionais afirmam com veemência que a sua adaptação ao trabalho foi positiva e que o resultado da sua experiência também foi positivo para a organização. É uma mistura de adaptação pessoal e profissional, como demonstra o discurso de um expatriado:

Vim para a França para mostrar meu trabalho. Quem foca o objetivo em aprender apenas, acho que está pensando de forma errada. Tem que vir para mostrar resultados. Eu me adapto fácil às novas situações e contei com os amigos franceses que conheci na empresa no Brasil para me ajudar, mostrando o caminho das pedras. Não tenho nenhuma vontade de voltar para o Brasil neste momento, por problemas de adaptação. (Entrevistado 3)

Mesmo quando o processo de socialização na nação hospedeira torna-se mais complexo, o expatriado parece encontrar alternativas de convivência que facilitam a sua adaptação. Buscam, neste caso, outras formas de aprender sobre a cultura local, seja nas relações de trabalho, seja durante as viagens, seja através da leitura. Um francês expatriado na China comentou, por exemplo, que os estrangeiros que vivem naquele país acabam formando uma espécie de clã de expatriados. A dificuldade da língua dificulta as relações de amizade com as pessoas do local. Um consenso entre os depoimentos foi a importância do aprendizado da língua para o processo de adaptação, seja no trabalho, seja na sociedade.

18. As Diferenças nos Movimentos Matriz-Filial e Filial-Matriz

Uma diferença importante entre os movimentos matriz-filial e filial-matriz deve-se ao fato de que o centro decisório é polarizado na matriz. Assim, nos deslocamentos da matriz para a filial, tende a haver uma elevação do *status* da função assumida pelo profissional no país hospedeiro, com relação à função antes ocupada na matriz. São comuns, por exemplo, as situações nas quais profissionais, originalmente sem função gerencial na matriz, assumem gerências em filiais. No caso contrário, nos deslocamentos de filiais para a matriz, o *status* relativo da função assumida tende a ser similar ou menor do que o da função na origem.

No entanto, essa assimetria parece ser percebida como algo relativamente normal, intrínseco à estrutura da empresa. Para aqueles que se deslocam da matriz para a filial, esse não é um fator citado como um dos mais importantes para a sua motivação e adaptação, assim como a perda temporária de *status* não parece incomodar os expatriados da filial para a matriz.

As distâncias hierárquicas na estrutura também são mais percebidas para os que vão das filiais para a matriz. As distâncias são muito menos sentidas quotidianamente nas filiais, uma vez que elas possuam uma estrutura menor. Na matriz, essas distâncias parecem acentuar-se em função do maior porte da estrutura.

19. A Duração do Contrato de Expatriação

Os contratos de expatriação duram, em média, até três anos. Na maioria dos casos, o contrato inicial tem uma duração de dois anos, todavia pode ser prolongado por mais um, quando há um consenso de que a prorrogação interessa tanto à empresa quanto ao empregado. Para a empresa, a prorrogação do contrato pode ser interessante porque reduz os custos fixos relativos ao deslocamento e instalação do expatriado, caso tenha que substituí-lo. Para o profissional, é interessante porque existe todo o processo de adaptação inicial no qual o rendimento é relativamente mais baixo. Uma vez estabilizado o processo inicial, o expatriado busca gozar do tempo livre, da rotina do país hospedeiro.

Ao serem questionados se o tempo de expatriação é suficiente (independentemente das postergações), houve divergência entre o discurso daqueles que saíram da casa matriz e daqueles que saíram das filiais. Estes últimos tendem a achar que o tempo é insuficiente porque, em função da estrutura organizacional de maior porte na matriz, precisam de um período maior para conhecê-la, situarem-se nela e mostrarem o seu trabalho.

No caso dos profissionais oriundos da matriz, parece haver uma percepção de que o período de duração do contrato não deve se estender além do necessário. A distância dos últimos acontecimentos, dos lançamentos, das novidades, das novas políticas do grupo, que chegam muitas vezes atrasados nas filiais, suscita nesses profissionais o desejo de retornar.

20. Diferenças Socioculturais

Os entrevistados falaram de modo enfático, teceram comparações e comentários acerca das principais diferenças culturais entre o país de origem e a nação hospedeira. No entanto, ao contrário do que muitas crenças sugeriram, foi comum a afirmação de que essas diferenças não teriam dificultado ou afetado significativamente, de fato, a adaptação. O que se percebeu em todos os discursos, foi uma análise comparativa e madura das duas culturas, mas nunca uma crítica pejorativa ou um sentimento negativo quanto à existência dessas diferenças.

Em outras palavras, os expatriados não se referiram às diferenças socioculturais como um obstáculo, mas procuraram analisá-las com o intuito de perceber/compreender as atitudes, as pessoas, as reações da sociedade, do grupo de trabalho e aprender a lidar com eles.

Apresenta-se, a seguir, a análise sobre os discursos mais significativos acerca das diferenças socioculturais percebidas. Das cinco dimensões originais consideradas na pesquisa, com base no trabalho de Hofstede, quatro delas emergem de modo perceptível do discurso dos entrevistados sobre as suas experiências em outros países. Apenas a dimensão relativa ao controle da incerteza não parece ser claramente notada pelos participantes do estudo. Além dessas cinco dimensões, duas outras assomam de modo natural nas narrativas dos indivíduos, como aspectos que marcam o seu contato com culturas diferentes da de sua origem: o direito a protesto e a aceitação do estrangeiro.

a) Distância hierárquica

Com relação a essa dimensão, os expatriados não relataram nenhuma inquietude mais significativa ou dificuldades de adaptação decorrentes. Os comentários giraram mais em torno da constatação das diferenças entre os dois países, porém sem implicações no processo de adaptação ao trabalho, mesmo quando tivesse ocorrido um maior estranhamento com relação ao comportamento das pessoas locais, como no exemplo de discurso aqui apresentado:

> *Na China existiam duas hierarquias: a oficial (eu) e a paralela (alguém do comunismo). Era um chefe oculto que dava o 'de acordo' ou não às minhas ordens. Eu só compreendi isso mais no final da minha estada. Posso dizer que me pareceu muito mais positivo que negativo. Eram nossos intérpretes que acabavam passando a informação para nós. Assim, eu pedia uma tarefa para um funcionário, ele dizia 'sim' para mim (nunca dizia 'não') e depois ele não fazia. Era porque existia um chefe oculto, normalmente o diretor da fábrica que concordava ou não com minha ordem. Mas as pessoas eram gentis, simpáticas . (Entrevistado 6)*

b) Visão de longo ou curto prazo

Chegam a ser bem-humorados os comentários de praticamente todos os entrevistados franceses que estão no Brasil sobre a visão de curto, a curtíssimo prazo, do brasileiro. Em nenhum momento, todavia, percebeu-se um sentimento de repulsa a esse fato, nem que isso tivesse afetado o processo de adaptação do expatriado ou provocado prejuízos significativos ao seu desempenho, como ilustra o relato de um entrevistado:

A sociedade brasileira não tem isso (visão de longo prazo) e não me incomodou, e isso foi até relaxante fora do trabalho. Me incomodou no trabalho porque não conseguia planejar. Mas fora do contexto profissional foi até desestressante e acho que me adaptei bem. A sociedade tem bem menos preocupação com o futuro que nós. Com o que vai acontecer amanhã ou em dois anos, e isso também foi muito desestressante e facilitou muito minha adaptação. (Entrevistado 8)

No entanto, se comparamos esse discurso com o de uma brasileira expatriada na França, podemos afirmar que tudo depende do referencial de comparação. Segundo ela, quando se compara a sociedade francesa à americana, alemã ou japonesa, no tocante à visão de curto ou de longo prazo, percebe-se que aquela tem também uma visão de curto prazo, pouco planejada:

Não é uma sociedade que pensa no longo prazo, acho até mesmo desatualizada. Tudo acontece em defasagem com o resto do mundo no sentido socioeconômico: não tem a visão do futuro em tempo real. Por exemplo, o atentado nos EUA desencadeou reações econômicas, mas o anúncio na mídia chegou defasado. Hoje ela sente os problemas como inflação e desemprego. Alemanha e Japão, por exemplo, mudaram antes. (Entrevistado 8)

Um expatriado francês vivendo atualmente na Argentina fez ainda um comentário analítico do pensamento de curto ou longo prazo na sociedade argentina que ilustra bem a compreensão de que é preciso estar sensível ao contexto do país hospedeiro:

É uma sociedade que pensa no curto prazo sim, mas o próprio ambiente faz com que não seja possível se pensar no longo prazo.. É preciso trabalhar e ser muito mais reativo; a aceitação dessa forma de trabalho é mais do que necessária nesse caso. Além disso, o que falar da sociedade Argentina neste momento em que ela está tão fragilizada? O país hoje tem um grande e grave problema. No lado profissional é um pouco decepcionante. Não serei eu que solucionarei a Argentina, mas ainda mais decepcionante é ver um país como esse no estado em que ele está. (Entrevistado 2)

c) Feminino *versus* masculino

Os entrevistados tenderam a avaliar essa dimensão em termos da comparação entre os papéis destinados a homens e mulheres e ao nível de igualdade ou de desigualdade existente entre os dois sexos, no mercado de trabalho local. Não se pode destacar, no entanto, nenhum tipo de percepção significativa de influência dessa dimensão sobre o processo de adaptação. Acredita-se que, na grande maioria de países de destino ou origem dos expatriados da organização, homens e mulheres estejam ocupando atualmente posições e espaços profissionais mais semelhantes do que no passado, embora ainda desiguais. Em número, por exemplo, os expatriados do sexo masculino dentro da organização são ainda muito mais expressivos do que os do sexo feminino, estatística que vem se reduzindo com os anos.

De um total de entrevistados, nove do sexo masculino e três do feminino, perceberam-se poucos comentários sobre dificuldades de trabalho resultantes de tais diferenças. De modo geral, é possível observar que, no grupo entrevistado, não há relação perceptível entre a adaptação à nação hospedeira e as possíveis diferenças de sexo, tais como direitos cívicos e sociais, posições profissionais, entre as nações envolvidas atualmente no processo de expatriação da PSA Peugeot Citröen . É possível, no entanto, que, em nações nas quais as distâncias entre sexos sejam mais acentuadas, tais diferenças viessem a ser mais percebidas.

d) Coletivismo *versus* individualismo

Entre as diferentes dimensões socioculturais, esta foi a que demonstrou maior associação dos entrevistados com a sua capacidade de adaptação. Torna-se mais clara a necessidade de vencer o desafio da expatriação aprendendo a conviver de forma coletiva, se a origem é individualista, ou o contrário. Os dois trechos a seguir ilustram, além do choque inicial, as dificuldades decorrentes da continuidade e da convivência com a característica da nação hospedeira. Em outras palavras: o que os entrevistados querem dizer é que existe um ciclo de adaptação às características inerentes à sociedade local que pressupõe o choque inicial e a subseqüente aceitação dessas características:

> *(Os franceses) são muito individualistas e, por isso, pouco sabemos do que se passa em suas vidas pessoais. Me incomodava o fato de não poder repartir coisas mais pessoais com os colegas de trabalho. Aprendi a conviver com a situação e fui percebendo que, ao ganhar a confiança de alguns poucos, comecei a receber convites para jantar com a família em suas casas. Percebi que era um passo importante para um francês e que era uma grande consideração. (Entrevistado 7)*

> *O brasileiro sente orgulho e comemora junto, em grupo. Não é tão diferente no trabalho, minha equipe necessita estar reunida, não sabe trabalhar na individualidade, isolada. As discussões chegaram a me incomodar no princípio. Será que não sabem trabalhar em silêncio? – me perguntava no princípio. Me acostumei. Pode ser até que sinta falta quando retornar à França. (Entrevistado 9)*

De qualquer modo, percebe-se mais dificuldade de aceitação inicial por parte dos expatriados que foram para a matriz do que no movimento contrário. A sociedade francesa tende a ser vista como mais individualista do que as demais abordadas neste estudo. As relações e atividades pós-trabalho são mais compartilhadas com os colegas de trabalho nos países de cultura coletiva, das quais alguns estrangeiros expatriados na França sentem falta.

e) Controle da incerteza

Não houve, na fala dos entrevistados no presente estudo, manifestações expontâneas significativas com relação a esta dimensão, possivelmente pelo fato de as distâncias culturais, nesse sentido, não terem sido muito percebidas nas suas experiências.

f) Direito a protesto

Apesar de não considerada inicialmente no presente estudo, esta dimensão aparece de modo natural no discurso de alguns entrevistados, quando se referem às questões culturais envolvidas na sua experiência em outros países. Nesse aspecto, novamente percebe-se um foco comparativo na fala dos entrevistados em tom de constatação, não propriamente associado a dificuldades de adaptação, seja entre aqueles oriundos de culturas nas quais essa característica demonstra ser mais marcante na sociedade, como é o caso da França e da Nigéria, seja o contrário, como é o caso do Brasil:

> *Foi uma característica que me incomodou no início. Não sei se é porque o brasileiro tem esse direito mas não toma esse direito. Não se indigna muito e não mostra a sua opinião contrária, não protesta. Isso foi mais difícil de aceitar e de controlar essa característica bem francesa. Me lembro de ter passado duas horas na fila do Banco do Brasil para fazer um depósito. Isso jamais aconteceria na França. O mais interessante é que os brasileiros não se estressavam e percebi que talvez eu fosse o errado. (Entrevistado 8)*

Aqui na Franca, o direito a protesto é muito positivo e atuante. As pessoas têm noção dos direitos cívicos e sociais. Protestam muito mais e isso é positivo. (Entrevistado 5)

Podem protestar e muito na Nigéria. Me lembro de uma outra anedota muito interessante. Num Natal, como a data é muito importante lá, no banco que ficava dentro da fábrica acabou o dinheiro e ficamos sem poder pagar os funcionários. Eles começaram a quebrar a fábrica, vidros, janelas, e os expatriados tiveram que se esconder. O diretor de RH foi de carro blindado até uma outra cidade e conseguiu trazer dinheiro. Foi uma experiência riquíssima para mim (Entrevistado 6).

g) Aceitação do estrangeiro

Ao falarem das suas experiências de expatriação, os indivíduos analisam não apenas o modo como perceberam a cultura local, mas também como foram recebidos por ela. O que se pode extrair de seu discurso é que, na maior parte das situações, com algumas exceções, os expatriados não se consideram tão estrangeiros no país hospedeiro, pelo menos não a ponto de se sentirem vítimas de maiores sentimentos de rejeição pessoal.

Os expatriados que saíram da matriz para a filial comentaram, de forma generalizada, que sempre são conhecidos como *"o francês que ocupa aquela determinada função"*. Em outras palavras, sabem que são vistos como o estrangeiro que traz a cultura organizacional *"no bolso"*, que é bastante bem remunerado e suportado pela organização para realizar a sua missão e que ocupa um cargo que poderia estar sendo ocupado por um nativo. Mas os entrevistados de forma geral têm consciência de que cabe muito mais a eles se adaptarem ao contexto local e romperem o estigma pejorativo de *"francês da matriz"*.

Por outro lado, os expatriados que fizeram o movimento contrário, ou seja, de uma filial para a matriz, perceberam que, como a organização está vivendo o momento de ascendência da curva de internacionalização, ainda há certa resistência por parte dos profissionais arraigados à empresa nacional francesa. O trecho de uma entrevista, apresentado abaixo, ilustra esse fato, reafirmando, no entanto, que tal resistência é encarada pelo expatriado muito mais como um desafio do que como um problema:

> *Existe ainda na França mas já foi mais forte. Está ligado à nova geração mais aberta, que fala inglês. Na matriz eu sou uma pessoa diferente (o fulano brasileiro e não o fulano responsável de uma equipe). Sinto certo receio por parte dos franceses. A concentração de latinos está aumentando: muitos espanhóis, argentinos, brasileiros e franceses que já viveram em expatriação nesses países. Há certamente um pouco de ciúme de alguns com relação ao nosso jeito de ser. Sinto repulsa por parte de outros. Mas me atrapalhar? Jamais. Considero um grande desafio profissional. (Entrevistado 5)*

21. Conclusões

Quanto aos objetivos do presente estudo, a análise da narrativa dos entrevistados permite afirmar que, pelo menos nas situações por eles vividas, as diferenças socioculturais da nação hospedeira tendem a ser facilmente percebidas pelos indivíduos; porém, a sua importância para o processo de adaptação à experiência de expatriação não tende a ser maior do que outros aspectos, tais como a propensão a viver a experiência e a capacidade de adaptação da família.

Por um lado, há uma diversidade de sentimentos e opiniões entre cada profissional sobre a sua vivência como expatriado. Por outro lado, observa-se uma forte semelhança nos discursos sobre a vontade de se adaptar à nova realidade, conhecer uma nova cultura, viver a experiência intensamente. Pelo menos no que se refere aos entrevistados no presente estudo, pode-se dizer que já existe uma predisposição para a adaptação, um "estado de espírito" que parece ter facilitado sobremaneira o processo de expatriação.

As percepções dos entrevistados com relação aos aspectos organizacionais, tais como a duração do contrato de expatriação, os objetivos da missão a eles conferida e a distância hierárquica na organização, sugerem que esses são também fatores que podem influenciar os resultados pessoais obtidos com a experiência vivida e que podem ser diferenciados em função do tipo de movimento: da matriz para uma filial ou de uma filial para a matriz. Não se pode afirmar, todavia, que os objetivos, a política e o modelo de gestão da organização interfiram também no processo de adaptação de modo tão significativo quanto as características pessoais ou a relação familiar.

O tema abordado neste trabalho abre, ainda, oportunidades para muitas pesquisas futuras e está muito longe de ter sido exaustivamente explorado. Uma das limitações do presente estudo é a de que todos os dados foram coletados num dado período do processo de internacionalização da organização analisada. Seria interessante que outros estudos pudessem desenvolver abordagens evolutivas no tempo, de modo a permitir uma melhor percepção sobre a aprendizagem da organização sobre a expatriação. Além disso, pode ser de grande valor a comparação dos resultados aqui obtidos com outros futuros que analisem movimentos envolvendo profissionais de outros países e outros tipos de combinações entre culturas.

Por debruçar-se sobre uma única empresa, o presente estudo não permite investigar se as organizações diferenciam-se significativamente no tocante à preparação do ciclo de expatriação e à motivação do profissional para a realização da experiência de expatriação. Pode ser que empresas, num estado mais avançado do processo de internacionalização, valorizem a experiência da expatriação de forma distinta. Estudos futuros deveriam coletar dados de múltiplas organizações e cruzar as diferenças e semelhanças entre os resultados.

Futuros estudos poderiam considerar também outras características pessoais e organizacionais que foram desconsideradas neste. Do ponto de vista organizacional, destacam-se, por exemplo, a idade e o tamanho da organização, o setor de atuação e a percepção dos colaboradores sobre a política de Recursos Humanos. Do ponto de vista pessoal, seriam destacadas características, tais como idade, perfil de personalidade, nível de estabilidade emocional e algumas limitações pessoais, como doença e distância familiar.

Quanto às implicações para as empresas, os resultados sugerem que cada expatriação deve ser analisada pela organização de forma a identificar os principais pontos positivos e negativos percebidos por cada profissional que tenha vivido a experiência. Trata-se de um banco de dados vivo sobre as dificuldades e facilidades vivenciadas por cada profissional durante a sua experiência. Trabalhar com essas informações por meio dos depoimentos de cada profissional poderá ajudar a organização a preparar melhor os ciclos de expatriação futuros e a promover a troca de experiências entre os indivíduos.

Outra implicação para as empresas em geral, decorrente dos resultados obtidos, repousa sobre a questão da escolha do pessoal para participar da experiência internacional. Como observado, o profissional deve estar motivado para partir em expatriação – uma motivação pessoal talvez mais do que puramente profissional. Assim, a organização deve buscar, ao selecionar o pessoal para participar dos deslocamentos internacionais, profissionais que preencham os requisitos mais importantes para o sucesso da experiência, tais como predisposição para aventuras, para conhecer novas culturas, para aprender uma nova língua.

Os resultados do presente estudo demonstram também a relevância de uma formação intercultural mais formal, oferecida não apenas ao expatriado, como também a toda a sua família. Dada a importância que a família demonstra exercer sobre a adaptação do expatriado, é de fundamental importância o reforço de programas organizacionais que dêem suporte a questões tais como a ocupação no país hospedeiro e a recolocação profissional do cônjuge no retorno; a continuidade da educação dos filhos; o auxílio psicológico aos membros da família.

Ressalta-se também a importância de vincular a experiência de expatriação a todo o planejamento de carreira individual do colaborador, gerenciando também a sua repatriação.

22. Referências Bibliográficas

BARROS, B. PRATES, M. **O estilo brasileiro de administrar**. São Paulo: Atlas, 1996.

BEAMER, L. Finding a way to teach cultural dimensions. **Business Communication Quartely**, v.63, n. 3, p. 111-118, 2000.

BIRDSEYE, M. G.; HILL, J. S. Individual, organizational and environmental influences on expatriate turnover tendencies: an empirical study. **Journal of international Business Studies**, v.24, n. 4, p. 787-813, 1995.

CERDIN, J. L. Réussir l'expatriation. **Personnel,** n. 406, p 30-33, 2000.

CHARMANT, J. Organisation des entreprises de Bâtiment et de Travaux publics. **Centre français d'exploitation**, v.100, p. 1-14, 2001.

DUPUY, A. Pour les ressources humaines aussi, la scène est devenue internationale. **Personnel,** n. 406, p 34-44, Jan. 2000.

FELDMAN, D. C.; TOMPSON, H. B. Expatriation, repatriation and domestic geographical relocation: an empirical investigation of adjustment to new job assignments. **Journal of International Business Studies**, v. 26, n. 3, p. 507-535, 1995.

FERRIS, G. R. et al. Human ressources management: some new directions. **Journal of Management**, v.25, n. 3, p. 385-408, 1999.

FOULON, S.; POUVERREAU, S.; LESPEZ, V. Les nouveaux visages de l'expatriation. **Magazine Liaisons Sociales**, n. 136, p. 61-63, Fev. 1999.

FREITAS, A. B. Traços brasileiros para uma análise organizacional. In: MOTTA, F.C.P.;

CALDAS, M. P. **Cultura organizacional e cultura brasileira**. São Paulo: Atlas, 1997.

JUN, S.; GENTRY, J. W.; HYUN, J.H. Cultural adaptation of business expatriates in the host marketplace. **Journal of International Business Studies**, v. 32, n. 2, p. 369-377, 2001.

HARVEY, M. G.; BUCKLEY, M. R. Managing inpatriates: building a global core competency. **Journal of World Business,** v. 35, n. 3, p. 35-46, 1997.

______; NOVICEVIC, M. M. Staffing global marketing positions: what we don't know can make a difference. **Journal of World Business,** v.35, n. 1, p. 80-94, 2000.

HARZING, A. W. K. Of bears, bumble-bees, and spiders: the role of expatriates in controlling foreing subsidiaries. **Journal of Internations Business Studies**, v. 36, n. 4, p. 753-779, 2001.

HOFSTEDE, G. H. **Cultures consequences**: international differences in work-related values. Berverly Hills: Sage, 1980.

KAREN N. L.; STANLEY, N. D. Culture and congruence: the fit between management practices and national culture. **Journal of International Business Studies**, v. 27, n. 4, 1996.

KRAIMER M. et al. Sources of support and expatriate performance: the mediating role of expatriate adjustment. **Personnel Psychology**, v.54, n. 1, p. 71-99, Spring 2001.

LAZAROVA, M.; CALIGIURI, P. Retaining repatriates: the role of organizational support practices. **Journal of World Business,** v. 36, n.4. p. 389-401, 2001.

LEIBA-O'SULLIVAN, S. The distinction between stable and dynamic cross-cultural competencies: implications of expatriate trainability. **Journal of Internations Business Studies**, v. 30, n. 4, p.709-725, 1999.

POUVERREAU, S. Les départs se préparent en famille. In: Les nouveaux visages de l'expatriation. **Magazine Liaisons sociales**, n. 136, p. 64-66, 1999.

SCULLION, H. BREWSTER, C. The management of expatriates: messages from Europe? **Journal of World Business,** v. 36, n. 4, p. 346-365, 2001.

SELMER, J. Effects of coping strategies on sócio-cultural and psychological adjustment of western expatriate managers in te PRC. **Journal of World Business**, v. 34, n.1, p. 1-41, 1999.

SHAFFER, M. A. et al. Struggling for balance amid turbulence on international assignments: work-family conflict, support and commitment. **Journal of Management**, v. 27, n. 1, p. 99-122, 2001.

STROH, L. K.; CALIGIURI, P. M. Increasing global competitiveness through effective people management. **Journal of World Business**, v. 33, n. 1, p.1-19, 1998.

TESCH, R. **Qualitative research**: analysis types and software tools. New York: The Falmer Press, 1990.

THERY, B. Management interculturel: de quoi parle-t-on? Un monde de valeurs. **Personnel,** n. 406, p 46-49, 2000.

VERGARA, S. C. **Projetos e relatórios de pesquisa em administração**. 3. ed. São Paulo: Atlas, 2000.

WILLIAMS, A.; FLEET, D. V.; WRIGHT, P. M. Strategic management of human resources for global competitive advantage. **Journal of Business Strategies**, v. 18, n. 1, p. 1-23, 2001.

YIN, R. K. **Estudo de caso**: planejamento e métodos. 2. ed. Porto Alegre: Bookman, 2001.

LOUCOS POR CARROS E LOUCAS POR COMIDA: EMPREENDIMENTOS MASCULINOS E FEMININOS NA CIDADE DO RIO DE JANEIRO

Marceli Fontoura – COPPEAD/UFRJ

Ursula Wetzel – COPPEAD/UFRJ

Eduardo Spiller – COPPEAD/UFRJ

Resumo

Este estudo aborda as motivações entre gêneros para a abertura de negócios e a decisão subseqüente da continuidade do empreendimento, tendo como foco um estudo comparativo entre os ramos de oficinas de manutenção mecânica de automóveis, marcadamente dominado por homens, e de serviço de bufê, dominado por mulheres, ambos localizados na cidade do Rio de Janeiro. A pesquisa foi promovida por meio de entrevistas em profundidade com dez proprietários de oficinas mecânicas e dez proprietárias de serviços de bufê. As conclusões indicaram que, no processo de criação da empresa de mecânica, houve a influência de modelos familiares e o gosto pelos atributos sensoriais relativos a essa atividade; para os serviços de bufê, foram determinantes na criação desses negócios a tradição gastronômica da família, o prazer de estar com pessoas, o interesse estético, relativo à decoração de ambientes, e o interesse por alimentos. A sustentação do negócio em ambiente de competitividade deveu-se à dedicação intensiva dos empreendedores aos seus respectivos ramos de atividade e à criação de bons relacionamentos com seus clientes.

1. Introdução

Desde a década de 1970, o País vem passando por significativas mudanças nas relações de emprego que implicaram a modificação do comportamento de empresas e empregados. Diversas são as causas, razões, motivos e circunstâncias que provocaram tais mudanças, dentre elas a compressão da remuneração; a ruptura do contrato psicológico (KETS DE VRIES, 1997); o aumento da competição entre empresas e mercados; a globalização (IANI, 1999); as crises econômicas; a informalidade das relações de emprego (IBGE, 2004).

Diante de tais modificações, muitos trabalhadores começaram a considerar a possibilidade de correrem riscos isoladamente, em lugar de permanecerem dependentes das decisões das empresas. Afinal, a garantia de emprego e a estabilidade deixaram há muito de existir (LAVINAS, 2001). Desse modo, o empreendedorismo tornou-se uma alternativa viável para aqueles que nutriam o desejo de trabalhar por conta própria, sem estarem sujeitos aos ditames das organizações.

Filion (1999) aborda o fenômeno do empreendedorismo em países como Brasil, Canadá, Inglaterra, Índia e Itália e aponta como possíveis causas para a expansão dos pequenos negócios as mudanças estruturais do mercado de trabalho nas últimas décadas do século XX, que ocasionaram crescentes taxas de desemprego em quase todos os países capitalistas. Rifkin (1995) destaca a migração das habilidades dos profissionais das organizações para as atividades econômicas independentes, transferindo-se, portanto, do trabalho assalariado para o trabalho autônomo. Pesquisas revelam o crescimento do empreendedorismo a taxas nunca antes experimentadas no século XX (FILION, 1999).

Em 2001, segundo dados do SEBRAE (2004), as micro e pequenas empresas representavam 99% do total de empresas existentes no Brasil, abrangendo aproximadamente 5,6 milhões de estabelecimentos industriais, comerciais e de serviços. Quanto ao porte, as micro e pequenas empresas formais são responsáveis por 41,4% dos postos de trabalho, as médias por 12,3% e as grandes respondem pelos 46,3% restantes. Nos pequenos empreendimentos, o setor de serviços apresenta a maior participação relativa, com cerca de 44% das empresas. De acordo com os dados do Ministério do Trabalho e Emprego – MTE, em 2001, dos 27,2 milhões de trabalhadores existentes nas empresas formais, 28% estavam ocupados na indústria, 16% no comércio e 56% nos serviços, o que reforça a importância deste estudo.

2. Empreendedorismo no Mundo e no Brasil

As teorias de base econômica que consideram o empreendedorismo um fator importante para o desencadeamento dos processos de crescimento e desenvolvimento econômico associam o empreendedor à inovação, à criatividade e à capacidade de aceitar riscos moderados. O empreendedor é aquele que rompe a ordem vigente e inova, criando uma atividade com a oportunidade identificada (SCHUMPETER, 1934).

As invenções são consideradas também uma forma de empreendedorismo, criadas por pessoas com características especiais, visionárias, que questionam, arriscam e querem algo diferente, que fazem acontecer. Os empreendedores são pessoas que possuem motivação para construir o seu próprio negócio e geralmente gostam do que fazem (DEGEN, 1989).

A abordagem de base social proposta por Young (1971) apresenta variáveis que ajudam a compreensão do processo empreendedor, tais como: a crença religiosa; a experiência prévia no negócio; a influência e o estímulo de familiares, amigos e mentores;

a história de vida – imigração, desemprego e demissões –, dentre outras experiências consideradas como mudanças nas vidas dos indivíduos, as quais são discutidas também nas pesquisas de Shapero e Skol (1982) e podem agir como propulsoras ou facilitadoras do processo de empreender.

Através da pesquisa realizada pelo GEM (*Global Entrepreneurship Monitor*) – que tem como objetivo pesquisar, explorar e compreender o fenômeno do empreendedorismo e seu papel no processo de desenvolvimento e crescimento econômico entre 37 países, incluindo o Brasil – o empreendedorismo pode ser identificado como qualquer tentativa de criar um empreendimento ou um novo negócio que envolva a criação de uma base de recursos, como, por exemplo, a atividade autônoma, uma nova firma ou a expansão de um empreendimento existente, seja por um indivíduo, por grupos de pessoas ou por empresas já estabelecidas (GEM, 2003).

Para Dornelas (2001), os empreendedores são determinados e dinâmicos; programam as suas ações com total comprometimento, ultrapassam obstáculos e cultivam um inconformismo diante da rotina. Do mesmo modo, gostam do trabalho que realizam, e este é o principal fator que os mantém autodeterminados na busca de se tornarem os melhores vendedores de seus produtos ou serviços.

Os empreendedores querem se antecipar às mudanças, serem os próprios patrões, em vez de empregados; serem independentes, querem inovar, buscam desenvolver uma atitude de ousadia e desejam determinar os próprios passos. Sabem estabelecer uma rede de contatos essenciais que os auxilia no ambiente empreendedor, no trato com clientes e fornecedores. Buscam o conhecimento e procuram estar sempre atualizados, pois sabem que quanto maior o domínio sobre o ramo do negócio, maior é a sua chance de êxito. Podem ser condicionados por características pessoais, pela cultura e pelo ambiente, que favorece a influência criativa e realizadora, em busca de ganhos econômicos e sociais (BERNHOEFT, 1997).

Em alguns tipos de negócios, os empreendedores estabelecem um contato mais freqüente e intenso com os consumidores, seja durante a venda face a face, ao longo de reuniões sociais ou por ocasião de eventos especiais (DORNELAS, 2001).

Para Zahra e Dess (2001), devido à novidade do tema como fonte de indagações científicas, ainda não há base teórica e empírica suficiente que permita um arcabouço conceitual sólido para a definição do termo empreendedorismo. A despeito dessa deficiência, a caracterização do empreendedor neste trabalho, por intermédio do perfil delineado, permite uma visão adequada para os fins deste trabalho.

3. Motivação para o Empreendedorismo

Filion (1999) considera que o motivo para se tornar empreendedor pode decorrer de um conjunto de variáveis que incluem características individuais, socioculturais, situacionais e organizacionais. Do mesmo modo, Shapero e Skol (1982) e Bygrave (1997) também consideram e defendem que esses elementos de caráter social podem influenciar a formação do processo empreendedor, mas alertam que tais elementos não devem ser analisados de maneira isolada, porquanto a vontade de se tornar empreendedor depende de outros fatores, como, por exemplo, a perspectiva de carreira, influência de familiares e amigos, modelos de referência, a capacidade de construir redes de relacionamentos e as condições da economia e acesso a recursos.

O empreendedorismo pode ser decorrente de causas tais como a ambição; motivos, como a necessidade de determinar o próprio rumo; razões, dentre as quais assoma a falta de perspectiva profissional como empregado de uma empresa; circunstâncias, como o desemprego. Outra importante condição refere-se ao estágio do desenvolvimento econômico do país, capaz de influenciar o desejo e a inclinação para empreendedorismo (JONES, 2000).

A partir de pesquisas desenvolvidas pelo GEM, verificou-se haver distinção entre os fatores que motivam as pessoas à decisão de empreender, como a identificação de oportunidades e a necessidade. Em 2002, o Brasil havia alcançado o primeiro lugar na classificação de empreendedorismo por necessidade dentre todos os países pesquisados. A partir de dados fornecidos pela pesquisa GEM em 2003, estimou-se que havia no Brasil 14 milhões de empreendedores, desse total, 43% eram empreendedores por necessidade, ou seja, pessoas que perderam o emprego formal, eram subempregadas ou nem tinham emprego e necessitaram abrir um negócio para sobreviver; e 53% eram empreendedores atentos a novas oportunidades de negócios (tabela 1).

Tabela 1 – Fatores condicionantes do empreendedorismo no Brasil.

Causas do Empreendedorismo	2002	2003
	%	%
Identificação de oportunidades	42	53
Por necessidade	55	43

Fonte: GEM 2003.

A diferença do percentual de empreendedores motivados por oportunidades, no período de 2002 a 2003, significou ter o indivíduo procurado estabelecer uma empresa pelo fato de efetivamente ter encontrado uma oportunidade de negócio, revelando um aumento da percepção da população quanto à possibilidade de agregar valor e inovar nas diversas atividades econômicas, gerando empregos e crescimento para o País (GEM, 2003).

Naffziger, Hornsby e Kuratko (1994), ao proporem um modelo que contemplava as características motivacionais presentes no processo de criação de um empreendimento, e na decisão subseqüente de continuar o negócio, incluíram as características comportamentais dos empreendedores. Este estudo concentra-se na análise das motivações antes da criação do negócio e nos seus comportamentos após o desenvolvimento de seus empreendimentos. Optou-se por utilizar uma adaptação desse modelo como base para a coleta e análise de dados das pesquisas de campo realizadas.

Naffziger, Hornsby e Kuratko (1994) desdobraram as motivações dos empreendedores em cinco fatores:

- *Características Pessoais* - correspondem às evidências de caráter comportamental, como: o nível de energia; a conformidade e a necessidade de autonomia; a persistência e o domínio; a necessidade de realização; o desejo do controle pessoal e o desejo de construir algo próprio; o controle interno; a propensão ao risco.
- *Ambiente Pessoal* - contempla as características pessoais não-comportamentais, tais como: *status* familiar; sexo e o processo de decisão anterior ao início de um negócio, a partir da influência familiar.
- *Objetivos Pessoais* - esses objetivos variam de acordo com cada empreendedor. Geralmente estão relacionados ao nível de aspiração do indivíduo, do que ele pretende alcançar; ao rápido crescimento da firma; à intenção de ser seu próprio patrão; à oferta de segurança financeira à sua família; e ao desenvolvimento do negócio incluindo as suas expectativas de sucesso.
- *Ambiente de Negócio* - envolve fatores do ambiente interno e externo que podem influenciar ou interferir de alguma forma no negócio, de modo relevante, para a tomada de decisão do processo de empreender. Esses fatores podem influenciar a empresa de várias formas: o acesso ao crédito; o clima econômico do mercado; a obtenção de informações e conhecimentos relevantes e a valorização social do empreendedor (rede de relacionamentos).
- *Idéia do Negócio* - significa: a percepção e a identificação da idéia como elemento importante para a tomada de deci-

são no processo de empreender; e a oportunidade de negócio, variáveis citadas como propulsoras e catalisadoras para o desenvolvimento prospectivo do empreendedor.

4. Motivação dos Gêneros

Batory (1992) realizou uma pesquisa para identificar e analisar a influência do gênero, bem como as motivações que conduzem as pessoas a iniciarem o seu próprio negócio. No estudo sobre traços de personalidade, as motivações foram caracterizadas pela realização profissional, autonomia, independência, orientação para metas e controle. Essas características não indicaram diferenças entre as motivações dos homens e mulheres.

Um enfoque dirigido apenas às mulheres revelou uma diferença entre as casadas e as solteiras para se iniciar um negócio. Para as casadas que são mães, o auto-emprego proporciona a oportunidade de maior controle e flexibilidade para conciliar as responsabilidades de casa e do trabalho. Verificou-se também que as mulheres têm necessidade de independência e de flexibilidade, pois desejam balancear a vida profissional e familiar, e essa flexibilidade não se consegue alcançar em grandes companhias patriarcais (BATORY, 1992).

Geoffee e Scase (1985) identificaram quatro motivações das mulheres empreendedoras: evitar ocupações mal pagas; escapar da supervisão; se esquivar de constrangimentos decorrentes de papéis subservientes; rejeitar identidades masculinas impostas. As três primeiras podem ser diretamente comparadas aos homens, indicando necessidades financeiras, desejo de independência e identificação de oportunidades de negócios. A única motivação que difere dos homens é a autoconfiança – a falta dela faz com que as mulheres se satisfaçam com menos dinheiro.

De acordo com Birley (1989), homens e mulheres empreendedores procuram independência, autonomia e a oportunidade de serem seus próprios chefes. Uma diferença primária destacada pela autora refere-se à prevalência das razões econômicas para os homens, e os motivos financeiros e as necessidades familiares para as mulheres. As mulheres têm primeiramente a necessidade de independência, de flexibilidade de horário, de maneira a poderem equilibrar a vida profissional e a familiar, e o retorno financeiro aparece em terceiro lugar.

A partir dos resultados apresentados pela pesquisa GEM (2003), percebe-se que, com o passar dos anos, as mulheres brasileiras estão cada vez mais envolvidas nas atividades empreendedoras, havendo sido constatada uma evolução rápida na taxa da participação feminina no empreendedorismo, comparada às taxas masculinas.

Tabela 2 – Participação no Empreendedorismo no Brasil em relação ao Gênero entre os anos 2000 e 2003.

Gênero	2000 (%)	2001 (%)	2002 (%)	2003 (%)
Homens	71	71	58	54
Mulheres	29	29	42	46
Total	100	100	100	100

Fonte: GEM 2003.

Apesar do fato de homens e mulheres começarem seus negócios em busca de mudanças e autodeterminação, muitos estudos concordam que diferentes razões levam ambos a iniciarem seus negócios (GELIN, 1998).

Buttner e Moore (1997) declaram haver diferentes motivações para iniciar um novo negócio, ao considerarem homens e mulheres. Os resultados da pesquisa por eles realizada demonstraram que os homens são movidos principalmente pelos "*pull factors*", como oportunidade de trabalhar independentemente, ter maior controle sobre seu próprio negócio e ganhar mais dinheiro; ao passo que as mulheres são mais impulsionadas pelos "*push factors*", como a frustração em seus trabalhos anteriores, "*glass-ceiling*" (barreiras encontradas pelo trabalhador, geralmente mulher, que impedem o crescimento, e/ou ascensão na carreira dentro de uma organização) e interesse no negócio.

Quanto a mudanças culturais no conceito sobre os papéis masculino e feminino, os autores, Bartolomé e Evans (2000) registram que a qualidade da vida familiar só irá melhorar quando os homens e as mulheres se sentirem igualmente responsáveis pelas suas vidas privadas com o mesmo grau de interesse. Do ponto de vista cultural, a mulher sofre mais do que o homem quando tem de deixar seus filhos na creche para poder trabalhar. Atualmente, as mulheres preferem uma vida profissional mais recompensadora e satisfatória, não colocando em risco a qualidade da sua vida pessoal. Há diversas razões para tal preferência, como, por exemplo, a diferença de remuneração entre homens e mulheres; no entanto, a razão principal é a disposição de as mulheres sacrificarem o sucesso profissional com o objetivo de dar atenção à família.

5. Metodologia

Optou-se, para o desenvolvimento deste trabalho, por dois setores marcados pelo gênero: oficinas mecânicas e banqueteiras. De uma forma geral, as oficinas mecânicas são iniciadas e conduzidas por homens, sendo os serviços de bufês iniciados e administrados por mulheres. Isso não quer dizer que mulheres não sejam donas de oficinas ou homens não prestem serviços de banquete – um e outro atuam nesses ramos de negócio. No entanto, trata-se aqui de dois setores cujas atividades têm uma tradição mais tipicamente masculina ou mais feminina.

Os dados foram coletados por meio de 20 entrevistas em profundidade, sendo dez realizadas com os proprietários de oficinas mecânicas que oferecem serviço de manutenção e reparo para autos, situadas na Zona Sul do Rio de Janeiro, e dez com mulheres donas de serviço de bufê, que atendem, na cidade do Rio de Janeiro, à classe média e média alta.

Os contatos com os donos de oficinas foram possíveis pelo fato de uma das autoras deste trabalho ser filha de um dos empresários, o que facilitou o acesso aos demais. Os contatos com as proprietárias de serviços de bufê foram promovidos a partir ou de consulta ao Guia de Restaurantes do Rio de Janeiro (BARBARA, 2002) ou por recomendações das próprias entrevistadas.

A duração média de cada uma das 20 entrevistas foi de 50 minutos, tendo todas sido gravadas com a concordância prévia das pessoas envolvidas e garantia de confidencialidade. Procurou-se fazer com que os entrevistados falassem livremente sobre os assuntos abordados, sendo criada, assim, a oportunidade para a emergência de questões não previstas originalmente nos roteiros.

As entrevistas transcritas foram codificadas utilizando o modelo proposto por Naffziger, Hornsby e Kuratko (1994) para o entendimento da motivação para o início e posterior sustentação da atividade empreendedora. Os assuntos abordados na discussão de resultados foram aqueles mais freqüentes na fala dos entrevistados, indicando, portanto, a importância atribuída pelo próprio entrevistado.

6. Apresentação e Discussão dos Resultados

Caracterização dos Negócios

O ramo de oficinas mecânicas

O serviço oferecido pelas oficinas mecânicas não pertencentes às redes de oficinas autorizadas das montadoras de veículos é caracterizado como um negócio fragmentado, geralmente de pequeno vulto. A abertura desse negócio não requer grande aporte de capital inicial, e alguns serviços de reparo podem ser oferecidos mesmo com um conjunto mínimo de ferramentas. As oficinas não formalizadas, as ditas "oficinas de fundo de quintal", existem, portanto, em abundância, havendo casos, na cidade do Rio de Janeiro, de pessoas que as montam a céu aberto, nas ruas e em praças, mas não possuem nem preparo, nem habilidade para realizar certos tipos de serviços. No entanto, a tecnologia de automóveis evolui constantemente e muitos serviços exigem equipamentos mais caros para o diagnóstico dos problemas, o que impossibilita as "oficinas de fundo de quintal" conseguirem se estabelecer e as descaracterizam como concorrentes diretas das oficinas mecânicas estudadas nesta pesquisa.

Uma outra questão importante nesse ramo refere-se à qualidade das peças de reposição. Como as peças originais ou de boa procedência são caras, muitas oficinas conseguem baratear os seus serviços usando peças de baixa qualidade ou até recondicionadas. Essa prática parece dividir o campo desse tipo de negócio em *oficinas adequadas* e *oficinas impróprias*. A pesquisa sugere, assim, uma diferenciação nativa entre as "oficinas de fundo de quintal" ou "informais" – reconhecidas por não possuírem letreiro, por oferecerem atendimento de baixa qualidade, por utilizarem peças recondicionadas e quererem sempre "passar a perna nos outros" – e as oficinas de qualidade, as adequadas, que são legalizadas, se preocupam com o atendimento personalizado dado aos clientes e com o controle de procedência das peças, utilizam equipamentos e ferramental de "ponta" para o diagnóstico do problema automotivo.

As oficinas pesquisadas oferecem um serviço especializado e, via de regra, não prestam todo o tipo de serviço automotivo. Existem aquelas especializadas em conserto e manutenção de ar-condicionado; em regulagem de motores, injeção eletrônica e parte elétrica; em lanternagem e pintura. Em seu conjunto oferecem serviços complementares, o que facilita o atendimento do cliente, pois boa parte do problema de seu carro poderá ser resolvido em uma mesma região da cidade.

A maioria das oficinas é dirigida pelo proprietário, que, no passado, ou já consertou carros pessoalmente ou teve contato com os carros, bem como com o seu funcionamento, desde criança. As oportunidades para esse contato inicial foram, em alguns casos, proporcionadas pelo fato de os pais já trabalharem no ramo de automóveis, o que lhes serviu como uma oportunidade de observação e de laboratório para as suas inclinações profissionais – hoje, ficam mais dedicados à supervisão dos mecânicos e ao controle administrativo; apenas uma das oficinas pesquisadas tem um gerente, o que implica os donos estarem o tempo todo à frente do negócio e enfrentarem dificuldades em se afastar do trabalho. Quase todos os entrevistados indicam que não saem de férias há muitos anos, permitindo-se apenas tirar alguns dias em feriados prolongados.

As oficinas têm uma rotina que sugere certa regularidade. O dono chega cedo e abre o negócio, normalmente entre 6 e 7 horas da manhã, quando provavelmente já há clientes esperando. O dia se encerra por volta de 18 horas, não havendo relatos de horas extras para atender demandas especiais dos clientes.

O ramo de bufês

O serviço de bufê é caracterizado como complexo, desafiador, estafante e estimulante, ou seja, "uma loucura" na interpretação de uma das entrevistadas. O serviço se inicia pelo pedido de um cliente para a realização de um evento. Um dos primeiros desafios refere-se à comida propriamente dita. A composição do *menu* deve ser cuidadosamente estudada, pois as necessidades diferem em cada caso, resultando em cardápios diferentes. Assim, há os casos em que o cliente prefere comida *light*, outro opta pela exclusão de determinados alimentos, outro tem preferência por pratos que levem creme de leite, outro tem alergia a determinados ingredientes, o que gera, ao final, uma composição de pratos que varia de cliente para cliente.

O segundo ponto refere-se ao tamanho do evento, que pode variar entre um jantar para 30 pessoas, um *vernissage* para 100 pessoas ou mesmo uma festa de casamento para 800 convidados. Obviamente, as questões associadas variam enormemente segundo o tamanho do evento. Dependendo do tipo – jantar, coquetel, aniversário, casamento –, a banqueteira dirige-se ao local do evento – casa, empresa, clube ou hotel – para avaliação das condições locais, como, por exemplo, distância e formas de transporte, infra-estrutura para a atividade de cozinha, disponibilidade das mesas e decoração. Uma das entrevistadas, por exemplo, cita o caso de que determinados pratos podem ser oferecidos em hotéis que tenham fogão industrial, mas não podem ser prestados em casas com fogões comuns. Em outros casos, a geladeira da casa é insuficiente para aquele prato que leva uma gelatina por cima e que, se ficar fora da geladeira, derrete e perde o brilho que se intencionava dar a ele.

Para muitas banqueteiras existe, ainda, a questão da decoração, que não se resume aos pratos ou travessas a serem utilizados, mas incluem, muitas vezes, a decoração da mesa, cor e tecido das toalhas, enfeites e flores e até o estilo da roupa dos garçons. Uma das entrevistadas, a título de exemplo, indica que a escolha das flores é essencial, pois determinados tipos, apesar de muito bonitos, têm um aroma tão intenso que pode, até mesmo, interferir na degustação da comida. Alia-se, assim, ao serviço, uma preocupação com a parte estética da festa.

A realização do evento apresenta também grandes desafios. A preparação da comida pode ser prévia, ser inteiramente preparada no local ou, ainda, um misto das duas coisas. De qualquer forma há que haver um grande controle sobre o material levado, para que nada seja esquecido, nem mesmo o gelo que deve chegar a tempo de gelar as bebidas. Muitas vezes transportam-se alimentos com alto grau de perecibilidade e há que se prevenir quanto aos engarrafamentos ou outros imprevistos, como o furo de um pneu. Em alguns casos, a banqueteira fornece também talheres, louças e copos. Esse serviço requer grande controle de material. Segundo uma das entrevistadas, a tarefa assemelha-se a "carregar a casa nas costas", uma vez que todo o material é contado antes de sair da empresa, é recontado ao sair da casa do cliente para, finalmente, ser contado mais uma vez antes de ser guardado. Há, também, que se retirar o lixo, fazer a limpeza e deixar tudo no lugar, como estava antes.

Por fim, mas sem esgotar os desafios relacionados ao serviço de bufê, encontra-se a questão da presença da banqueteira na festa. Segundo as entrevistadas, a banqueteira chega ao local do evento com antecedência suficiente para a organização de todos os trabalhos. No entanto, em parte dos casos, ela deve, também, permanecer na festa e assegurar seu bom andamento. Isso impõe uma rotina de trabalho exaustiva, pois as festas são, via de regra, à noite, tendo, conseqüentemente, implicações para a vida pessoal das banqueteiras, sem contar que, às vezes, acontecem vários eventos em um mesmo dia. Segundo as entrevistadas, a delegação dessa atividade é complicada, e muitas não se sentem à vontade para fazê-la, preferindo ficar durante a festa. Na percepção de uma entrevistada, delegar seria impossível, pois a cliente estaria contratando não o bufê, mas a ela, banqueteira. Nas suas palavras: "A festa é minha. Quando você me chama, você me quer".

As Origens do Negócio

Entendidas as principais características dos dois ramos de negócios, procede-se à análise dos fatores mais decisivos na motivação para esse tipo de empreendimento, tendo por base os principais eixos propostos no modelo de Naffziger, Hornsby e Kuratko (1994): as características pessoais, o ambiente pessoal, os objetivos pessoais, o ambiente de negócios e idéia de negócio.

Ambos os ramos de negócios apresentam baixas barreiras de entrada no que se refere a capital financeiro inicial para a operação e no que se refere ao grau de escolaridade formal. Quanto ao início do negócio, as entrevistas sugerem maior grau de formalização inicial por parte das oficinas mecânicas, ou seja, muitas começam abrindo uma loja de rua, o que implica montar uma estrutura física adequada à prestação dos serviços. No caso das banqueteiras, o grau de formalização é muito menor, uma vez que iniciam seus negócios na sua própria casa ou na casa de parentes, existindo aquelas que não estão legalizadas até hoje.

No que se refere à educação formal, os negócios de ambos os ramos podem ser iniciados sem a realização de curso superior. Assim, no caso das oficinas mecânicas, apenas três dentre os dez entrevistados possuem formação superior, tendo os demais formação técnica profissionalizante em Mecânica. No caso das banqueteiras, embora muitas possuam instrução de nível superior, nenhum se relaciona à atividade de banquete. Apenas algumas possuem curso específico de culinária. Assim, pode-se imaginar que boa parte da *expertise* que apresentam em seus negócios é adquirida pela via prática.

Embora a literatura faça referências continuadas a uma idéia de negócio como importante mola propulsora do empreendedorismo, os casos estudados indicam que os empreendimentos foram iniciados mais por questões ligadas ao interesse e vocação por um determinado ramo (carro ou comida) e ao desejo ou necessidade de ganhar dinheiro e de ser independente, do que propriamente pela percepção de uma oportunidade de negócio. No caso das oficinas mecânicas, pode-se sugerir que a abertura de uma oficina surgiu como uma solução natural pelo fato de terem trabalhado com carros desde jovens. No caso das banqueteiras, de uma forma geral, a compreensão de viabilidade para o negócio surgiu a partir de demandas para a realização de festas por parte de amigos e pelo boca a boca.

Curiosamente, em ambos os ramos, a parte sensorial ligada ao negócio surge com freqüência nas entrevistas. Para os homens, mexer com automóveis e seus componentes, estar sujo de graxa, ouvir o barulho dos motores de forte potência e poder sentir o cheiro do óleo, da gasolina e de produtos para limpezas das peças de automóveis, parecem ter sido atrativos para a escolha do negócio. No caso das mulheres, a diversidade de cores, formas e sabores dos alimentos, frutas, legumes e verduras parece ter facilitado a aproximação com o ramo de comida.

As influências

Os dois ramos sugerem influências familiares de natureza diversa. No caso das oficinas mecânicas, parece haver uma forte influência familiar para a criação de um negócio próprio. Dos dez entrevistados, nove vieram de famílias com negócios próprios. As entrevistas indicam haver nessas famílias uma percepção de que trabalhar para uma empresa significa trabalhar para outros ganharem dinheiro. Assim, o emprego tradicional é entendido como uma espoliação e não como uma troca racional de salário por horas trabalhadas. Pode-se supor que dois fatores se encontram presentes nessa percepção: a atividade de oficina mecânica oferece um rápido retorno tanto no prazer de iniciar e concluir uma tarefa quanto em termos financeiros. Esses pontos estão em conformidade com a necessidade de realização (*need for achievement*) apontada por McClelland (1971) e fartamente citada na literatura sobre empreendedorismo.

No caso das banqueteiras, o modelo familiar exerceu influência por vias diferentes. Não há relatos de valorização ou influência para terem seus próprios negócios; as narrativas remetem a experiências culinárias da infância e à realização de festas familiares. Como a atividade de bufê se realiza na casa do cliente, via de regra, para festejar alguma ocasião – aniversário, casamento, batizado –, pode-se inferir que a vida em família contribuiu na escolha do negócio.

Quanto à sustentação do negócio, todos os entrevistados de oficinas mecânicas revelam um orgulho imenso pelo trabalho realizado e prezam o reconhecimento e o sucesso adquirido, exemplificado pelas referências constantes ao fato de os clientes sempre voltarem e sentirem confiança no produto e no serviço oferecido. De forma similar, as banqueteiras também relatam sentir orgulho e amor por seu empreendimento. As razões para o sucesso devem-se, segundo os relatos, ao bom andamento dos eventos e à qualidade elogiada da sua comida. Não há dúvida, no entanto, que o serviço de bufês requer um grau de controle muito maior – se comparado às oficinas mecânicas – por parte das empreendedoras. Tal fato se explica pela ausência de equipamentos de teste e de medição, presentes nas oficinas mecânicas.

A base de clientes das oficinas é obtida por meio de relacionamento de confiança através da qualidade dos serviços prestados, a presteza e velocidade com que atendem às demandas, freqüentemente decorrentes de situações imprevistas. Revelam também a importância dada ao bom atendimento, pois dependem de clientes satisfeitos para realizar uma propaganda "boca a boca" que lhes amplie a clientela. Um processo similar acontece com as banqueteiras. O sucesso de uma festa lhes rende bons comentários e a indicação para novos clientes.

No que se refere ao envolvimento dos empreendedores, pode-se dizer que ambos os ramos de negócio são conduzidos sob o "olho do dono". No caso das oficinas mecânicas, embora os donos não se envolvam mais diretamente com o conserto de carros, estão presentes no acompanhamento do serviço, no contato com o cliente, com os fornecedores. Toda a parte legal e administrativa é por eles controlada. No caso das banqueteiras, há um envolvimento mais variado: algumas ainda estão responsáveis por cozinhar parte da comida, outras treinaram pessoas para tal. No entanto, as entrevistas sugerem uma grande presença na cozinha e no acompanhamento das festas propriamente dito. A questão administrativa lhes é menos problemática, uma vez que muitas operam informalmente, não precisando, assim, atender a muitas exigências legais. De qualquer forma, as que formalizaram seus empreendimentos reclamam que essa parte lhes demanda um tempo maior do que o desejado.

7. Conclusões

Os ramos de oficinas mecânicas e de bufês apresentam similaridades e diferenças. Dentre as principais similaridades, pode-se citar a possibilidade de iniciar o negócio sem grande investimento em educação formal, sendo a *expertise* adquirida pela prática. No entanto, as condições em que se iniciaram seus negócios parecem diferir bastante. No caso das oficinas mecânicas, as entrevistas sugerem um ambiente que valoriza e mesmo pressiona para que se procure ganhar dinheiro por meio de um negócio próprio. As origens dos bufês, por sua vez, são diferentes. Algumas criaram seus negócios por sentirem a necessidade de realizar algo nas suas vidas; outras encontraram no bufê a sua fonte de sobrevivência ou de complementação da renda familiar. Os papéis sociais do homem e da mulher parecem, nos casos estudados, indicar que o homem deriva parte da sua identidade através da criação de um negócio próprio e que a mulher inicia seu empreendimento mais ligado à necessidade de realização e de sobrevivência.

As entrevistas indicam, até o presente momento da linha de pesquisa, que as diferenças entre as oficinas mecânicas e as banqueteiras devem-se mais às características específicas do ramo de atuação (oficina mecânica ou bufê), ao grau de formalização exigido pelo negócio e ao alcance de controle necessário para a execução do serviço do que propriamente ao fato de o ramo ser de domínio masculino ou feminino.

Esses pontos, no entanto, não excluem diferenças na condução do dia-a-dia do empreendimento, ainda a serem investigadas em análises futuras. No entanto, um primeiro ponto que se afigura como importante refere-se à alocação do tempo. As entrevistas sugerem que os homens podem dedicar seu tempo todo ao negócio, uma vez que as questões referentes à casa e aos filhos ficam sob a responsabilidade da mulher. No caso das banqueteiras, tal fato não ocorre, e os depoimentos indicam que as tarefas de casa ficam sob a sua responsabilidade, o que lhes impõem um leque maior de tarefas.

Resumindo, a comparação entre os dois grupos de empreendedores indica que as motivações para início de um negócio e as questões relativas ao equilíbrio vida pessoal e vida profissional são marcadas pelo gênero.

8. Referências Bibliográficas

BARBARA, Danusia. **Guia Danusia Barbara de restaurantes do Rio, 2002**. Rio de Janeiro: SENAC, 2002.

BARTOLOMÉ, Fernando; EVANS, Paul A. Lee. Must success cost so much? In: **Harvard Business Review on Work and Life Balance**. Boston, MA: Harvard Business School Press, 2000.

BATORY, Stephen S.; BATORY, Anne H. **A gender analysis of potential entrepreneurs**: their motivation to be self employed and actual self concepts. Arkansas, 1992. Disponível em: <http://www.sbaer.uca.edu/Research/1992/SSBIA/92swi065.htm>. Acesso em: 13 mar. 2004.

BERNHOEFT, Renato. **Como tornar-se um empreendedor em qualquer idade**. São Paulo: Nobel, 1997.

BIRLEY, Sue. Female entrepreneurs: are they really any different? **Journal of Small Business Management**, v. 27, n. 1, p. 32-37, Jan. 1989.

BUTTNER, E. Holly; MOORE, Dorothy P. Women's organizational exodus to entrepreneurship: self-reported motivations and correlates with success. **Journal of Small Business Management**, v. 35, n. 1, p. 24-35, Jan. 1997.

BYGRAVE, William D. The entrepreneurial process. In: BYGRAVE, William D. (Ed.). **The portable MBA in entrepreneurship**. New York: J. Wiley & Sons, Inc., 1997.

BYGRAVE, William D.; MINNITI, M. The social dynamics of entrepreneurship. **Entrepreneurship**: **Theory and Practice**, v. 24, n. 3, p. 25-36, Spring 2000.

DEGEN, Ronald Jean. **O empreendedor**: fundamentos da iniciativa empresarial. 2. ed. São Paulo: McGraw-Hill, 1989.

DORNELAS, José Carlos Assis. **Empreendedorismo**: transformando idéias em negócios. Rio de Janeiro: Campus, 2001.

FILION, Louis J. Empreendedorismo: empreendedores e proprietários-gerentes de pequenos negócios. **Revista de Administração – USP,** v. 34, n. 2, p. 5-28, abr./jun. 1999.

GELIN, Murielle. The importance of gender in starting and managing a small business, 1998. Disponível em: <http://www.laurentian.ca/commerce/SBRG/98-3.htm>. Acesso em: 06 abr. 2004.

GEM-Global Entrepreneurship Monitor Executive Report, 2003. Disponível em: <http://www.gemconsortium.org>. Acesso em: 10 mar. 2004.

GEOFFEE, R.; SCASE, R. **Woman in charge**: the experiences of female entrepreneurs. London: George Allen & Unwin, 1985.

IANI, Octávio. **Teorias da globalização**. 5. ed. Rio de Janeiro: Civilização Brasileira, 1999.

INSTITUTO BRASILEIRO DE GEOGRAFIA E ESTATÍSTICA. Disponível em: <http://www.ibge.gov.br>. Acesso em: 23 abr. 2004.

JONES, Kellye. Psychodynamics, gender, and reactionary entrepreneurship in metropolitan São Paulo, Brazil. **Women in Management Review**, Bradford, v. 15, n. 4, p. 207-217, 2000.

KETS DE VRIES, Manfred; BALAZS, Katharina. The downside of downsizing. **Human Relations**, v. 50, n. 1, p. 11-50, 1997.

LAVINAS, Lena. **Empregabilidade no Brasil**. Rio de Janeiro: IPEA, set. 2001. (Texto para discussão, n. 826)

McCLELLAND, David C. The achievement motive in economic growth. In: KILBY, Peter. (Ed.). **Entrepreneurship and economic development**. New York: The Free Press, 1971. p. 109-122.

NAFFZIGER, Douglas W.; HORNSBY, Jeffrey S.; KURATKO, Donald F. A proposed research model of entrepreneurial motivation. **Entrepreneurship: Theory and Practice**, v. 18, n. 3, p. 29-42, Spring 1994.

RIFKIN, J. **O fim dos empregos.** São Paulo: Makron Books, 1995.

SCHUMPETER, J. **The theory of economic development**. Cambridge: Harvard University Press, 1934.

SERVIÇO BRASILEIRO DE APOIO ÀS MICRO E PEQUENAS EMPRESAS. Disponível em: <http://www.sebrae.com.br/br/ued/index.htm>. Acesso em: 26 abr. 2004.

SHAPERO, Albert; SKOL, Lisa. The social dimensions of entrepreneurship. In: KENT, Calvin A.; SEXTON, D.; VESPER, K. (Ed.). **Encyclopedia of entrepreneurship**. New Jersey: Prentice-Hall, 1982. p. 73-90.

YOUNG, Frank W. A macro sociological interpretation of entrepreneurship. In: KILBY, Peter. (Ed.). **Entrepreneurship and economic development**. New York: The Free Press, 1971. p. 139-149.

ZAHRA, S.; DESS, G. Entrepreneurship as a field of research: encouraging dialogue and debate. **The Academy of Management Review**, v. 26, n. 1, p. 8-10, 2001.

GERENCIAMENTO CULTURAL NUMA ORGANIZAÇÃO PRIVATIZADA: O CASO DA EMBRATEL

Luisa Carvalho Novaes – IAG/PUC-Rio

Patrícia Amélia Tomei – IAG/PUC-Rio

Resumo

O presente artigo tem como propósito analisar o gerenciamento cultural e o impacto no desempenho organizacional de uma empresa que passou por um processo de privatização. Este estudo de caso refere-se à Embratel – Empresa Brasileira de Telecomunicações, que, após a sua privatização em 1998, vivenciou significativa mudança na sua cultura e no seu desempenho. Com base numa análise qualitativa, esta pesquisa correlacionou a gestão organizacional antes e após a privatização com algumas tipologias culturais e indicadores de desempenho identificados na literatura, destacando a sua mudança estratégica para um modelo contingencial globalizado, voltado para os seus *stakeholders*. Os resultados da pesquisa reforçaram a premissa do trabalho ao considerar que, num processo de mudança, existe uma forte correlação entre a nova cultura organizacional e o desempenho, evidenciando o papel estratégico de algumas variáveis, como sistema de comunicação, socialização de novos membros, organização do processo de trabalho e políticas de Recursos Humanos.

1. Introdução

A sociedade brasileira vem passando por um grande processo de mudança que torna imperativa a necessidade de readequação dos setores da economia que não estão alinhados com o mercado competitivo e globalizado.

Nesse sentido, nos últimos anos, as organizações em geral e as empresas brasileiras em particular se voltaram para uma busca do aumento da produtividade por meio de fusões e de aquisições, privatizações, investimentos em novas tecnologias, reorganização geográfica da produção e flexibilização das relações trabalhistas, o que levou a um processo de mudança estrutural, estratégica e/ou cultural.

Essa realidade foi encontrada em diferentes setores da economia, mas, neste trabalho, será enfatizado especificamente o setor de telecomunicações no Brasil, no qual se observaram, nos últimos seis anos, mudanças radicais que afetaram todas as organizações, a partir de um processo intenso de privatização do Sistema Telebrás, que resultou na substituição de um sistema monopolista estatal por um setor moderno e competitivo, impulsionado por pesados investimentos e voltado para o cliente.

Desse novo universo empresarial, escolheu-se a Embratel como foco deste artigo, que tem como objetivo analisar o seu processo de gerenciamento cultural e o impacto da mudança de natureza jurídica no seu desempenho.

2. Referencial Teórico

Como referencial teórico deste trabalho foram pesquisados: (a) o conceito, o papel e o gerenciamento da cultura organizacional, (b) as tipologias culturais e os modelos de desempenho organizacional, segundo a literatura apresentada a seguir.

Há várias definições para cultura organizacional, das quais se selecionam as seguintes:

> "*Cultura organizacional é um sistema de significados aceitos pública e coletivamente por um dado grupo num dado momento. Esse sistema de termos, formas, categorias e imagens interpretam para as pessoas as suas próprias situações*" (Pettigrew, 1979, p. 574).

> "*Conjunto de pressupostos básicos que um determinado grupo inventou, descobriu ou desenvolveu ao aprender a lidar com os problemas de adaptação externa e de integração interna, e que funcionou bem o bastante para serem considerados válidos e ensinados aos novos membros como a forma correta de perceber, pensar e sentir em relação a esses problemas*" (SCHEIN, 1984, p. 3).

Portanto, pode-se observar que o conceito de cultura organizacional diz respeito aos valores internalizados que um grupo de pessoas tem a partir das suas experiências dentro e fora da organização. De forma mais objetiva: é a regra do jogo da organização, a maneira como as coisas são feitas. Nesse sentido, a cultura organizacional proporciona consistência para uma organização e para as pessoas; ensina ordem e estrutura para as atividades internas da empresa; estabelece os padrões de relacionamento entre as pessoas, por meio de fronteiras, regras básicas e padrões para a comunicação; cria critérios para a entrada e permanência dos membros na organização; e determina as condições para a efetividade dos processos internos, por meio de condições de premiações e punições.

Para a compreensão da cultura organizacional, alguns autores utilizaram modelos estratégicos e modelos comportamentais, além de terem desenhado **tipologias culturais** que remetem a generalizações de um objeto (Freitas, 1991). A seguir serão apresentados quatro modelos (Handy (1976), Sethia & Von Glinow (1985), Donnelly (1984) e Deal & Kennedy (1982)) considerados importantes para a análise do caso Embratel.

(1) Modelo de Handy

Handy (1976) afirma que regras, procedimentos, planejamento e organização fazem parte da cultura de uma empresa. Nesse sentido, ele desenvolve uma tipologia cultural que considera como os canais de poder que são refletidos nas estruturas e sistemas de uma organização.

- **Cultura de Poder:** nesse tipo de cultura, o poder é o ponto central, se se trabalha por precedentes, antecipando o que as fontes de poder irão demandar. Há poucas regras e procedimentos, ou seja, pouca burocracia e, por isso, reagem bem às ameaças. Os membros de organizações orientadas pelo poder têm mentalidade política e assumem riscos em prol de mais poder.
- **Cultura de Papéis:** esse tipo de cultura trabalha pela lógica e pela racionalidade, por isso geralmente é estereotipada como burocracia. Opera num ambiente estável, geralmente num monopólio ou num oligopólio ou com produtos de longa duração que oferecem previsibilidade.
- **Cultura de Tarefas:** orientada para o trabalho ou projeto, está totalmente relacionada ao desempenho. Prioriza a rapidez de resposta e reúne os recursos apropriados em conjunto com as pessoas apropriadas, para deixá-las realizar seu trabalho. É uma cultura extremamente adaptável, flexível, que estimula o trabalho em equipe e é encontrada em mercados competitivos, quando a vida do produto é curta, porém instável.
- **Cultura de Pessoas:** é a mais rara de todas. O indivíduo é o ponto central, a organização existe para servi-lo. A sua estrutura é bem enxuta e a hierarquia ou controle sobre seus membros é praticamente impossível, a não ser que o grupo todo concorde.

Todas essas tipologias afetam o sucesso da organização, na medida em que determinam como as decisões são tomadas, como são utilizados os recursos humanos e como o ambiente externo é abordado e contornado.

(2) Modelo de Sethia & Von Glinow

O trabalho desenvolvido por esses dois autores, em 1985, enfoca a administração de recursos humanos, em particular o sistema de recompensas, através do qual a relação pessoas *versus* performance produz quatro tipos de cultura, ou seja, dependendo da preocupação da organização com as pessoas ou com a performance da empresa, ela se dirigirá para determinado tipo cultural, conforme resumido no quadro 1 a seguir:

Quadro 1. Modelo de Sethia & Von Glinow

Preocupação com Pessoas			
	Alta	**Cultura Cuidadosa** (1,9)	**Cultura Integrativa** (9,9)
	Baixa	**Cultura Apática** (1,1)	**Cultura Exigente** (9,1)
		Baixa	**Alta**
		Preocupação com Performance	

Fonte: Sethia, N & Von Glinow, M.A. "*Arriving at four Cultures by managing the Reward System*", in: Kilmann *et alli. Gaining Control of the Corporate Culture*, San Francisco: Jossey-Bass, 1985.

- **Cultura Cuidadosa:** possui alta preocupação com as pessoas e baixa preocupação com a performance, ou seja, mesmo sendo preocupada com o bem-estar de seus funcionários, não impõe altos padrões de desempenho. Assume uma atitude paternalista e é facilmente encontrada em órgãos públicos ou em monopólios.

- **Cultura Apática:** com pouca preocupação com performance e pouca preocupação com as pessoas. Por esse motivo, é caracterizada pela indiferença e reflete um estado de desmoralização generalizado. A sua perspectiva de longo prazo é duvidosa, uma vez que, além de baixa motivação, possui retornos financeiros insatisfatórios.

- **Cultura Integrativa:** possui alta preocupação com as pessoas, com uma forte expectativa sobre o desempenho. A performance é um valor central, e a ênfase se dá no grupo ou no sucesso da companhia no seu todo e não no processo individual.
- **Cultura Exigente:** é orientada para o desempenho, com pouca preocupação com as pessoas. São empresas geralmente agressivas e vivem de acordo com um código de sobrevivência dos mais capazes. Dessa forma, o retorno financeiro para os funcionários é alto, bem como a sua rotatividade.

(3) Modelo de Donnelly

O modelo apresentado por Donnelly (1984), em Freitas (1991), relaciona a cultura com o planejamento e apresenta três tipologias: cultura excelente, vaga e horrível.

(a) A **Cultura Excelente** é planejada e os planos são comunicados aos membros, para que saibam a direção que estão tomando. A organização e as pessoas conhecem o sentido da missão. Enfatiza-se a formação de equipes. Nas organizações com culturas excelentes, o planejamento é relacionado com os procedimentos, com os padrões de operações e desempenho.

(b) A **Cultura Vaga ou Indistinta**, por sua vez, é caracterizada por uma indefinição de rumo, em que, constantemente, são trocadas as equipes dirigentes. É mais comum em empresas em estágio de maturidade ou altamente reguladas. A inovação é algo que deve ser evitado.

(c) A **Cultura Horrível**, como o próprio nome diz, passa por crises constantes, é marcada por grandes confusões, os membros trabalham para atender as emergências. Por isso, o clima é desagradável e inseguro.

(4) Modelo de Deal & Kennedy

Essa abordagem apresentada por Deal & Kennedy (1982) classifica as tipologias culturais e define o grau de risco associado às atividades de uma organização com a velocidade de *feedback* emitida pelo ambiente em que a organização atua.

Assim, são definidos quatro tipos de cultura determinados por dois fatores externos: (1) grau de risco do ambiente em que a organização está inserida e (2) velocidade em que a organização e seus membros recebem um *feedback* sobre as suas estratégias e decisões. O quadro abaixo elucida de forma mais clara estas combinações.

Quadro 2. Modelo de Deal & Kennedy

Grau de Risco	Alto	**Cultura Macho**	**Cultura Aposte sua Companhia**
	Baixo	**Cultura Trabalho Duro / Diverte Muito**	**Cultura de Processo**
		Rápida	**Lenta**
		Velocidade de *Feedback*	

Fonte: Deal, Terrence & Kennedy, Alan. *Corporate Culture: the Rites and Rituals of Corporate Life*. Massachussets: Addison-Wesley, 1982

- **Cultura "Macho":** combina alto grau de risco no negócio com rápida velocidade de *feedback*. Por isso é caracterizada por individualistas que assumem altos riscos e recebem um rápido *feedback* sobre as suas ações. É uma cultura que tende a ser jovem, com ênfase na velocidade, precisando de um *feedback* imediato. É orientada para o curto prazo e há forte competição interna, gerando falta de cooperação entre os membros.
- **Cultura "Trabalho Duro" / "Diverte Muito":** combina baixo risco e rápido *feedback*. Nessa cultura, fazer apenas

uma venda não é necessariamente o sucesso da companhia, o sucesso vem com a persistência. O *feedback* é rápido, pois qualquer reclamação do cliente aparece prontamente. Dá mais ênfase à quantidade de vendas do que à qualidade dos serviços.

- **Cultura "Aposte a sua Companhia":** são organizações que exigem altos investimentos e retorno financeiro vagaroso; por isso, o *feedback* é lento. Pessoas que trabalham nesse tipo de cultura são persistentes e são orientadas para o longo prazo.
- **Cultura "de Processo":** combina o lento *feedback* com o baixo risco. Nessa cultura, o impacto de fazer ou deixar de fazer uma transação é virtualmente nenhum, da mesma forma que as pessoas não têm nenhum *feedback*. Há falta de identificação com o sucesso e, por isso, não há heróis. Os valores dessa cultura são calcados na perfeição.

Esse modelo de Deal & Kennedy permite interligar a cultura com a estratégia organizacional. Para tanto, é preciso introduzir o modelo estratégico conhecido como Matriz BCG (*Boston Consulting Group*), que relaciona a taxa de crescimento de uma empresa com a sua participação de mercado.

Quadro 3. Matriz BCG *versus* Tipo de Cultura

<table>
<tr><td rowspan="2">Crescimento de Mercado</td><td>Alto</td><td>Estrelas
"Cultura Aposte sua Companhia"</td><td>Pontos de Interrogação
"Cultura Macho"</td></tr>
<tr><td>Baixo</td><td>Vacas Leiteiras
Cultura" trabalho duro" / "diverte muito"</td><td>Abacaxis
"Cultura de Processo"</td></tr>
<tr><td></td><td></td><td>Forte</td><td>Fraca</td></tr>
<tr><td></td><td></td><td colspan="2">Posição Competitiva Relativa</td></tr>
</table>

Adaptado de Bateman, Thomas & Snell, Scott. *Administração: Construindo Vantagem Competitiva*. São Paulo: Ed. Atlas, 1998

Para atender às constantes alterações demandadas pelo ambiente externo, a cultura organizacional precisa estar preparada para viabilizar essas mudanças. Portanto, a organização deve ter valores que permitam um constante questionamento das premissas culturais e estratégicas. Entretanto, para que haja este questionamento, é preciso, primeiramente, conhecer a cultura organizacional.

Tomei (1994) afirma que os momentos de crise vividos pelas organizações muitas vezes atuam como catalisadores das mudanças. Essas crises podem ser provocadas por fatores externos, como mudanças na economia e na política, ou internos, como o surgimento de um novo líder. A mudança é sempre um momento de ruptura, de transformação, de criação, portanto envolve risco, principalmente com relação às transformações relacionadas à estrutura de poder.

Pinto (1993) aborda dois aspectos da mudança cultural: por um lado, ela é positiva, pois recicla, evolui e repensa velhas formas, mas, por outro, a mudança altera o equilíbrio, criando ambigüidade, insegurança e ansiedade, mexendo, dessa forma, nos sistemas de crenças das pessoas.

Silva (2001) argumenta que o conceito de mudança pressupõe a existência de um estado original na organização que, por algum motivo, intencional ou não, tem as suas características modificadas no tempo, ou seja, a existência de um novo estado que, embora possa não ser assumido como um estado final, apresenta características diferenciadas daquelas existentes no estado original.

Gordon (1985) acredita que, se uma empresa deseja modificar a sua cultura – seja por qualquer razão –, o ímpeto de mudança deve começar de cima, ou seja, pela alta administração. Para o autor, a mudança é possível através da perseverança de seus líderes: são eles que dão a direção, reforçam os valores e mostram para a organização que a mudança deve ser feita antes que seja tarde demais. O autor não descarta a dificuldade de se mudar a cultura de uma organização. Mas é possível que a nova cultura, se devidamente planejada e implantada, se sobreponha à cultura anterior. A necessidade de mudança pode surgir devido às mudanças de tamanho da organização, de seu mercado ou características da indústria ou, até mesmo, aumento da diversidade de seus produtos.

Sempre que há mudança organizacional, é preciso gerenciar esse processo, conduzindo a cultura para um novo modelo, a fim de que os funcionários se adaptem a ela da melhor forma possível.

Nesse contexto, a questão do gerenciamento cultural causa polêmica no meio acadêmico. Segundo Hilal (1996), a literatura referente ao gerenciamento da cultura organizacional pode ser agrupada em duas vertentes antagônicas. Uma vertente defende que a cultura organizacional pode ser gerenciada, em maior ou menor grau, dependendo da situação, e a segunda vertente afirma que a cultura não é gerenciável. Neste artigo adota-se a vertente que acredita que a cultura pode ser gerenciada.

Para Schein (1984), as organizações possuem estágios de crescimento, no qual a cultura muda de função de acordo com o estágio em que se encontra. Dessa forma, analisando-se o ciclo de vida da organização, é possível identificar os melhores momentos para o gerenciamento da cultura organizacional. Schein divide os estágios em três momentos, considerando a dinâmica e liderança organizacional. Esses momentos são representados pela (1) fundação e desenvolvimento da organização, (2) meia idade e (3) idade madura e declínio.

Esse gerenciamento cultural deve estar sempre direcionado ao desempenho organizacional. Conforme se observa nos trabalhos de Gordon (1985), a cultura pode ser medida e possui uma significativa relação com a performance de uma empresa. O autor aponta 11 dimensões essenciais para o bom desempenho organizacional e financeiro da organização que, combinadas, aumentam a performance da mesma. As dimensões são as seguintes:

- *Clareza de direção*: a importância dada pela empresa ao grau de clareza dos objetivos e planos propostos.

- *Alcance organizacional*: o grau em que a empresa expõe seus objetivos a riscos e inova seus negócios.
- *Integração*: grau de coesão dos membros da organização, de modo que trabalhem coordenadamente. Esse é um indicador de interdependência horizontal.
- *Contato com a alta administração*: grau em que os funcionários recebem comunicação clara e apoio da alta administração. Esse é um indicador de interdependência vertical.
- *Incentivo à iniciativa individual*: grau de liberdade para criação e ação para assumir riscos. Incentivo à inovação.
- *Resolução de conflito*: grau em que os funcionários são incentivados a discutir os conflitos e críticas abertamente.
- *Clareza de performance*: esclarecimento aos funcionários das expectativas de performance.
- *Ênfase em performance*: forte expectativa por parte da organização na performance individual e organizacional.
- *Orientação para ação*: senso de urgência para se terem as coisas feitas.
- *Compensação*: grau em que os funcionários percebem que estão recebendo uma remuneração justa e competitiva por seu trabalho e pelo alcance das metas.
- *Desenvolvimento de recursos humanos*: provimento de oportunidades para os funcionários crescerem e se desenvolverem dentro da organização.

Com essa pesquisa, Gordon (1985) mostra que a maneira como cada empresa é organizada e a forma como as pessoas interagem e agem dentro dessa estrutura são fortes determinantes e expressão da sua cultura. Como a cultura é definida pela alta administração, a partir da sua visão estratégica e foco em resultado, respeitando sempre a dinâmica do mercado no qual a empresa opera, a cultura é uma variável que afeta decisivamente o desempenho organizacional.

Em relação às empresas que passaram pelo processo de privatização e, entre outros quesitos, mudaram a sua cultura, não há dúvidas de que o desempenho organizacional tende a melhorar, conforme apresentado a seguir por diferentes autores.

Megginson, Nash & Randenborgh (1994) realizaram uma pesquisa com empresas que passaram pelo processo de privatização, no período de 1961 a 1990, para analisar a performance operacional e financeira antes e após a privatização. Os resultados encontrados por esses autores apontam melhora significativa de performance das empresas. Depois de privatizadas, essas companhias apresentaram aumento real das vendas, aumento da lucratividade, melhoria da eficiência operacional, diminuíram o nível de dívidas e aumentaram a distribuição de dividendos.

Na mesma linha dos autores supracitados, Andrews & Dowling (1998) desenvolveram uma pesquisa para explicar as estratégias que levaram organizações privatizadas a terem um desempenho superior. Para esses autores, as organizações recém-privatizadas terão uma performance superior em relação a quando não eram privatizadas, se cinco condições estratégicas ocorrerem: (1) se o Governo não retiver uma quantidade significativa de ações; (2) se a liderança da organização for mudada; (3) se a nova gestão passar a conceder opção de compra das ações à administração da organização; (4) se a quantidade de funcionários for reduzida; e (5) se a organização for reestruturada financeiramente.

A justificativa desses autores para o desempenho organizacional pós-privatização ser superior é o fato de que a nova administração fará de tudo para reaver seu investimento no menor prazo possível e entrará com ações eficazes de redução de custo, aumento de produtividade e reestruturação financeira.

Quanto menor a participação do Estado na organização após a privatização, menor será a sua influência, e mais ações saneadoras o novo grupo controlador poderá tomar a fim de aumentar a performance da organização. Entre as medidas mais tomadas, pode-se citar a troca dos membros da diretoria, do presidente e de seus assessores diretos, para que a organização passe a ter a cara do novo dono e que uma nova cultura organizacional seja implantada e aceita.

Outra medida certamente tomada, segundo Andrews & Dowling (1998), com o intuito de se aumentar a performance de uma empresa privatizada, é a diminuição do quadro de funcionários, uma vez que, não raro, as estatais possuem uma estrutura inchada e pouco produtiva. Uma forma muito utilizada de tornar a organização mais produtiva e os funcionários mais motivados, segundo os autores, é dar aos funcionários a opção de compra das ações e participação nos lucros, o que dificilmente ocorre em empresas estatais.

Cunha & Cooper (2002) também analisaram como a privatização de empresas influencia a cultura organizacional. Fazendo um estudo de caso com empresas de Portugal, esses autores verificaram que a ênfase da empresa privatizada torna-se mais voltada para a performance, por meio de maior eficiência, qualidade, inovação, introdução de nova liderança e melhores práticas de recursos humanos.

Por outro lado, esses autores afirmam que a privatização traz nova liderança com horizonte de longo prazo e objetivos organizacionais distintos da época de estatal. A nova liderança vai focar na maximização do valor da empresa. Para que isso ocorra, quatro mudanças fundamentais são necessárias:

(1) integração organizacional: refletida numa maior comunicação interna e cooperação entre indivíduos e unidades;

(2) orientação para performance: responsabilidade de se atingirem os objetivos e os resultados esperados, mediante prêmio por mérito;

(3) orientação para pessoas: grau de preocupação que a empresa demonstra pelos seus funcionários e pelo seu desenvolvimento, assim como fazê-los se sentirem parte do time; e

(4) orientação para o mercado: maior atenção às oportunidades de mercado e adoção de postura de fazer *benchmarking*.

Dessa forma, o resultado que se pretende com essa pesquisa é a verificação da mudança cultural ocorrida na Embratel após a sua privatização e do impacto dessa mudança em seu desempenho organizacional.

3. Metodologia da Pesquisa

Quanto aos fins, de acordo com a taxonomia de Vergara (1998), esta pesquisa é exploratória e descritiva. Quanto aos meios, trata-se de uma pesquisa bibliográfica, documental, telematizada e de campo.

O universo da pesquisa de campo é representado pela elite decisória da Embratel, que engloba o primeiro, segundo e terceiro escalões da empresa, representados pela presidência e vice-presidência, diretores e gerentes gerais. De acordo com o departamento de Recursos Humanos da Embratel, o universo da pesquisa totaliza 68 líderes, dos quais 20 são remanescentes da época anterior à privatização, e 48 entraram para a empresa após a privatização. Os níveis hierárquicos não privilegiados na pesquisa referem-se aos técnicos e aos analistas em geral que, por não terem uma grande influência na tomada de decisões, não foram selecionados para participar das entrevistas.

Neste trabalho, foi utilizada uma amostra não probabilística definida pelo critério de intencionalidade, composta de 15 líderes, representando 22% do universo de 68 pessoas, distribuídas da seguinte forma: dois vice-presidentes, dois diretores e 11 gerentes-gerais. Deles, apenas um vice-presidente e um gerente-geral não estavam na Embratel antes do processo de privatização.

O questionário utilizado como base para a realização das entrevistas constou de 13 questões abertas voltadas para a identificação da cultura organizacional da Embratel antes e após a privatização, para se comparar a sua cultura em 1998, ano da privatização, com os dias de hoje.

A complexidade e a subjetividade dos dados exigiram a utilização de um método que possibilitasse a compreensão e decodificação dos mesmos. Portanto, os dados coletados na pesquisa bibliográfica, documental, observação participativa e entrevistas foram tratados qualitativamente.

Por se tratar de estudo de caso, é necessário destacar a impossibilidade de generalização estatística dos resultados obtidos, mas apenas generalizações de natureza analítica, uma vez que, apesar de a empresa escolhida possuir características próprias em relação a outras empresas do mesmo tipo, a pesquisa possibilita revelar particularidades da instituição examinada que, muitas vezes, podem ser reveladoras para o fenômeno estudado.

4. Resultados da Pesquisa

Com base nas entrevistas feitas com a liderança da Embratel, pôde-se comparar a cultura da empresa antes e após a privatização e realizar uma análise dessa mudança cultural.

Os quadros apresentados a seguir resumem a mudança cultural sofrida na Embratel e facilitam a sua visualização de forma concisa.

Utilizando a proposta metodológica de Fleury (1996), sobre como desvendar a cultura de uma organização, no seguinte quadro são demonstradas as principais diferenças encontradas nos relatórios internos e as entrevistas entre a cultura organizacional atual e a cultura em 1998, em relação às variáveis selecionadas por essa autora: política de recursos humanos, processo de socialização de novos membros, sistema de comunicação e organização do processo de trabalho.

Quadro 4. Análise comparativa da cultura organizacional da Embratel

Variáveis	1998	2004
Políticas de RH	Formação de liderança com enfoque técnico. Treinamento e desenvolvimento voltado para áreas técnicas. Cultura paternalista preocupada com pessoas.	Formação de liderança com enfoque gerencial e empreendedor. Treinamento e desenvolvimento voltado para área comercial e corporativa. Cultura com foco em resultado.
Socialização de novos membros	Pouco estruturada.	Ainda não é estruturada como deveria ser, mais melhorou muito.
Sistema de comunicação	Pouco eficiente e muito burocrático.	Proliferação de mídias (jornal interno, revista, intranet, tv executiva), mas ainda tem muito a avançar.
Organização do processo de trabalho	Priorização da área técnica. Poder centralizado na cúpula com líder exercendo forte influência.	Integração das áreas técnicas e de vendas. Poder mais descentralizado, com líder ainda bastante influente.

Fonte*:* dados primários (entrevista).

Nesse sentido, pode-se observar que a Embratel deixou de prestigiar apenas os técnicos e passou a valorizar também o perfil gerencial e empreendedor, investindo na sua formação. A socialização de novos membros passou a ser mais estruturada, transmitindo a nova cultura organizacional da empresa. O sistema de comunicação interna tornou-se mais difundido e atualmente existem várias formas de comunicação.

Analisando as tipologias apresentadas, com base nos dados secundários, nos documentos da empresa e nos dados primários, nas entrevistas e na observação participativa, a cultura da Embratel foi classificada, em 1998 e 2004, da seguinte forma:

Quadro 5. Tipologias Culturais e Planejamento Estratégico

Modelos	1998	2004
Handy	**Papéis** Opera em um ambiente estável, um monopólio. Não se exige desempenho extraordinário. Possui uma cultura caracterizada por procedimentos e regras.	**Tarefa** É orientada para o projeto, está totalmente relacionada ao desempenho. Prioriza a rapidez de resposta. É uma cultura extremamente adaptável, flexível, que estimula o trabalho em equipe e é encontrada em mercados competitivos.
Sethia & Von Glinow	**"Cuidadosa/Apática"** Cultura preocupada com o bem-estar de seus funcionários (postura paternalista) e não impõe altos padrões de desempenho, devido à estabilidade no mercado. Deve-se preocupar com a sua perspectiva de longo prazo.	**"Integrativa"** Alta preocupação com os funcionários e forte expectativa de desempenho. Pensa mais sistematicamente.
Donnelly	**"Vaga"** Empresa altamente regulada em que se perde um pouco o rumo. A inovação não é incentivada.	**"Excelente"** É planejada, e os planos são comunicados. As pessoas sentem-se parte da equipe.
Deal & Kennedy	**"Aposte a sua Companhia/ Processo"** Organizações com altos investimentos e com *feedback* das suas ações. Orientada a longo prazo. Há falta de identificação com o sucesso. Ênfase na perfeição técnica.	**"Macho"** O *feedback* é bastante rápido. Cultura com ênfase na velocidade, orientada a curto prazo, com forte competição interna.
Matriz BCG	**"Vaca Leiteira"** Estágio de maturidade da empresa. Não há novos consumidores, e as vendas são consumidas por clientes já existentes, porém tem alta participação de mercado (monopólio). É necessário fazer alguma coisa para retomar crescimento.	**Estrela** Caracterizado por altos índices de investimentos, enquanto a base de clientes está aumentando, assim como os custos de comercialização. Muita competição.

Fonte: dados primários (entrevista).

Dessa forma, pode-se perceber que a Embratel conseguiu se reerguer e focar no cliente e no resultado, para se tornar mais competitiva e não perder mercado.

Nas entrevistas, falou-se muito na atual preocupação da empresa com os seus acionistas, com o cliente, no novo perfil do líder, na necessidade de *feedback* rápido, no incentivo à inovação e à criatividade e na flexibilização das ações da empresa.

Análise da Relação Cultura e Desempenho

Com a privatização, a Embratel abandonou a cultura burocrática, pouco preocupada com o desempenho e paternalista, para se tornar uma cultura preocupada com o desempenho, voltada para o futuro, que privilegia o planejamento estruturado e o comprometimento de todos os funcionários, conforme evidenciado nas análises das entrevistas.

Analisando os estágios de crescimento de Schein (1988), é possível perceber que, no início dos anos 90, a empresa estava entrando na fase de maturidade, com uma certa estabilidade interna e falta de motivação para promover mudanças. Para reverter esse quadro, de acordo com os conceitos de Schein, havia necessidade de uma mudança cultural. Foi o que a privatização desencadeou.

Após a privatização, a nova direção da empresa reformulou a estrutura da organização e renovou parte do quadro de funcionários. O processo de socialização foi mais estruturado para que à integração à cultura da empresa ocorresse de forma eficaz. Como conseqüência da preocupação com a satisfação dos clientes, aliada à exigência por resultados superiores, o planejamento da empresa e o processo decisório foram reestruturados e passaram a contar com o envolvimento de todos os níveis da organização. Toda essa reestruturação, resultante da nova postura empresarial, possibilitou uma melhoria de desempenho organizacional como um todo.

Ainda de acordo com os conceitos de Schein (1988), o processo de privatização levou a Embratel ao estágio da "meia vida", ou seja, voltada para desenvolver novos produtos e a expandir-se geograficamente, passando assim de uma cultura "vaca leiteira" para uma "estrela", caracterizada pela alta taxa de crescimento e pela alta participação no mercado.

Reforçando a literatura existente, a mudança na liderança teve grande importância nesse processo de mudança cultural evidenciado na empresa foco de estudo, pois possibilitou que a Embratel fosse capaz de, pela primeira vez na sua história, competir com seus concorrentes e tornar-se uma empresa global.

Abaixo seguem quatro abordagens, já mencionadas, que facilitam a comparação da cultura e do desempenho organizacional.

Abordagem de Gordon

Utilizando a abordagem de Gordon (1985), de 11 dimensões para um bom desempenho organizacional, as entrevistas evidenciaram que a mudança ocorrida impactou positivamente a performance da Embratel, conforme quadro-resumo abaixo.

Quadro 6. Quadro-Resumo da Abordagem de Gordon

Abordagem de Gordon	1998	2004
Clareza de direção	fraca	média
Alcance organizacional	fraca	forte
Integração	fraca	média
Contato com a alta administração	fraca	forte
Incentivo à iniciativa	fraca	média
Resolução de conflito	fraca	média
Clareza de desempenho	fraca	fraca
Ênfase em desempenho	fraca	forte
Orientação para ação	fraca	forte
Compensação	forte	média
Desenvolvimento de RH	fraca	média

Fonte: dados primários (entrevista).

De uma forma geral, a nova cultura fez melhorar as dimensões apontadas por Gordon para se ter um maior desempenho organizacional. Conforme demonstra o quadro 6, a exceção refere-se à questão da compensação dos funcionários. Conforme as entrevistas, houve ajuste nos salários, que sempre foram muito altos, e clareza de desempenho. Mas, apesar de saberem que o foco agora é em desempenho, muitos funcionários não sabem como atingir esse desempenho esperado e quais são exatamente as metas.

Abordagem de Andrews & Dowling

Outro reforço que o caso Embratel traz para a literatura é em relação ao estudo de Andrews & Dowling (1998), que desenvolveram uma pesquisa para explicar as estratégias que levaram organizações privatizadas a terem um desempenho superior. Com a privatização, ocorreram as seguintes modificações na Embratel, que coincidiram com a pesquisa desses autores: (1) o Governo não reteve ações da Embratel. A *WorldCom* adquiriu 51% do controle, e o restante ficou pulverizado com os acionistas minoritários; (2) a liderança dessa empresa foi totalmente modificada; (3) a nova gestão passou a conceder opção de compra das ações à alta administração da Embratel; (4) a quantidade de funcionários foi reduzida de 10.373, em 1997, para 6.691 em 2003; e (5) a organização foi reestruturada financeiramente.

Dessa forma, a Embratel pôde se alinhar ao mercado internacional de telecomunicações, tornar-se mais produtiva e acirrar a concorrência nacional.

Abordagem de Megginson, Nash & Randenborgh

O caso Embratel também reforça a pesquisa de Megginson, Nash & Randenborgh (1994), em que, após a privatização, as companhias apresentam aumento real das vendas, melhoria da eficiência operacional, diminuição do nível de dívidas e aumento da distribuição de dividendos. Isso é verificado por meio do aumento da receita líquida da empresa, que passou de R$ 2,1 bilhões, em 1997, para R$ 7 bilhões em 2003, além da eficiência de se trabalhar com menos funcionários e diminuir o nível das dívidas.

Abordagem de Cunha & Cooper

Conforme já citado, Cunha & Cooper (2002) perceberam que a ênfase da empresa privatizada volta-se mais para a performance por meio de maior eficiência, qualidade, inovação, introdução de nova liderança e melhores práticas de recursos humanos. E isso realmente aconteceu com a Embratel, que aumentou seu *portfolio* de serviços, investiu em tecnologia e no quadro de lideranças, trazendo executivos de fora da empresa, e melhorou as práticas de recursos humanos, segundo se evidenciou nas entrevistas.

Por outro lado, esses autores afirmam que a privatização traz nova liderança com horizonte de longo prazo e objetivos organizacionais distintos da época de estatal, o que se verificou na Embratel. A nova liderança foca na maximização do valor da empresa. Para que isso ocorra, foi preciso haver integração organizacional, orientação para performance, pessoas e mercado.

Dessa forma, verificou-se que o processo de mudança cultural, pelo qual a Embratel passou após a sua privatização em julho de 1998, afetou o seu desempenho organizacional na medida dos pontos que foram levantados e demonstrados neste estudo.

5. Conclusões

O resultado desta pesquisa permitiu compreender como foi conduzida a mudança da Embratel que levou à melhoria de seu desempenho e mostrou a importância do gerenciamento cultural nesse processo.

Nesse sentido, a Embratel passou de uma cultura pouco preocupada com desempenho, cheia de regras e procedimentos, paternalista, com pouco estímulo à criatividade e inovação, para uma cultura voltada para resultado, com foco no cliente, flexível, sistêmica, planejada e competitiva após o processo de privatização. Todos esses aspectos deixaram clara a relação existente entre cultura e desempenho, que, no caso da Embratel, teve a mudança cultural favorecendo os *stakeholders* em geral.

Tudo isso foi possível porque, com a privatização e a quebra do monopólio, houve mudança da liderança organizacional da empresa, que incentivou uma série de transformações relacionadas aos recursos humanos, modo de gestão, produtividade, integração, sistema de comunicação e clareza de objetivos, para conduzir a Empresa ao mercado competitivo e globalizado de telecomunicação.

Sem a mudança da cultura organizacional, desencadeada pelo processo de privatização, não teria sido possível alcançar as novas estratégias impostas pelo ambiente competitivo. No processo de redefinição estratégica, o alinhamento da cultura aos novos objetivos desempenhou um papel fundamental.

6. Referências Bibliográficas

ANDREWS, William A.; DOWLING, Michael J. Explaining performance changes in newly privatized firms. **Journal of Management Studies**, v. 35, n. 5, p.601-617, 1998.

BATEMAN, Thomas; SNELL, Scott. **Administração**: construindo vantagem competitiva. São Paulo: Atlas, 1998.

CUNHA, Rita C.; COOPER, Cary L. Does privatization affect corporate culture and employee wellbeing?. **Journal of Managerial Psychology**, v. 17, n.1, p. 21-49, 2002.

DEAL, Terrence; KENNEDY, Alan. **Corporate culture**: the rites and rituals of corporate life. Massachussets: Addison-Wesley, 1982.

CHRSITIANO, Léo (Ed.). **Embratel, interligando o Brasil ao infinito**: memória histórica da Embratel, 1965-1997. Rio de Janeiro, 1998.

EMBRATEL. **Relatórios anuais**, 1994-2002.

FLEURY, Maria Tereza. O desvendar da cultura de uma organização: uma discussão metodológica. In: FLEURY, Maria Tereza; FISCHER, Rosa Maria. **Cultura e poder nas organizações.** São Paulo: Atlas, 1996.

FREITAS, Maria E. **Cultura organizacional**: formação, tipologia e impacto. São Paulo: Makron Books, 1991.

GORDON, George. The relationship of corporate culture to industry sector and corporate performance. In: KILMANN, et al. **Gaining control of the corporate culture**. San Francisco: Jossey-Bass, 1985.

HANDY, Charles B. **Como compreender as organizações**. Rio de Janeiro: Zahar, 1976.

HILAL, Adriana. **Cultura organizacional e gestão participativa**: a diferença entre o discurso e a prática gerencial, a partir do estudo das regras implícitas: um estudo de caso. 1996. Dissertação (Mestrado em Administração)- PUC-Rio, Rio de Janeiro, 1996.

MEGGINSON, William L.; NASH, Robert C.; RANDENBORGH, Mathias Van. The financial and operating performance of newly privatized firms: an international empirical analysis. **The Journal of Finance**, v. 49, n. 2, p.403-452, 1994.

PETTIGREW, Andrew M. On studying organizational cultures. **Administrative Science Quartely**, v. 24, n. 4, p. 570-81, 1979.

______. A cultura das organizações é administrável?. In: FLEURY, Maria Teresa; FISCHER, Rosa Maria. **Cultura e poder nas organizações**. São Paulo: Atlas, 1996.

PINTO, Sandra Regina R. **A mudança de cultura de um banco de varejo**: um estudo de caso. 1993. Dissertação (Mestrado).

SCHEIN, Edgar H. Coming to a new awareness of organizational culture. **Sloan Management Review**, v. 25, n. 2, p.3-16, 1984.

______. Organizational culture. **The American Phychologist**, v. 45, n. 2, p.109-119, 1988.

SETHIA, N.; VON GLINOW, M. A. Arriving at four cultures by managing the reward system. In: Kilmann. et al. **Gaining control of the corporate culture.** San Francisco: Jossey-Bass, 1985.

SILVA, José Gomes da. **Comunicação e mudança em organizações brasileiras**: desvendando um quadro de referência sob a ótica do sujeito e da reconstrução de identidades. 2001. Tese (Doutorado)- PUC-Rio, Rio de Janeiro, 2001.

TOMEI, Patrícia A. **A gerência da cultura como ferramenta de competitividade**. Documento de Trabalho, Departamento de Administração/IAG. Rio de Janeiro: PUC-Rio, 1994.

VERGARA, Sylvia Constant. **Projetos e relatórios de pesquisa em administração**. São Paulo: Atlas, 1998.

DESEMPENHO DE CONSULTORES *KNOWLEDGE WORKERS*: FATORES INFLUENCIADORES

Marcos Vianna Villas – IAG/PUC-Rio

Sérgio Proença Leitão – IAG/PUC-Rio

1. Introdução

O trabalho em grupo envolve dificuldades ponderáveis. A cultura do mundo capitalista valoriza a individualidade e a competição. O trabalho grupal, todavia, exige cooperação e sensibilidade ao coletivo. Envolve a necessidade de lidar com um dos aspectos menos conhecidos na Administração, que são os efeitos da interioridade de cada ser humano sobre o comportamento social. Para os administradores e teóricos da Administração, é bem mais problemático lidar com o que é subjetivo, face à herança cartesiana que separa mente e matéria e a adoção do realismo sensorial como perspectiva de análise.

O psicólogo Stephen Fineman (2001), baseado em Winnicott e Rycroft, lembra que "trabalhar em grupo pode colocar uma ameaça básica à identidade pessoal, assim como constituir uma fonte de identidade". O trabalho em grupo pode promover sentimentos de vulnerabilidade, embaraço e medo, correspondentes a heranças da infância: as agendas emocionais podem desviar os grupos das suas tarefas ou mesmo desestruturá-los. Os processos de grupos constantemente mudam o domínio de um estado emocional para outro, na medida em que os sentimentos de segurança, insegurança e ameaças à identidade de indivíduos surgem e desaparecem, afirma Fineman.

Rolph Benk, no prefácio do livro A *Árvore da Vida*, de Maturana e Varela (1995), pergunta se "será possível que nossa grande eficácia para viver nos mais diversos ambientes se veja eclipsada e por fim anulada diante de nossa incapacidade de conviver com os outros?". Ele, bem como Maturana e Varela, acredita que a cooperação com o semelhante é uma força biológica, um impulso comum a todos os seres sociais, enfatizando o altruísmo como condição necessária ao fenômeno social. Do ponto de vista cultural, no entanto, e em contraposição à perspectiva da biologia cognitiva, o mundo em que vivemos parece reduzir ou neutralizar essa força biológica, ao estimular e valorizar a competição (MATURANA, 2001).

A aceitação e o acirramento da competição nos negócios, junto com a crescente complexidade dos processos de produção e distribuição, a nível mundial, é que enfatizaram a importância do conhecimento nos sistemas produtivos e a revalorização do trabalho coletivo, já que especialistas, individualmente, não podiam apresentar respostas ágeis e satisfatórias aos problemas apresentados. Nesse quadro, surgiram os grupos de conhecimento, ou *knowledge workers*, como ficaram conhecidos, em um mundo culturalmente americanizado, grupos que constituem o objeto deste estudo.

Projeta-se uma tendência em que o individualismo e a competição devem reduzir seu espaço no interior das organizações e no nível interorganizacional. Seguindo essa tendência, onde antes existiam grupos de especialistas por áreas, como nos departamentos, começam a surgir grupos multifuncionais capazes de atender a problemas complexos que requerem múltiplas habilidades e conhecimentos. As áreas que requerem conhecimento especializado são consideradas particularmente adequadas para o uso de grupos multifuncionais. Segundo Rifkin (1995), seus trabalhadores formam "... uma pequena elite de empreendedores, cientistas, técnicos, programadores de computador, educadores profissionais e consultores". São "empregados de alto nível que aplicam conhecimento teórico e analítico, adquiridos através da educação formal, para o desenvolvimento de novos produtos ou serviços", segundo Drucker (1994).

Espera-se, portanto, o crescimento desses grupos de *knowledge workers,* em vista da pressão para redução de custos e maiores níveis de produtividade, com a criação de equipes *ad hoc* formadas por funcionários, consultores e/ou empresas de consultoria, para participar de projetos. No entanto, ciências modernas, como a Antropologia Social, a Psicologia Social e a Sociologia, têm estudado o comportamento humano em grupo, sem tratar especificamente de grupos multifuncionais de *knowledge workers*, e a Teoria das Organizações funcionalista tem direcionado o estudo de grupos (equipes, times) de forma dominantemente prescritiva e objetivista, preocupada em como criá-los e gerenciá-los, antes de entender mais profundamente a natureza daqueles grupos e como eles operam. Nela há espaço para aprofundar o conhecimento desses grupos, o que aqui é feito para grupos consultores no contexto de projetos, embora esteja limitada à confirmação dos fatores que influenciam o desempenho dos grupos de *knowledge workers* consultores nas organizações e à busca de indícios de como esses fatores se inter-relacionam. A presença de fatores influenciadores é ponto comum nos estudos organizacionais sobre o assunto.

O estudo piloto (Villas, 2001), aqui relatado de forma sucinta, testou fatores extraídos da bibliografia sobre grupos considerados influentes em seu desempenho junto a consultores experientes. Na literatura sobre o tema, há várias definições para o que seja um grupo, uma equipe ou um time. A definição adotada para "grupo de *knowledge workers*" foi "grupo de, no mínimo, quatro pessoas que lidam com conhecimento, compartilham responsabilidades, têm habilidades complementares, têm um objetivo comum, são interdependentes e interagem dinamicamente e adaptativamente, com papéis ou funções específicos, e que trabalham no contexto de um projeto". Para desempenho grupal, consideramos simultaneamente aspectos como eficiência (grau de utilização de recursos pelo grupo no contexto do projeto), eficácia (o resultado do projeto é o desejado) e efetividade (aceitação dos resultados do projeto pelos seus clientes; satisfação dos membros do grupo) de um grupo (CAMPION *et al.*, 1993; SUNDSTROM *et al.*, 1990).

Foram identificados aspectos estruturais, conjunturais e cognitivo-afetivos, presentes no desempenho de tais grupos. Os resultados confirmam a grande maioria dos fatores testados e sugerem uma pesquisa de caráter explicativo (lógico-objetivo) e compreensivo (analógico-subjetivo), nos termos de Morin (1999), ou seja, como abordagens complementares, face à complexidade dos aspectos psicossociais envolvidos, às inter-relações existentes entre eles e à necessidade de conhecer esse fenômeno a partir da interioridade de seus agentes (CHANLAT, 2000; EVERED; LOUIS, 1981). As agendas emocionais estiveram presentes nos depoimentos coletados, recomendando aos pesquisadores de futuros estudos que não se contentem com medidas externas, mas investiguem, de dentro, o desempenho dos membros dos grupos a partir de técnicas apropriadas. Os resultados sugerem ainda que esses fatores operam em forma de rede de relações, na medida em que configuram um processo dinâmico de inter-relações recorrentes.

2. Aspectos Metodológicos

O estudo combinou pesquisa bibliográfica com entrevistas em profundidade e apoio em dados quantitativos, para testar os fatores junto a dez consultores com experiência profissional média de 25 anos, dos quais 17 em trabalhos de grupo. Seus depoimentos estão relacionados a projetos de três meses a um ano de duração realizados nos últimos cinco anos. A maioria representa empresas "de uma pessoa só" e trabalha nas suas especialidades com outros consultores com as mesmas características, o que pode refletir uma tendência nas relações de trabalho (RIFKIN, 1995). A média de idade dos entrevistados é de 45 anos; eles atuam nas áreas de planejamento estratégico, análise organizacional e de processos, qualidade, finanças, logística, sistemas e tecnologia de informação.

O exame de 33 textos publicados sobre grupos de trabalho identificou 50 fatores potencialmente influentes no desempenho grupal. Mais dez foram inseridos pelo próprio pesquisador, que tem perfil idêntico ao dos entrevistados (ALVESSON; SHÖLDBERG, 2001; EVERED; LOUIS, *op.cit.*), a partir da sua vivência pessoal, e cinco citados pelos entrevistados, perfazendo o total de 65 fatores, excluídas as superposições.

No início das entrevistas, utilizou-se uma escala numérica com valores de um a cinco, variando de "o fator pode prejudicar muito" a "o fator pode melhorar muito" o desempenho do grupo. Os entrevistados tiveram de justificar as posições assumidas na escala, com base nas suas experiências passadas, aprofundando-se então as entrevistas.

Os temas relacionados aos 65 fatores foram: (1) estrutura do grupo, (2) projeto, (3) contexto, (4) planejamento, (5) autonomia, avaliação e recompensa, (6) carga de trabalho, (7) experiência, (8) flexibilidade, (9) interdependências, (10) participação e comunicação, (11) habilidades, (12) crenças, (13) motivação, (14) identidade e (15) personalidade.

As entrevistas foram analisadas de forma a confirmar a influência do fator e indicar o quanto os entrevistados convergiam nas suas respostas a respeito de cada fator. Foi calculada a média das respostas na escala de cinco pontos, normalizada para valores de "-2" (o fator poderia prejudicar muito o desempenho do grupo) até "+2" (o fator poderia melhorar muito o desempenho do grupo). Médias entre "-0,5" e "+0,5", inclusive, qualificaram o fator como neutro. Por conseguinte, foram considerados capazes de melhorar o desempenho do grupo de conhecimento os fatores com média acima de 0,5 com sinal positivo.

Foram introduzidos graus de concordância ou discordância em todos os fatores. Considerou-se existir concordância quando todas as respostas de um fator fossem maiores ou iguais a zero, ou menores ou iguais a zero, e a discordância foi identificada por respostas maiores que zero e outras menores que zero para o mesmo fator. Para haver concordância, seria preciso que todos os entrevistados (1) concordassem que o fator ou não melhorava o desempenho do grupo ou não influenciava seu desempenho, ou, ainda, (2) concordassem que ou podia prejudicar ou não influenciava seu desempenho. Para haver discordância, seria preciso que uns apontassem melhoria e outros, prejuízo, para o desempenho.

O desvio-padrão foi utilizado para identificar a distância da média e, a partir dele, criar uma medida de intensidade (alta ou baixa) para o grau de concordância. A alta concordância para um fator, por conseguinte, significou distância menor ou igual a dois pontos entre a maior e a menor resposta semelhantes entre si. A baixa concordância representou uma distância maior que dois pontos entre a maior e a menor resposta para respostas diferentes entre si, considerando-se um desvio padrão maior que 0,8.

3. Os Fatores Testados e seus Resultados

Descrevem-se, a seguir, todos os fatores testados. Os fatores originários da pesquisa bibliográfica têm os autores indicados. A sigla "PESQ" identifica os dez fatores introduzidos pelo pesquisador e a sigla "ENTR", os introduzidos pelos entrevistados. O resultado do tratamento quantitativo dos dados, que teve como objetivo a identificação de tendências e existência, ou não, de concordâncias, está exposto ao lado de cada fator, apresentando-se o sinal que indica a capacidade de prejudicar (sinal -), ou o que indica neutralidade (sinal x), ou, ainda, o que indica a capacidade de melhorar o desempenho (sinal +). Em segundo lugar, vem a média da escala normalizada, variando entre –2 a +2, e, em terceiro, o grau de concordância ou discordância de cada fator sinalizado por AC (alta concordância), BC (baixa concordância), BD (baixa discordância) ou AD (alta discordância). São apresentados comentários sucintos extraídos dos depoimentos (dados qualitativos), em cada um dos temas em que os fatores foram agrupados, para os que se mostraram mais influentes (fatores de maior concordância ou discordância).

3.1. Estrutura

Tamanho do Grupo	Quantidade de membros componentes em comparação ao tamanho necessário, para que os resultados previstos sejam atingidos, dados os recursos definidos.	Campion *et al.* (1993)	+ 1,7	A C
Proximidade Física	O quanto as pessoas trabalham fisicamente no mesmo local; grau de interação face a face.	Sundstrom *et al.* (1990)	+ 1,4	A C
Tecnologia	O quanto a técnica determina a estrutura das tarefas e a organização social do grupo. Considerou-se aqui, também, o impacto das técnicas de comunicação e seu papel como ferramenta de apoio às atividades grupais.	Sundstrom *et al.* (1990)	+ 1,3	A C
Estrutura do Grupo	Como o grupo é organizado; divisão de tarefas.	Sundstrom *et al.* (1990) Campion *et al.* (1993)	+ 1,0	A D
Liderança / Coordenação	Estilo de liderança, formal e informal, única ou compartilhada, forte ou fraca.	PESQ	+ 0,9	A D
Normas	Normas e regras de comportamento aplicáveis aos membros do grupo, explícitas ou implícitas.	Sundstrom *et al.* (1990)	+ 0,6	A D
Heterogeneidade do Grupo	Quanto os membros são heterogêneos ou complementares no contexto do projeto, em termos de função ou profissão, de características sociais e demográficas, de maturidade profissional e emocional, de habilidades e competências e também de experiência.	Pelled *et al.* (1999) Campion *et al.* (1993)	X 0,3	A D
Rotatividade e Transitoriedade	Grau em que o grupo muda os seus membros, de forma planejada ou não.	ENTR	X 0,0	A D

Os fatores desse tema se mostraram controversos, pois, dos oito investigados, houve concordância entre os entrevistados em apenas três casos. A maioria considerou que o tamanho do grupo precisa ser adequado às necessidades do projeto: menos do que o necessário leva a maior pressão e sobrecarga, com desgaste físico, emocional e psicológico; além do necessário, os resultados são dispersão, confusão, acomodação e sobreposição de tarefas. Quanto à estrutura para um grupo de consultores, todos consideram importante ter tarefas bem determinadas e conhecidas por todos, evitando a sobreposição de tarefas, pois isso cria conflito, mas alguns consideram que ela não pode ser burocrática, porquanto pode prejudicar o desempenho se for malfeita ("a hierarquia tolhe a criatividade").

3.2. Projeto

Local	Lugar em que o grupo desempenha as suas atividades.	ENTR	+ 1,8	A C
Contrato Financeiro	Acordo contratual de remuneração dos membros do grupo de conhecimento. Define quanto, como e quando; relacionado à remuneração e honorário dos consultores.	ENTR	+ 1,7	A C
Duração do Projeto	Tempo gasto no projeto, considerando-se, menos de três meses, curta duração e, mais de um ano, longa duração.	PESQ	X 0,3	B D
Unidade do Projeto	O quanto o resultado do trabalho do grupo é completo ou parte de um todo. Está também relacionado à visibilidade que o resultado do trabalho tem.	Sundstrom *et al.* (1990) Campion *et al.* (1993)	X 0,3	A C

Os consultores entrevistados concordaram entre si sobre a influência dos fatores de projeto no desempenho de um grupo. O fator Contrato Financeiro, em especial, obteve comentários como "sua definição traz paz de espírito e tranqüilidade" e que a sua indefinição pode causar desgaste emocional porque afeta o planejamento financeiro individual, já que "as pessoas têm de pagar as contas no final do mês".

3.3. Contexto

Apoio Gerencial	Apoio da gerência no acesso a recursos financeiros, materiais e informacionais.	Sundstrom *et al.* (1990) Campion *et al.* (1993)	+ 1,9	A C
Cultura Organizacional	Padrão compartilhado de pressupostos básicos que um grupo apreendeu à medida que resolve seus problemas de adaptação externa e de integração interna, e que funcionam bem o suficiente para serem considerados válidos e que, portanto, serão ensinados aos novos membros como a forma correta de perceber, pensar e sentir em relação a esses problemas (SCHEIN, 1992). Inclui pressupostos, comportamentos e artefatos visíveis.	Sundstrom *et al.* (1990) Campion *et al.* (1993)	+ 1,6	A C
Treinamento	O quanto os membros estão treinados para realizar suas tarefas no âmbito do projeto. Inclui treinamento para trabalho em grupo, decisão em grupo, habilidades interpessoais e conhecimento técnico. Como integrantes dos grupos de *knowledge workers* são convidados a participar em projetos, devido as suas especialidades e/ou habilidades, foi dado ênfase no treinamento complementar às habilidades do consultor, em especial no que se refere ao contexto de projeto e no trabalho de grupo.	Sundstrom *et al.* (1990) Campion *et al.* (1993)	+ 1,3	A C

Não há discordância entre os consultores entrevistados da influência do contexto sobre o desempenho desses grupos. É necessário ter apoio gerencial, porque retira a preocupação quanto à possibilidade, ou não, de acesso aos recursos necessários, favorece o clima e a motivação para o trabalho, o apoio político, o comprometimento da alta direção da organização-cliente que receberá os resultados do projeto. A sintonia entre a cultura do grupo e a da organização melhora o entendimento e a percepção dos problemas da organização.

3.4. Planejamento

Planejamento	Grau de planejamento das atividades do grupo no contexto do projeto.	Stout *et al.* (1999)	+ 1,9	A C
Metas do grupo	Grau de clareza de definição dos objetivos e metas do grupo no âmbito do projeto.	Sundstrom *et al.* (1990)	+ 1,9	A C
Conhecimento das Metas do Grupo	Conhecimento, por cada participante, do planejamento das atividades do grupo.	PESQ	+ 1,4	A C

Os fatores relacionados ao tema planejamento foram considerados fundamentais para o bom desempenho de um grupo. Tanto o planejamento em si quanto a clareza dos objetivos e metas do grupo foram fatores de alta concordância dentre os 65 estudados. O Planejamento opera como um exercício de conscientização do que vai ser feito pelo grupo, evita o retrabalho, mas, para alguns entrevistados, não pode ter algo grau de detalhamento das tarefas e sim uma visão de futuro do grupo, face às incertezas de um projeto.

3.5. Autonomia, Avaliação e Recompensa

Avaliação	Avaliação dos resultados finais ou intermediários do projeto; *feedback*; impacto da avaliação no indivíduo.	Sundstrom *et al.* (1990)	+ 1,8	A C
Recompensa	Recompensa do tipo financeiro, realização pessoal, elogios, etc., recebida ou a ser recebida pelas tarefas executadas no projeto.	Sundstrom *et al.* (1990) Lemons (1997)	+ 1,5	A C
Autonomia do Grupo	Autonomia relacionada a planejamento, produto, processo e pessoas; auto-organização; auto-gestão; autonomia do grupo em relação a seu contexto.	Smith e Comer (1994) Sundstrom *et al.* (1990) Janz *et al.* (1997) Campion et al. (1993)	+ 1,3	A C
Interdependência entre Avaliação e Recompensa	O quanto a avaliação e a recompensa individuais estão relacionadas, pois pode haver ou não relacionamento direto entre avaliação e recompensa individual.	Campion *et al.* (1993)	+ 1,3	A C
Autonomia	Autonomia dos membros do grupo quanto às suas tarefas.	PESQ	+ 1,0	A D
Responsabilidade Individualizada	Significa "*individual accountability*", segundo Katzenbach e Smith (1993) e fator ambiental, segundo Lemons (1997).	Katzenbach e Smith (1993) Lemons (1997)	X 0,5	A D

Os depoentes consideram que é necessário haver equilíbrio e coerência entre esses fatores para que influenciem positivamente o desempenho de um grupo. Os consultores querem ser cobrados e desafiados, pois isso valoriza as pessoas, porém o processo de avaliação precisa ser bom, criterioso e justo, para evitar que "uns levem os louros pelos outros". A recompensa insatisfatória pode ser um fator de desmotivação. A recompensa muito alta, por outro lado, pode prejudicar o desempenho do grupo, se não for compatível com a recebida pelo resto do grupo. A autonomia do grupo dá possibilidade de criação de alternativas e soluções, o que é fundamental para a adaptação do grupo às mudanças. Alguns defenderam estes mesmos méritos para a autonomia individual, mas outros acham que esta só pode e deve existir dentro de "limites" colocados por fatores como "planejamento e liderança". Há, todavia, acordo quanto à necessidade de alguma dose de autonomia, usada com responsabilidade e de que seu grau depende da natureza da tarefa.

3.6. Carga de trabalho

Compartilhamento da Carga de Trabalho	A intensidade em que compartilham a carga de trabalho entre si em momentos de sobrecarga. Neste estudo consideramos a existência de uma correta distribuição da carga de trabalho estimada na formação do grupo e que a sobrecarga é eventual.	Campion *et al.* (1993)	+ 1,4	A C
Pressão por tempo / Carga de Trabalho	Pressão ocasionada por carga de trabalho acima do normal, dados os prazos envolvidos. É um fator ambiental, segundo Lemons (1997), e umas das condições para *groupthink* (JANIS, 1982).	Janis (1982) Lemons (1997) Stout *et al.* (1999)	- 1,2	A C

Nas sobrecargas, é necessário compartilhar a carga de trabalho, caso contrário haverá insatisfação, desconforto e animosidade, pois "quem carrega o piano se sente passado para trás". A pressão por tempo, quando constante, é considerada altamente prejudicial ao desempenho de um grupo, pois cria desgaste e *stress*. Esse foi o único fator considerado prejudicial ao desempenho de um grupo, quando presente. No entanto, todos aceitaram que alguma pressão deva existir para manter a objetividade e o "foco" do grupo. Já a pressão por tempo, quando eventual, todos consideram benéfica, trazendo sentido de urgência, desafio e necessidade de superação. Se o resultado for satisfatório, cria euforia e motivação.

3.7. Experiência

Experiência Acumulada do Grupo	Experiência com trabalho conjunto com os mesmos membros; maturidade do grupo.	Janz *et al.* (1997) Bion *apud* Smith e Comer (1994)	+ 1,5	A D
Experiência Acumulada	Experiência profissional acumulada no trabalho em grupo.	PESQ	+ 0,8	A C

Em geral, foi observado que grupos experientes têm menos conflito, mais produtividade, melhor autoconhecimento, melhor sintonia entre seus membros e maior autonomia. Há também maior domínio de técnicas e métodos e maior conhecimento das habilidades e limites de seus membros. Porém, um consultor ressaltou que essa experiência acumulada também pode dar espaço a vícios de comportamento.

3.8. Flexibilidade

Flexibilidade	Potencial para executar tarefas de outros membros.	Campion *et al.* (1993)	+ 1,0	A C
Variedade de Tarefas	Grau em que os membros de um grupo estão executando mais de uma tarefa, utilizando as suas múltiplas habilidades.	Campion *et al.* (1993)	X 0,2	A D

A presença de Flexibilidade melhora a interação, a contribuição e o entendimento entre os participantes do grupo de conhecimento, favorecendo a criação de sinergia. As pessoas flexíveis são "curingas", o que dá maior capacidade de resposta a sobrecargas eventuais de trabalho e a problemas de outra natureza relacionados à equipe.

3.9. Interdependências

Interdependência de Objetivos	O quanto os objetivos individuais estão relacionados aos objetivos do grupo.	Shea e Guzzo (1987) Campion et al. (1993)	+ 1,8	A C
Interdependência de Tarefas	Dependência de cada membro em relação ao trabalho dos outros; grau de interação definido pelas tarefas.	Shea e Guzzo (1987) Campion *et al.* (1993) Janz *et al.* (1997)	X 0,0	A D

Houve alta concordância, entre os depoentes, de que a Interdependência de Objetivos melhora o desempenho do grupo, porque "trabalhar para o grupo é trabalhar para você mesmo".

3.10. Participação e Comunicação

Comunicação e Cooperação no Grupo	Comunicação e interação entre os membros do grupo; compartilhamento de informações.	Weaver *et al.* (1997) McFadden e Hubbard (1998) Stout *et al.* (1999) Campion *et al.* (1993)	+ 1,9	A C
Participação em Decisões	Grau de participação dos membros nas decisões grupais.	McFadden e Hubbard (1998) Campion *et al.* (1993)	+ 1,5	A C
Confronto dos Membros que não Seguem as Normas	Todo grupo estabelece, implícita ou explicitamente, normas de conduta. Esse fator relaciona-se aos membros que não seguem as normas e são confrontados e questionados aberta e honestamente a esse respeito.	Druskat e Kayes (2000)	+ 1,4	A C
Modelo Mental Compartilhado	Entendimento comum do contexto em que evolui um projeto; relacionado à previsão de necessidades, expectativas, requisitos e ações; grau de interseção dos modelos mentais individuais; inclui o entendimento comum de quem é responsável por cada tarefa e as suas necessidades de informação; não inclui a reação comum ao problema.	Stout et al. (1999) Blickensderfer *et al.* (1997)	+ 1,4	A C
Solidariedade no Grupo	Há solidariedade entre os membros. Fator relacionado ao apoio social (e não profissional) que uns dão aos outros.	Campion *et al.* (1993) Lemons (1997) Lembke e Wilson (1998).	+ 1,1	A C

Há alta concordância quanto ao efeito positivo de fatores relacionados à participação e à comunicação sobre o desempenho de um grupo. Para alguns entrevistados, a comunicação e a cooperação no grupo "são condições básicas para a criação de um grupo". A comunicação precisaria ser transparente, clara e hierarquizada, se fosse o caso. A participação nas decisões daria mais unidade e conforto ao grupo, especialmente quando houvesse consenso. A qualidade da decisão foi considerada melhor por ser mais coerente e mais consistente, já que vários pontos de vista foram considerados. A participação aumentaria a responsabilidade dos membros com os resultados alcançados e criaria um maior comprometimento.

3.11. Habilidade

Aprendizado	A capacidade de o indivíduo em aprender.	PESQ	+ 2,0	A C
Competência do Grupo	Combinação dos conhecimentos dos integrantes do grupo sobre métodos e técnicas necessárias à realização do projeto.	PESQ	+ 1,8	A C
Competência Profissional	Conhecimento pelos indivíduos dos métodos e técnicas necessárias para realizar as suas tarefas em um grupo.	Weaver *et al.* (1997)	+ 1,7	A C
Aprendizado do Grupo	Capacidade do grupo para aprender.	Druskat e Kayes (2000)	+ 1,7	A C
Criatividade	Capacidade de identificar alternativas para os problemas apresentados.	PESQ	+ 1,5	A C
Inteligência	Inteligência do indivíduo. A definição de inteligência foi deixada livre, segundo o entendimento de cada consultor entrevistado.	PESQ	+ 1,3	B C

Os fatores relacionados a habilidades individuais e grupais se mostraram bastante relevantes. Junto com a Ética, o Aprendizado alcançou a unanimidade. As pessoas com alto grau de aprendizado, em geral pessoas flexíveis, têm capacidade de absorver e compreender as demandas e necessidades do projeto, de se adaptar às novas necessidades e situações, de compensar faltas parciais de competência profissional. O Aprendizado do Grupo foi percebido como diretamente relacionado à capacidade individual de aprendizado dos membros do grupo. Segundo um dos consultores, um líder deve saber aproveitar competências medianas, da mesma forma que "um bom técnico consegue um bom time de futebol sem craques". A Criatividade foi considerada fator importante, mas "não dá para todo mundo ser criativo o tempo todo"; ela é necessária para os novos problemas poderem ser resolvidos ou antecipados.

3.12. Crença

Espírito de Equipe	Crença coletiva dos integrantes de que o grupo pode ser efetivo. Foi definido como *potency* por Shea e Guzzo (1987).	Shea e Guzzo (1987) Campion *et al.* (1993)	+ 1,8	A C
Importância das Tarefas	Crença dos participantes do grupo de conhecimento quanto à importância das conseqüências do seu trabalho.	Campion *et al.* (1993)	+ 1,6	A C

Segundo os consultores entrevistados, é importante acreditar no trabalho de grupo. A percepção é de que o Espírito de Equipe motiva o grupo e cria cumplicidade entre seus membros. Da mesma forma, se um membro do grupo acredita nas conseqüências significativas de seu trabalho, ele ficará motivado e satisfeito. Se ele não acreditar nisso, terá um sentimento de "não-contribuição" para o grupo e não se dedicará tanto às suas tarefas. Os consultores, segundo os entrevistados, têm a necessidade de se sentirem úteis para se sentirem estimulados. Em síntese, "o ânimo é do tamanho da importância que ele acredita ter a tarefa".

3.13. Motivação

Motivação do Grupo	Grau de motivação e interesse do grupo para o trabalho no contexto de projeto.	Weaver *et al.* (1997)	+ 1,9	A C
Motivação Individual	Interesse, motivação do indivíduo para o trabalho no ambiente do grupo/projeto.	Janz *et al.* (1997) Weaver *et al.* (1997)	+ 1,7	A C

A motivação precisa estar presente, tanto no grupo quanto no indivíduo. Sem ela, o resultado pode ser "burocrático". Um grupo motivado produz mais e com mais criatividade. Um indivíduo motivado tem menos cansaço e mais engajamento. É necessário motivar o consultor, pois "trabalho de inteligência/conhecimento não funciona à base de chicote".

3.14. Identidade

Identidade com os Objetivos do Grupo	Alinhamento cognitivo e afetivo com as metas do grupo; identificação do indivíduo com as metas do grupo.	Lembke e Wilson (1998) Lemons (1997)	+ 1,7	A C
Identidade com o Grupo como Entidade	Capacidade do indivíduo para identificar um conjunto de colegas de trabalho como um time, um grupo. Se houver identificação social, haverá transição entre sentir/pensar individualmente para sentir/pensar como representante do grupo social. Todavia essa lealdade não é cega.	Lembke e Wilson (1998) Campion *et al.* (1996)	+ 1,6	A C
Identidade com Membros do Grupo	Alinhamento cognitivo/afetivo com cada membro do grupo.	Lembke e Wilson (1998)	+ 1,4	B C
Relacionamento do Grupo com outros Grupos	Desenvolvimento de amizades recíprocas e alianças com outros grupos; comunicação e interação entre grupos.	Druskat e Wolff (2001) Campion *et al.* (1993)	+ 1,3	B C
Fronteiras do Grupo	Características que diferenciam um grupo do outro; barreira simbólica ou real ao acesso ou transferência de informação, recursos e pessoas; definição da identidade grupal e do nível de relacionamento do grupo com o seu contexto; diferenciação e integração ao contexto.	Sundstrom *et al.* (1990)	+ 1,2	A C
Coesão Cognitiva no Grupo	O quanto os membros têm atitudes e crenças semelhantes. É uma das condições para *groupthink* (JANIS, 1982).	Sundstrom *et al.* (1990)	+ 1,2	A D
Presença/atuação em Múltiplos Grupos	Presença ou atuação em mais de um projeto simultaneamente, considerando-se a disponibilidade de tempo para tal, sem prejuízo da qualidade ou pressão de tempo.	Lembke e Wilson (1998)	+ 0,8	A D

A identidade dos objetivos individuais com os objetivos do grupo motivaria e interessaria a pessoa no projeto. Houve alta discordância quanto à utilidade da coesão cognitiva em um grupo. Se, por um lado, ela traria alinhamento entre os membros, menos conflito e mais agilidade, por outro, consideraria que a variedade de opiniões e conhecimento fosse necessária, pois seria do conflito de idéias que se criariam os novos conhecimentos. Outro aspecto levantado seria o de que "na hora do problema, todos correriam para o mesmo lado".

3.15. Personalidade

Ética	Significando respeito aos valores compartilhados pelos membros do grupo.	ENTR	+ 2,0	A C
Reorganizabilidade	Capacidade de reorganização do grupo após eventos ou períodos de crise e mudança em diversos níveis.	Smith e Comer (1994)	+ 1,8	A C
Cooperatividade	Predicado do membro grupal cooperativo, bem intencionado, gentil e otimista *versus* o irritadiço, desconfiado, não cooperativo e inflexível.	Neuman *et al.* (1999)	+ 1,8	A C
Lealdade	Lealdade do indivíduo aos colegas do grupo.	PESQ	+ 1,7	A C
Preferência por trabalho em grupo	Preferência pelo trabalho em grupo *versus* preferência pelo trabalho individual, em geral.	Campion *et al.* (1993) Lemons (1997)	+ 1,5	A C
Consciência do grupo	Auto-referência do grupo; entendimento da dinâmica social do grupo.	Smith e Comer (1994)	+ 1,5	A C
Abertura para novas experiências	Participante criativo, sensível, intelectual, curioso *versus* "pé-no-chão", insensível, simplista.	Neuman *et al.* (1999)	+ 1,3	A C
Abertura do grupo para novas experiências	O quanto o grupo é propenso a novas alternativas, possibilidades e experiências.	Smith e Comer (1994)	+ 1,3	A D
Disciplina	Profissional autodisciplinado, responsável, organizado e escrupuloso *versus* indisciplinado, irresponsável, desorganizado e inescrupuloso.	Newman *et al.* (1999)	+ 1,2	A C
Estabilidade Emocional	Calmo, entusiasmado, ponderado e seguro *versus* ansioso, depressivo, emotivo, inseguro.	Newman *et al.* (1999)	+ 1,2	A C
Extroversão	Indivíduo sociável, falante, assertivo, ativo *versus* retraído, sóbrio, reservado, cauteloso.	Newman *et al.* (1999)	X 0,3	B D

Uma personalidade "positiva" é fator de estímulo ao bom desempenho de um grupo. Dentre os vários aspectos de personalidade individual, a Ética obteve unanimidade. O comportamento ético dá confiança aos outros membros. A sua ausência gera desconfiança, desconforto e pode levar os participantes a esconderem informações: "Não sei o que um membro não-ético vai fazer com a informação". A cooperatividade facilita a comunicação, a interação e o aprendizado. No entendimento dos entrevistados, infelizmente, de uma forma geral, as pessoas não foram educadas para serem cooperativas.

4. As Conclusões

Nos 65 fatores testados, 62 deles foram considerados como exercendo algum grau de influência sobre o desempenho dos *knowledge workers*, com intensidades e graus variáveis de concordância, mas claramente sem neutralidade. Um fator apenas (Unidade do Projeto) teve alta concordância de neutralidade e dois outros (Duração do Projeto e Extroversão) foram considerados neutros, mas com menor confiabilidade. Entre os 62 influentes, os fatores Ética e Aprendizagem tiveram unanimidade, embora não tenham sido encontrados no levantamento bibliográfico.

Os depoimentos sugerem que o operar desses fatores pode ser descrito como uma rede de conexões, porque 40 fatores tiveram relações com outros fatores identificados, tendo-se pedido aos entrevistados que apontassem conexões apenas para três fatores considerados influentes. O número de conexões de um fator tende a ampliar seu potencial de influência, como foi constatado no estudo de Leitão (1997, 2003), para o processo decisório. Essa primeira aproximação no desempenho dos grupos de *knowledge workers* sugere que estudos sobre esse tema não podem ficar restritos à identificação e agrupamento dos fatores de influência, mas devem descobrir como se organizam para constituir um processo dinâmico de inter-relações recorrentes. Percebe-se aqui que a influência sobre o desempenho desses grupos é um processo e tem, portanto, características dinâmicas nas suas relações, requerendo abordagens ao estudo de processos, sem reificação do fenômeno. Estudos posteriores podem demonstrar a hipótese, aqui levantada, de que o entendimento (explicação e compreensão) do desempenho desses grupos passa pela construção da rede na qual esses fatores se inter-relacionam em seu operar, uma vez que existe informação suficiente no que se refere tanto a quantos como a quais são os fatores intervenientes no processo grupal. O que permanecemos sem saber mais claramente é a sua dinâmica operacional. É muito provável que o conceito de rede de relações, testado por Leitão (*op. cit.*) para a decisão estratégica, esclareça esta questão, pois o conceito é uma abordagem integrativa que aceita a dinâmica típica dos processos humanos-sociais; poderá esclarecer também os pontos de discordância registrados neste estudo-piloto quanto à capacidade e à forma de um fator influir no desempenho grupal.

Os resultados aqui obtidos permitem ainda criar uma proposição-cenário, que resume a forma ideal para o bom desempenho desse tipo de grupo de consultores: "O trabalho dos grupos de *knowledge workers* consultores em um ambiente de projeto é desenvolvido em uma estrutura de projeto que prioriza o planejamento, a avaliação, a recompensa e a tecnologia. Essa estrutura confere alta autonomia aos grupos e possibilita o encontro freqüente de seus membros em local adequado. O apoio gerencial é total. Os consultores desses grupos são éticos, com alta capacidade de aprendizado, cooperativos, identificados com o objetivo do grupo, altamente competentes e motivados. O nível de comunicação é elevado e ocorrem eventuais compartilhamentos da carga de trabalho. Esses grupos possuem características como motivação, capacidade de reorganização, competência coletiva, espírito de equipe, alto nível de aprendizado e consciência das suas tarefas".

Esse seria o tipo ideal e, como os resultados obtidos apontam, o nível de complexidade das operações e de exigência com seus membros é elevado. Podemos supor que esse quadro seja semelhante a outros tipos de grupos de *knowledge workers*, o que também merece ser investigado.

5. Referências Bibliográficas

ALVESSON, M.; SKÖLDBERG, M. **Reflexive methodology:** new vistas for qualitative research. London: Sage, 2001.

BLICKENSDERFER, E; CANNON-BOWERS, J. A.; SALAS, E. Theoretical bases for team self-correction: fostering shared mental models. In: BEYERLEIN, M.M.(ed.) **Advances in Interdisciplinary Studies of Work Teams.** Greenwich, Connecticut: JAI Press, 1997. v. 4, p.249-279.

CAMPION, M. A; MEDSKER, G. J.; HIGGS, A. C. Relations between work group characteristics and effectiveness: implications for designing effective work groups. **Personnel Psychology**, Washington, v. 46, n. 4, p. 823-851, Winter 1993.

______; PAPPER, E. M.; MEDSKER, G. J. Relations between work team characteristics and effectiveness: a replication and extension. **Personnel Psychology**, Washington, v. 49, n. 2, p. 429-468, Summer 1996.

CHANLAT, J. **Ciência social e management**. São Paulo: Atlas, 2000.

DRUCKER, P. F. The age of social transformation. **Atlantic Monthly**, Boston, v. 274, n. 5, p. 53-80, Nov. 1994.

DRUSKAT, V. U.; KAYES, D. C. Learning versus performance in short-term project teams. **Small Group Research**, Newbury Park, Calif., v. 31, n. 3, p. 328-354, June 2000.

______ ; WOLFF, S. B. Building the emotional intelligence of groups. **Harvard Business Review**, Boston, v. 79, n. 3, p. 80-87, Mar. 2001.

EVERED, R.; LOUIS, M. R. Alternatives perspectives in the organizational science: "inquiry from the inside" and "inquiry from the outside". **Academy of Management Review**, Mississippi, Miss, v. 6, n. 3, p. 385-395, July 1981.

FINEMAN, S. A emoção e o processo de organizar. In: CLEGG, S. R.; HARDY, C.; NORD, W. R. **Handbook de estudos organizacionais**. São Paulo: Atlas, 2001. v. 2.

JANIS, I. L. **Groupthink**: psychology studies of policy decisions and fiascoes. 2nd ed. Boston: Houghton Mifflin, 1982.

JANZ, B. D.; COLQUITT, J. A; NOE, R. A. Knowledge worker team effectiveness: the role of autonomy, interdependence, team development and contextual support variables. **Personnel Psychology**, Washington, v. 50, n. 4, p. 877-904, Winter 1997.

KATZENBACH, J. R.; SMITH, D. K. The discipline of teams. **Harvard Business Review**, Boston, v. 71, n. 2, p. 111-120, Mar./ Apr. 1993.

LEITÃO, S. P. Para uma nova teoria da decisão organizacional. **Revista de Administração Pública**, Rio de Janeiro, v. 31, n. 2, p. 91-107, mar./abr. 1997.

______. A decisão estratégica: um teste conceitual. **Revista de Administração Pública**, Rio de Janeiro, v. 37, n. 4, p. 837-857, jul./ago. 2003.

LEMBKE, S.; WILSON, M. G. Putting the "team" into teamwork: alternative theoretical contributions for contemporary management practice. **Human Relations**, London, v. 51, n. 7, p. 927-945, July 1998.

LEMONS, M. A. Work groups or work teams? In: BEYERLEIN, M. M. (ed.) **Advances in Interdisciplinary Studies of Work Teams**. Greenwich, Connecticut: JAI Press. 1997. v.4.

MATURANA, H. R. **Emoções e linguagem na educação e na política**. Belo Horizonte: Editora UFMG, 2001.

MATURANA, H. R.; VARELA, F. G. **A árvore do conhecimento**: as bases biológicas do entendimento humano. Campinas: Editorial Psy II, 1995.

MCFADDEN, L. M.; HUBBARD K. L. Team concepts form emerging organizational architectures. **Information Outlook**, Washington, v. 2, n. 12, p. 18-23, Dec. 1998.

MORIN, E. **O método III, o conhecimento do conhecimento**. Porto Alegre: Sulina, 1999.

NEUMAN, G. A.; WAGNER, S. H.; CHRISTIANSEN, N. D. The relationship between work team personality composition and the job performance of teams. **Group & Organization Management**, Newbury Park, California, v. 24, n. 1, p. 28-46, Mar. 1999.

PELLED, L. H.; EISENHARKT, K. M.; XIN, K. R. Exploring the back box: an analysis of work group diversity, conflict and performance. **Administrative Science Quarterly**, Ithaca, NY, v. 44, n. 1, p. 1-28, Mar. 1999.

RIFKIN, J. **The end of work:** the decline of the global labor force and the dawn of the Post-Market Era. New York: Tarcher/ Putnam, 1995.

SCHEIN, E. H. **Organizational culture and leadership**. San Francisco: Jossey-Bass, 1992.

SHEA, G. P.; GUZZO, R. A. Group effectiveness: what really matters? **Sloan Management Review**, Cambridge, Mass., v. 28, n. 3, p. 25-32, Spring 1987.

SMITH, C.; COMER, D. Self-organization in small groups: a study of group effectiveness within non-equilibrium conditions. **Human Relations**, London, v. 47, n. 5, p. 553-582, May 1994.

STOUT, R. J. et al. Planning shared mental models, and coordinated performance: an empirical link is established. **Human Factors**, New York, v. 41, n. 1, p. 61-71, Mar. 1999.

SUNDSTROM, E.; DEMEUSE, K. P.; FUTRELL, D. Work teams: applications and effectiveness. **American Psychologist**, Washington, v. 45, n.2, p. 120-133, Feb. 1990.

VILLAS, M. V. **Fatores que influenciam o desempenho de grupos de knowledge workers consultores**. 120f. 2001. Dissertação (Mestrado em Administração) - Pontifícia Universidade Católica do Rio de Janeiro, Rio de Janeiro 2001.

WEAVER, J. L. et al. Motivation in teams: In: BEYERLEIN, M. M. et al. **Advances in Interdisciplinary Studies of Work Teams**. Greenwich, Connecticut: JAI Press, 1997. v. 4.

Leia também da Coleção Estudos COPPEAD:

CONSUMIDORES INSATISFEITOS
Uma oportunidade para as empresas
de *Marie Agnes Chauvel*

HISTÓRIAS DE RECOMEÇO
Privatização e *downsizing*
de *Ursula Wetzel*

ESTUDOS EM NEGÓCIOS
de *Walter Ness* e *Roger Volkema (orgs.)*

ESTUDOS EM NEGÓCIOS II
de *Ursula Wetzel* e *Patrícia Amélia Tomei (orgs.)*

À MESA COM A FAMÍLIA
Um estudo do comportamento
do consumidor de alimentos
de *Leticia Casotti*

A INTERNACIONALIZAÇÃO
DAS EMPRESAS BRASILEIRAS
Estudos de gestão internacional
de *Angela da Rocha (org.)*

AS NOVAS FRONTEIRAS
A multinacionalização das empresas brasileiras
de *Angela da Rocha (org.)*

DIMENSÕES E *CLUSTERS* DE CULTURA ORGANIZACIONAL
De uma empresa brasileira com atuação internacional
de *Adriana Victoria Garibaldi de Hilal*

RELAÇÕES COM OS CONSUMIDORES:
Experiências brasileiras
de *Leticia Casotti* e *Maribel Suarez (orgs.)*

O DESAFIO DAS MICROFINANÇAS
de *Angela da Rocha e Renato Cotta de Mello (orgs.)*

Para saber mais sobre nossos títulos e autores,
visite nosso site:
www.mauad.com.br

Este livro, da MAUAD Editora,
foi impresso em papel pólen soft 70g,
na gráfica Sermograf.